周蓓 主編

『民國專題史』叢書

劉達人 袁國欽 著

河南人民出版社

國際法發達史

本書内容包括國際法名稱之演變、東方古代國際法、中世紀之國際法、格老秀斯前後國際法學先覺之生平及其學説、自維也納會議至巴黎會議、自巴黎會議至柏林會議、世界大戰與國際法等

圖書在版編目(CIP)數據

國際法發達史 / 劉達人,袁國欽著. —鄭州 : 河南人民出版社, 2016.4(2017.1 重印)
(民國專題史叢書 / 周蓓主編)
ISBN 978-7-215-10083-1

Ⅰ. ①國… Ⅱ. ①劉… ②袁… Ⅲ. ①國際法-法制史 Ⅳ. ①D99-09

中國版本圖書館 CIP 數據核字(2016)第 077606 號

河南人民出版社出版發行
(地址:鄭州市經五路 66 號 郵政編碼:450002 電話:65788063)
新華書店經銷 河南新華印刷集團有限公司印刷
開本 710 毫米×1000 毫米 1/16 印張 24.75
字數 360 千字
2016 年 4 月第 1 版 2017 年 1 月第 3 次印刷

定價 : 162.00 圓

出版前言

中國現代學術體系是在晚清西學東漸的大潮中逐步形成的。至民國初建，中央政治權威進一步分散和削弱，加之新文化運動帶給國人思想上的空前解放，新學的啓蒙，新知識分子的産生，民國學術如草長鶯飛，進入一個自由而蓬勃的時代。中國傳統學科乃中國學術之根基與菁華所在，民國學人采用『取今復古，别立新宗』之方法，引入西方的學術觀念，積極改造，使史學、文學等學科向現代學術方向轉型。此外，大力推介西方社會科學的新學科和自然科學，在學習、借鑒乃至移植西方現代學術話語和研究範式的過程中，逐漸建立中國現代學科，使中國的學科門類迅速擴展。一時間，新舊更迭，中西交流，百花齊放，萬壑争流，開創了中國現代學術的源頭。

伴隨知識轉型和研究範式轉换而來的，還有學術著作撰寫方式的創新。中國古代的著作向來以單篇流傳，經後人整理匯編後，方以成册成集的面目出現并持續傳播。直到十九世紀末，東西方的歷史編撰體裁不外乎多卷本的編年體、紀傳體和紀事本末體等，章節體的出現標志着近代西方學術規範的産生和新史學的興起。章節體具有依時間順序，按章節編排；因事立題，分篇綜論；既分門别類，又綜合通貫的特點。以章、節搭建起論述之框架，結構分明，邏輯清晰，較傳統的撰寫體裁容量大、系統性强。它的傳入，使中國現代學術體系從内容到形式被納入了全球化的軌道。民國時期專題史的研究、譯介、編纂、出版恰恰是在這樣的背景下欣欣而發，是學術的實驗場，也是歷史的記録儀。編選『民國專題史』叢書的初衷正是爲了從一個側面展示中國學術從傳統向現代過渡的歷史進程。

專題史是對一個學科歷史的總結，是學科入門的必備和學科研究的基礎，也是對一個時代艱深新鋭問題的解答，是學術研究的高點。民國專題史著作中，既包含通論某一學科全部或一時代（區域、國别）的變化過程的，又囊括對一時代或一問題作特殊研究的，還有少部分是對某一專題的史料進行收集的。原創與翻譯并重，翻譯的底本大多選擇該學科的代表著作或歐美大學普及教本，兼顧權威性和流行性，其中日本學者的論著占據了相當比重。日本與中國同屬東亞儒家文化圈，他們在接納西方學術思想和研究模式時，已作了某種消化與調適，從思維轉換的角度看，更便于中國借鑒和利用，他們的著作因而被時人廣泛引進。

與當代學術研究日趨專業化、專門化、專家化的『窄化』道路迥乎不同的是，中國傳統學術崇尚『學問主通不主專，貴通人不尚專家』的通識型治學門徑，處于過渡轉型期的民國學術在不同程度上保留了這種特徵。民國學術大師諸學科貫通一脉、上千年縱横捭闔之功力自不待冗言，外交家著倫理政治史、文學家著哲學史、化學家著戰争史等亦不乏其人，民國專題史研究呈現出開放、融通、跨界撰述的特點。與此同時必須看到，自晚清以來，中國的命運就在外侮屢犯、内亂頻仍的窘境中跌宕彷徨，民族存亡仿若命懸一綫。這股以創建學科、總結經驗、解決問題爲指歸的專題史出版風潮背後，包裹着民國學人企望以西學爲工具拯民族于衰微的探索精神，及以學術救亡的愛國之心。梁任公曾言：『史學者，學問之最博大而最切要者也，國民之明鏡也，愛國心之源泉也。』這種位卑未敢忘憂國的歷史使命感和國民意識是今人無法漠視和遺忘的。

『民國專題史』叢書收録的範圍包括現代各個學科，不僅限于人文社會科學，學科分類以《民國總書目》的分科爲標準，計有哲學、宗教、社會、政治、法律、軍事、經濟、文化、藝術、教育、語言文字、中國文學、外國文學、中國歷史、西方史、自然科學、醫學、工業、交通共19個學科門類。本叢書分輯整理出版，内不分科，單本發行，方便讀者按需索驥。既可作爲大專院校圖書館、學術研究機構館藏之必備資源，也可滿足個人研讀或興趣之收藏。

與目前市場已有的一些專題史叢書相比，『民國專題史』叢書具有規模大、學科全、選本精、原版影印的特點。本叢書選目首重作者的首創、權威和著作影響力，尤其注重選本的稀見性。所謂稀見，即建國後没有再版，且多數圖書館没有收藏，或即便有收藏，也是歸于非公開的珍本之列予以保存，普通讀者難以借閲。部分圖書雖有電子版，但作爲學術研究的經典原著讀本，紙質版本更利于記憶和研究之用。本叢書精揀版本最早、品相最佳的原版圖書作爲底本，因而還具有很高的版本收藏價值。

『民國專題史』的著作是民國學者對于那個時代諸問題之探究，往往有獨到之處，無論其資料、觀點短長得失如何，要之在中國現代學術史的構建與發展進程中，自有其開宗立論之地位。

H. Grotius

格老秀斯像

BALTHASAR AYALA I.C. ET SENATOR
REGIVS MACHLINIENSIS.

FeLIX IngenIo, rethor graVIs, arte dIsertVs
LIngVIsqVe, et CLarVs IVre perItVs erat:
RegIVs In beLLo IVdeX, desCrIpsIt, et iLLa
BeLLICa, qVæ æqVaLI, IVra bILanCe dabat:
PrInCIpIbVsqVe VIrIs gratVs, deCoratVs honoro
offICIo, seros oCCIdIt ante dIes.

27.

阿 亞 拉 像

蘇世像

普 芬 道 夫 像

序

以史學的方法來研究國際法的發達演變，信是研究國際法的最基本工作。過去如 Wheaton, H. A., 著有：A History of the Law of Nations in Europe and America from the Earliest Times to the Treaty of Washington, 1842. 以及 Walker, T. A., 之 A History of the Law of Nations, vol.I, 1899. 均名貴一時。可惜前者出版於一世紀前，已絕版多年；後者年代雖近，但亦祇上卷出版，下卷迄未問世。以時代論，二書未免稍嫌陳舊。故本書之出，也許不無補益。

此書純採編年體，取材務期嚴正，力避主觀的臆斷。同時努力穿插國際政治史上的事實，使之易於聯貫，讀之不感枯燥。此書如與拙著外交科學概論並讀，當更能互補長短。

筆者編此書之宿願甚久，年來忙於編輯外交大辭典，迄未得暇，故此書之成，實有賴於袁國欽先生的合作。至於師友之鼓勵與指導，尤使著者感激莫銘。

國際法發達史一門學問尚在建設途中，本書不備之點正多，幸望海內外碩學有以教之。

劉達人謹識　二五・十一・十四上海

目錄

第一章　緒論……一

第一節　史觀國際法之意義……一

國際法之定義——基督教與國際法之發達——國際法發達史之任務——希利教授之意見——巴爾特之意見——國際法性質之演變

第二節　國際法發達史之資料……三

國際法之淵源——學者對『法源』之基本觀念——國際習慣——條約——國際判決及國內判決——公法家之意見及學會之決議——外交文書及其他

第三節　國際法發達之史的階段……一〇

芬維克分為七階段——羅倫斯分為三個時期——松原一雄之劃分——奧本海三種基本標準之特色——本書劃分之標準及方針

第二章　國際法名稱之演變……一五

第一節　國際法名稱與 Jus Gentium……一五

名稱之起源——羅馬法的 Jus Gentium

第二節　International Law 名稱之由來……一七

Jus intergentes——Law of Nations——International Law
第三節 Inter. Law 與 Law of Nations……一八
勒羅爾之意見——赫爾之意見——烏爾西之意見——Interstate law——Droit international public
第三章 東方古代國際法……二三
第一節 中國之古代國際法……二三
緒言——國際規律——國際道德——國際儀貌——國際公理——周室之國際地位——方伯之國際地位——諸侯之國際地位——附庸國之國際地位——永久中立國之國際地位——夷狄之國際地位——國家之要素——國家之承認——外交使節之種類——外交使節之等級——外交使節的席次——外交使節的信證——外交使節的特權——和平的息爭手段——仲裁裁判——弭兵之會——衣裳之會——兵車之會——戰爭之意義——自衛——征伐——致戰——戰時之法則——宣戰——兵以鼓進，未成列者不擊——害敵手段——俘虜之待遇——不得擅滅人國——武裝中立說——略取之原則——結論
第二節 印度之古代國際法……三八
部落國家——階級制度——主權國家——Manu——Yajnavakya——Arthassastra——國際法術語——主權之行使——締結條約——使節任務——交戰法規
第四章 希臘羅馬時代之國際法……四一
第一節 希臘時代之背景……四一
菲力普遜之意見——都市國家——海外通商——外交關係

第二節　希臘時代之國際法……四二
希臘的法律與習慣　制裁的宗教　近代精神的習慣法　宗盟會議　同盟及仲裁條約——交戰法規——外交使節
Proxenus
第三節　羅馬時代之國際法……四五
芬維克之主張　萬民法　羅馬交戰法規　宣戰理由　完結戰爭方式
第五章　中世紀之國際法……四九
第一節　中世紀之兩大思潮……四九
中世紀——羅馬教會保守思想　封建主義——奧本海之研究
第二節　羅馬教會與國際法……五〇
宗門和平律　上帝休戰　使節制度的發達——教會法
第三節　十字軍東征與國際法……五三
十字軍東征之影響　騎士主義——領事裁判權條款
第四節　文藝復興與國際法……五六
海上法規——公海自由之原則——常設使節制度之發達
第五節　宗教改革與三十年戰爭……五九
反宗教及尊王論——德意志帝國分裂——三十年戰爭之主因

第六章　格老秀斯前後國際法學先覺之生平及其學說……六一
第一節　緒言……六一
第二節　勃朗之生平及其著述……六一
勃朗之生平——使節論——勃朗之精神
第三節　阿亞拉之生平及其學說……六二
阿亞拉之生平——公戰法及軍紀論——何謂義戰
第四節　金特里斯之生平及其學說……六三
金特里斯之生平——戰時法——外交官論——西班牙辯護論——國際法的概念——國家團體——市民本位——交通自由——海洋自由——公使——條約——戰爭之性質及目的——戰爭的理由——戰爭的實行——戰爭的終局——局外中立
第五節　格老秀斯之生平及其學說……七六
格老秀斯之生平——捕獲法論——海洋自由論——和平法規論——格老秀斯學說在國際法上之影響
第六節　蘇世之生平及其學說……八九
蘇世之生平——蘇世之著述——國際法的定義及淵源——領土主權與國家政策——公使與外交——戰時國際法論——中立及戰時禁制品——蘇世學說在國際法上的地位
第七節　普芬道夫之生平及其學說……九六
普芬道夫之生平——自然法及國民法——論政教分離

第七章　自威斯特發里亞會議至法國大革命……一〇〇
第一節　威斯特發里亞和約與國際法……一〇〇
三十年戰爭之影響——威斯特發里亞和約條約內容——和約對國際法上之影響
第二節　勢力均衡主義與同盟戰爭……一〇二
勢力均衡主義之意義　主權國家觀念之確立——均勢對國際法之影響　國際政治之新發展　英荷瑞同盟　英瑞法同盟　德丹西布荷同盟　路易十四之野心　德英荷瑞丹西等聯盟　烏特勒支條約
第三節　俄羅斯發展與美國獨立參加歐洲國際法團體之形勢……一〇七
俄國參與歐洲國際關係　對普防禦同盟　七年戰爭　歐洲兩大敵對戰線——七年戰爭結果　瓜分波蘭——俄土克瑞古卡納爾吉和約　北美合衆國獨立
第四節　海上法規之發達與武裝中立聯盟……一〇九
海上法規發達之原始——Consolato del Mare　敵船敵貨主義——自由船自由貨　紙上的封鎖　實力封鎖——敵船　武裝中立——第一次武裝中立聯盟——第二次武裝中立聯盟　武裝中立條約
第五節　法國大革命歐洲聯盟及大陸封鎖……一一四
國家權利宣言　各國干涉法國革命政策　政治犯不引渡原則　大陸封鎖　航海條例　出航中止律
第八章　自維也納會議至巴黎會議……一一七

第一節　維也納會議與國際法……一一七
巴黎條約　正統主義勝利　神聖同盟　國際河川自由航行　制定使節階級——禁止奴隸買賣
第二節　正統主義與不干涉主義……一二〇
五強霸制　什麼是正統主義　東歐三國宣言　不干涉的原則　民族國家的原則
第三節　門羅主義與國際法……一二三
門羅主義　非殖民的原則　非干涉的原則　門羅主義在國際法上之地位
第四節　海峽問題與黑海中立……一二四
黑海中立爲國際法上新原則　海峽問題之經緯——五國倫敦條約
第五節　巴黎條約與巴黎宣言……一二五
土耳其參與歐洲國際團體　巴黎條約　巴黎宣言——美國與巴黎宣言
第九章　自巴黎會議至柏林會議……一二八
第一節　民族主義與近代國家觀念……一二八
民族主義之勃興　民族國家爲國際法發達之眞正基礎
第二節　華盛頓三原則與陸戰規則……一三〇
亞拉巴馬號事件——華盛頓三原則之內容　美國陸軍訓令

第三節　紅十字條約……一三二
日內瓦協約——紅十字條約適用於海戰之追加條款　新日內瓦協約
第四節　盧森堡永久中立之意義……一三三
盧森堡爲永久中立國之歷史　永久中立國在國際法上之地位
第五節　聖彼得堡宣言與陸戰法規……一三四
聖彼得堡宣言之成立——各國未加批准
第六節　黑海中立與近代條約……一三四
黑海中立之意義——俄國廢棄巴黎條約中黑海中立之條款　倫敦會議宣言
第七節　布魯塞爾宣言……一三五
布魯塞爾宣言　牛津陸戰法規
第十章　自柏林會議至世界大戰爆發（上）……一三七
第一節　柏林會議與國際法……一三七
柏林會議之經緯　柏林條約之內容
第二節　武裝和平時代之同盟協商……一四〇
武裝和平時代——產業主義　勞動運動　武裝的國民主義　德奧同盟——德奧意三國同盟——二重保險條約——
法俄軍事協約——英法協商　英俄協商——英俄法三國協商——近東問題——巴爾幹戰爭

第三節　非洲殖民地化與國際法……一四四
歐洲列強之侵入非洲　柏林萬國剛果會議最終議定書——南非戰爭——比利時合併剛果自由國——第一次摩洛哥問題——阿爾吉西拉斯會議　第二次摩洛哥問題——取得領土手續——分水界主義——背後地主義——保護地——勢力範圍——租借——禁止奴隸買賣——剛果中立
第四節　海牙保和會議與國際法……一四九
和平論之倡導——武裝解除會議——各國對海牙和會之態度——海牙和會議題——國際軍縮之失敗——海牙和會之收穫——第二次海牙和會——陸戰法規慣例——戰爭之開始——交戰國軍艦在中立領水應遵守之規則——陸戰時中立國及其人民之權利義務——限制用兵索債——砲擊無防禦都市之禁止——國際捕獲審檢所之設置——開戰時敵國商船之地位——修正一八九九年七月二十九日之海牙條約——敷設機器水雷
第五節　倫敦會議與海戰法規……一六七
倫敦海軍會議之意義——倫敦宣言——戰時封鎖問題——戰時禁止品問題——關於違反中立——關於中立捕獲船之破壞——關於改懸中立旗，關於敵性——關於軍艦護送——搜檢之抵抗及賠償
第十一章　自柏林會議至世界大戰爆發(下)……一七九
第一節　和平解決國際紛爭手段之進步……一七九
海牙和平解決國際紛爭條約——國際紛爭之形態——政治的手段——斡旋——居中調停——國際調查委員會——布里安條約法律的手段——仲裁裁判之意義——仲裁裁判之發達——Olney-Pauncefote Treaty——總括的仲裁裁判條

約　南美ABC條約——常設仲裁法庭之構成——常設仲裁法庭之訴訟法

第二節　國際立法與國際行政之發達……一九一
國際立法之進步　維也納最終議定書　愛克斯拉沿倍爾會議議定書　倫敦條約——巴黎宣言——日內瓦條約——倫敦條約　聖彼得堡宣言——柏林條約　剛果議定書——君士坦丁堡條約　布魯塞爾廢奴議定書　第一次海牙會議條約及宣言　海郁斯佛特條約　第二次海牙會議條約及宣言——戰後國際立法　國際行政機關之創設

第十二章　世界大戰與國際法……一九九

第一節　世界大戰之爆發……一九九
大戰爆發之原因　各國宣戰日期

第二節　比利時中立之破壞與戰數說……二〇二
比利時中立之保障——德軍假道——戰數說——國際法與世界大戰

第三節　無限制潛水艇政策與戰爭區域……二〇五
航行自由與戰時禁制品問題——戰爭區域　第一次無限制潛水艦戰爭——美國之抗議——第二次無限制潛水艦政策　美國對德宣戰

第四節　空戰問題……二〇六
空戰之影響——空戰法規問題

第五節　戰時禁制品與海洋自由……二〇八

倫敦宣言之補充　各國對戰時禁制品問題　戰時禁制品日增加之影響海洋自由之主張
第六節　世界大戰之教訓……二〇九
戈納之立論　勞特的國際法之危機　布里斯之主張　大戰時國際法之教訓

第十三章　世界大戰後之國際法(上)……二一二

第一節　凡爾賽和約與國際法……二一三
德軍休戰　凡爾賽和約——國際聯盟盟約之內容——國際聯盟機關　國際聯盟地位——國際聯盟之性質　國際聯盟約在國際法上之新貢獻　凡爾賽和約第二編之主要內容——大戰和約之二特徵　新興國家之獨立　少數民族保護問題
第二節　華盛頓會議與戰時法規……二二〇
美國召開華會之動機　召開經過——華會之目的——七種重要條約　設置戰時法規委員會　禁止使用毒瓦斯問題——潛水艇之條約　倫敦會議對潛水艇條約之修正——遠東問題
第三節　海牙常設國際法庭與國際法……二二八
常設仲裁法庭之缺點　國聯盟約第十四條之規定——常設國際法庭組織草案——組織特別法庭——權限——強制仲裁權——適用之法律　訴審程序　效力——修正案——新議定書之主要內容——美國加入法庭——常設法庭在國際法上之地位
第四節　日內瓦議定書與國際法……二三七

裁軍計劃　安全保障問題　互助條約　日內瓦議定書——不訴諸戰爭——強制裁判　仲裁委員會——國內法問題——理事會對違約國之處置——設立非武裝地帶——確定侵略國定義——對侵略國之制裁——聯盟國與非聯盟國間發生爭議時之處置——日內瓦軍縮會議——英國反對之原因——日內瓦議定書對國際法之影響

第五節　羅迦諾公約與國際法……二四三

法國安全問題　德對英法之通牒　白里安張伯倫協議之結果　法國代表聯合國對德之答覆　羅迦諾公約之構成——萊茵安全保障條約——各種仲裁裁判條約　法波法捷互援條約

第六節　非戰公約與國際法……二四八

白里安對美提非戰條約案——美國主張多邊的非戰條約　排除一切戰爭——新仲裁裁判條約　勺特威爾之永久和平條約案　美國之邀請　法國之保留——英國之保留　簽訂經過　非戰公約內容

第七節　互不侵略條約侵略國定義條約與國際法……二五一

公法未訂侵略者定義之缺陷　消極抵抗侵略者之辦法　互助條約認侵略戰爭爲國際犯罪——日內瓦議定書確定侵略國——羅迦諾公約之精神　互不侵略條約之內容　確定侵略國定義草案　多邊的侵略國定義條約

第十四章　世界大戰後之國際法(下)……二六〇

第一節　國際法典編纂問題……二六〇

國際法典編纂運動　國際法學會及國際會議對國際法典之努力　國聯對法典編纂之準備工作——國際法典編纂委員會——審查題目　質問表　四個新問題　第一次國際法典編纂會議——國籍——領海——國家的責任——國際立

法事業之二十六項

第二節　戰爭權之限制問題……二六九

戰爭之概念——格老秀斯之意見——蘊熙之意見——奧本海之意見——摩爾之意見——徐金對戰時國際法之意見——歷來和平計劃——戰爭開始前之法定手續——索債非經仲裁不得開戰——國聯盟約不訴諸戰爭之義務——一般國家戰爭權之限制——局部國家戰爭權之限制——一九二七年國聯大會宣言——廢棄戰爭爲國策之工具——強迫手段是否合法——國際法學家之意見——盟約與非戰公約之實驗——實質上限制戰爭權之行使

第三節　空戰法規問題……二七六

空戰之進步——空中自由說——空域限制說——空域領有說——海牙和會宣言——海牙陸戰條規第二十五條——空戰法規草案——空戰規章之主要內容——草案之特點——新空戰法規之需要

第四節　中立及國際制裁問題……二八三

戰後中立問題之變遷——大戰以來對世人之教訓——中立之史的發展——十九世紀中立法規之發達原因——中立與國聯盟約及非戰公約——大戰後的中立論調——The Convention on the Eble——聯盟國與非聯盟國之條約——非戰公約對中立法規之響影——美國新中立法案之要點——勺特威爾之意見——查爾窪倫之中立計劃——國際制裁之理想與實際——Nippold 之意見——制裁方法之史的演化

第五節　蘇聯過渡期國際法問題……二九五

產生過渡期國際法之蘇聯動態——過渡期國際法之定義——概念——蘇聯加入國聯對概念之變異——方法——法源——

爲國際法主體之國家　國家主權之解釋　民族自決原則　蘇聯民衆之權利宣言　蘇聯憲法之草案　蘇聯對國家主權平等之實踐　蘇土條約　國際交涉機關　廢止外交使節階級　全權代表之任命及權限　修正外交法規——外國領事在蘇聯之地位　『領事代表』之定義　駐外領事法規　領事機關等級——領事之權限　駐外通商代表——駐外通商代表之任務　各國承認此通商代表之特權——國際條約——一九一七年之議決——此決議在法律上之三種意義——以情勢變遷爲廢棄條約之實例——條約上之新用語　媾和條約之特點——博愛團體條約國際法學說之影響——通商條約之原則　對東方諸國條約之特色——不侵略條約及確定侵略國定義條約之意義　蘇聯對國際條約貢獻之要點

附錄一　國際法學之史的發達……二〇九

附錄二　現行國際重要和平法規……二一五

一　第二次保和會條約……二一五

二　國際聯合會盟約……二三九

三　國際裁判常設法庭規約……二五一

四　國際裁判常設法庭規約修正文……二六四

五　非戰公約……二七一

國際法發達史

第一章 緒論

第一節 史觀國際法之意義

國際法 (international law) 一詞，約言之，即爲規律國家與國家之關係的法律。一般國際法學者，嘗謂國際法是基督教國家文明之產物，到現在已有四百多年之歷史(註一)。誠然，國際法原爲歐西各國特殊發達的一種國家之法制，而歐西文明實賴基督教的信仰而相互溝通，因此文明進步較速，國際利害之觀念亦較深，乃爲無可否認之事實。惟國際法成立之要件，必須得各個獨立自主國家之公認。然溯觀產生國際法之歐洲，古代並無所謂近代獨立自主國家之存在，但誰敢斷言古代國家即無國際規律之存在乎？是又不然，『所謂國際法之成爲有系統的學問，斷自四百年前則可，謂爲彼時以前毫無國際法之史蹟，則有所不可。』(註二) 試觀古代國家雖無近代國家組織，無明確之國際法規，但如戰和之事，商業貿易之溝通，乃至使臣之遣派與接受，可以說無處無之，無時無之，是則國際法之遠源又不能不溯之於古代。蓋今日國際間之國際法，『其法的根源，乃以遼遠的過去文化

註一 Oppenheim, International Law, Vol. I, p. 48.

註二 李聖五著國際公法論頁七

為淵源的』(註一)，可信焉無疑。

國際法發達史之任務，不在橫面的論述國際法的內容，或檢討國際法上各種學說和議論；而在縱的闡明國際法在歷史上如何發生？如何發展？指出國際法在人類政治史之行徑，以及國際法之現狀與將來的趨歸。希利教授(Prof. Seeley)嘗謂：『政治科學乃歷史之果實，歷史即政治科學之根蒂』(註二)，可知國際法之有今日的規模，並非一日之功，乃是由幾千年人類文明史所匯成者。牠經過種種的歷程，遭過若干的困難，或用人類的血肉改造，或為人類的智靈所雋成，所以考察國際法之史的發達，實為理解國際法之唯一途徑。

國際法學者巴爾特 (G? Bulter) 氏嘗謂：『余相信國際法的變遷，乃表現世界上國家制度的變遷』(註三)；易言之，社會國家制度的變遷，正可反映國際法是在如何演進或轉變。因此，我們不僅要注意國際法外形上的轉變，而且要注意其所以轉變的原因、條件與動力之所在；不僅要考查表面，而且要追求問題的核心。苟如此，庶幾能正確把握着史的認識。

進而言之，我們觀察國際法之發達的進程，無疑的可以發現各種國際法的性質與演變。例如習慣法 (customary law) 在國際法初期雖有莫大的建樹，乃至在英美系法律界佔有相當的勢力，但至今日習慣法已暴露

註一 Oppenheim, "Die Zukunft des Völkerrecht" (im Festschrift fur Karl Bin ding) 現已有英譯專本 The Future of International Law, P. 1.

註二 Haines and Haines, Principles and Problems of Gevernments, p. 78.

註三 Bulter and Maccoby, The Development of International Law, Pref. VIII.

其許多的弱點，而有漸被淘汰之趨勢。進而如制定法（conventional law），自一八一五年維也納會議以來，國際立法條約漸次興盛，至戰後猶有一日千里之勢；但立法條約何以不能成為國際法之基本，苟從歷史之眼光批判，不難指出其缺點。此國際聯盟成立以來，所以有召集國際會議編纂整個國際法典（international code）之舉，源源本本無不有脈絡可循（註一）。嘗憶國際法碩儒奧本海（Oppenhoim）氏有言：『欲着眼於國際法之將來者，必須先知道國際法之過去與現在』（註二），方此國際社會在重大的轉變期中，以歷史的眼光來研究國際法之發展，確為一重要的課題。

第二節　國際法發達史之資料

吾人對於史觀國際法之意義既已明瞭，然則吾人欲研究國際法之發達，將以何種材料（materials）為根據乎？所謂材料者，易言之，也就是促進國際法之發生及長成的因素（factors）而足以構成國際法之淵源（sources of international law）的。

關於國際法淵源之種數，學者意見常不一致，其理由不外乎各個人對『法源』的基本觀念的差異（註三）。

註一　Brierly, The Function of the Law in International Relations (Problems of Peace, Oxford, Third Series, (1928) Sec. IV.

註二　Oppenheim, The Future of International Law.

註三　詳參見松原一雄著現行國際法上卷頁四九——五四註。

有者，重視慣例及條約，其如奧本海者是；有者爲多元主義論者，如日本法學家泉哲，則羅列十七種（註一）。吾人之目的，單在把握正確之資料，以供研究國際法之發生與長成，似不必拘泥成說也。玆舉其重要者，加以研討：

（一）國際習慣 (custom)——國際習慣，夙爲學者認爲國際法之淵源。此處之所謂習慣，並非一般之傾向或習向 (habit or usage)，乃是具有法律上之義務性質的習慣，其中涵有拘束力 (binding force)。構成國際習慣之事實，至爲繁多，其重要者例如外交文書，各國政府對於駐外使領及海陸軍將領所下之訓令；立法機關所通過之法案，交涉事件之慣例等，在國際法初期時代實居主要地位。蓋古昔立法機關尚未整備，一切國際交涉，常世習相沿，歷經年所，遂擇其善者而從之，變成一種實際之法律的準繩（註二）。例如現行國際法中，凡條約之締訂，使節之授受，古來並無一定之規律，均係由習慣相沿而成（註三）。又如海上法中，其運輸，保險，中立，通商之權利及私掠等，均爲中世紀地中海沿岸貿易國間之習慣而成（註四）。其最著名之彙集，如實行小亞細亞一代之 Rhodes 法，可視爲近代捕獲法之嚆矢。十字軍東征以後，至十二世紀之 Rooles d. Oleron，十三世紀之 Consolato del Mare，十六世紀之 Guidon de la Mer，莫不由習慣而成爲國際法的基礎（註五），輾轉因襲，使成爲習慣的國際法規則 (rules of customary international law)。

註一　泉哲著國際法概論（彭學沛譯）

註二　Phillimore, Commentaries upon International Law, Vol. I, p. 38 ff.

註三　參閱 Genet, Traité de diplomatie et de droit diplomatique, 3vols. 1931-1932.

註四　G. F. von Martens, Précis du Droit des Gens Moderne d l'Europe, 43.

註五　參閱 Perels, Das International ef fentliche Seerecht der gegenwart, Chap. III.

(二)條約——國際法之淵源，除慣例以外，首推條約(treaties)。但條約之種類繁多，其足以直接的間接的影響於國際法者，不外政治條約(political treaties)及立法條約(law-making treaties)二種，(註一)而尤以後者爲甚。在十九世紀以前，每一條約中簽字之國家，常有限制；自一八九九及一九〇七年兩次海牙保和會議以來，同時簽字於一條約之國家達四十國以上，可謂環宇一堂，作法公守。國際條約之範圍既廣，國際公法之材料亦隨而驟增(註二)。其如一八一五年之維也納條約；一八五六年之巴黎宣言；一八六四年之日內瓦條約；一八六八年之聖彼得堡宣言；一八七四年之布魯塞爾宣言；一八九九年及一九〇七年二次之海牙保和會議之各種宣言及條約，一九〇九年之倫敦宣言，均其著者。大戰之後，因國際聯盟之成立，國際組織之範圍擴大至全世界，合五十六國，故其條約之效力，莫不可視爲一種成文立法。目下載於國聯條約集(League of Nations Treaty Series)者，已達一百餘卷，包括二千以上之條約(註三)。類此條約，姑不論其爲兩國的或多邊的，抑係政治的或立法的，其中實包含若干之國際法的原則，足以影響國際法之發達與生長；至於純立法的條約，縱令不能包括全世界任何國家，但其既爲多數國所承認，或一部分國家所默認，即不能不視爲國際法之基本材料。

條約既視爲國際法淵源之一，一般學者或國家對於條約之彙集，亦不遺餘力。舉其最古者，如Consolato del

註一　F. S. Smith 又將條約分爲 declaratory treaties 及 non-declaratory treaties 二種，見 Smith, International Law, pp. 22-23.

註二　參閱 Maxey, Treaties as a Source of International Law, 1906.

註三　Schuman, International Politics, P. 123.

Mare 或一六九三年 Leibniz 所編 Codex Juris Gentium Diplomaticus，一七二六年 Dumnot 所編之 Corps Universe Diplomatique du Droit des Gens，均爲歷史上著名之條約公文集。其更古者如法儒巴別拉 (Barbegrac) 所著之古代條約史 (Histoire des ancions traités)，洵爲一優良之參考書。近世各國對於各種條約均彙輯成編，按時發表。（茲擇各國主要之條約集以供參考）（註一）

(三)國際判決及國內判決——所謂國際判決 (decisions of international courts) 者，卽指國際仲裁（或公斷）與常設國際法庭之判例而言。國際仲裁法庭在海牙和會以前雖未建立，但自中古以來，歐洲諸國已有將國際紛爭交諸公斷之事實（註二）。數十年前，南、北美諸國盛行仲裁裁判，今試舉 Alabama 號事件而言，則華盛頓三原則（註三）實由之產生，嗣經一八七二年日內瓦五國公斷之判決，於是局外中立法規，乃愈見嚴明。又如一八七五年 Dolaware 灣事件，經法國大總統 Macmahon 氏之公斷，其結果遂確定無主地 (res nullius) 先佔之法則（註四）。自入二十世紀以來，卽一八九九年由海牙和會決定設立國際仲裁法庭，已經該庭判決之爭

註一　Hertslet, Collection of Treaties and Conventions between Great Britian and other Powers, (1820–); Malloy, Treaties, Conventions, International Acts, Protocals and Agreements between the United States and other Powers from 1776–1906; Descamps, Recueil international des Traites du XX Siecle, (1902–).

註二　參見第十一章和平解決國際紛爭之進步

註三　參閱第九章第二節

註四　Fenwick, International Law, P. 257; L. B. Evans, Leading Cases on International Law, 1922.

端，不下數十種，此種判例亦不失為國際法發達史上之良好資料（註一）。大戰之後，由國際聯盟主持設立海牙常設國際法庭，其已審判之判決 (judgement) 及意見 (opinion) 等約有八十餘件，其足以資助國際法之發達者，實無可倫比（註二）。

國內判決 (decisions of national courts)——主要指捕獲審檢廳 (prize court) 之判決而言，是為交戰國一方所設定之法廳，專門審判其艦船所捕之船隻物品是否合法者。因歷來組織捕獲審檢廳者，多係當代碩學望士，既能滌清國家觀念，凡事又無不一秉大公，不苟私利。如英國之 Stowell，美國之 Story，法國之 Portalis 等，均享世界榮譽。其最著名之案件如 Thirty Hogsheads of Sugar v. Boyle（註三）Maria（註四）Recovery（註五），其態度之光明磊落，判決之精確，法意之健全，均足為國際法淵源之寄托。於是此等判決之精神，多已離開國境而擴大至國際法之範疇（註六）。

註一　參閱比京 Institut de droit international 所刊之國際法學叢報。

註二　關於國際法庭判決對國際法影響之專門著作，請參閱 Lautuprecht, Development of International Law by the Permanent Court of International Justice, 1934；又關於判例之研究，請參考橫田喜三郎：常設國際司法裁判所判例研究，Collection of Judgements of the Permanent Court of International Justice, (Geneva)

註三　Scott, Cases on International Law, p. 680.

註四　Scott, ibid., p. 1103.

註五　Oppenheim International Law, Vol. II, p. 628.

註六　Fenwick, International Law, p. 70, 77.

（四）國內法及訓令——近世國家因國際關係之複雜，國內法亦不能置國際法於度外；所以許多國內法及訓令，因而具有融合國際法之精神者，乃次第被引爲一般之原則。在前世紀末期特里斐爾 (Triepel) 教授發表其名著國際法與國內法 (Völkerrecht und Landerrecht, 1899) 一書以來，乃引起國際法學界之注意，戰後此類論述尤爲發達（註一）。關於國內法與國際法有關聯之問題甚廣，如國籍法，中立法規，捕獲法規，引渡法，領事規律，海陸軍法典以至憲法。例如一六八一年法王路易十四所頒佈之海上法令 (Ordonnance de la Marine)，經相爲沿用，遂成爲海上捕獲法之藍本。又如一八六三年北美合衆國所頒布之美國陸軍軍規訓令 (The Instructions for the Governments of the Armies of the United States in the Field, 1863) 實爲後世各種陸戰規律之標榜。兩世紀以前英國女王安列時代（一七〇九）所通過的外交代表特權條例 (7 Anne C. 12)，德國法院編制法 (Gerichtsverfassungsgesltz) 第十八、十九條，許外國使館館員及其家族、僕役，免受法院管轄等等之國內法，以後亦漸成爲國際法上之一般的通則（註二）。又如一八七〇年英國及一八一八年美國所頒布之中立條例 (Foreign Enlistment Act) 對後世中立法規之發達，有極大之影響（註三）。至若一九三五年八月三十一日美國之新中立法案（註四），尤爲明顯。以上所述，皆由國內法而影響於國際法者，故當研究國際法之發

註一　參閱周鯁生著國際公法之新發展頁三七以下。

註二　Hershey, Essentials of International Law, P. 404.

註三　Holland, Studies on International Law, pp. 187–199.

註四　參見第十四章第四節。

達，勢不能忽略於此。

（五）公法家之意見及學會之決議——國際社會原爲一有機體，其生長與發展，端賴多方面的助成。在國際法發達史之初期國際法學者之意見乃具偉大之勢力，例如格老秀斯在三十年戰爭時著和戰法規(Jure Belli ac Paris) 因而世推爲國際法之鼻祖，以其理由堅強主張正當，遂漸爲國際間所採納(註一)，古今類此哲人學者，不知凡幾(註二)。例如十八世紀邊克斜珂 (Bynkershoeck) 因中立法規主張領海之擴張問題，成爲今古不替之規律，可知公法家之學說，意見影響於國際法之發達者，至重且大(註三)。

自一八七三年在比、法、英、美、意，先後成立國際法學會(註四)以來，國際法又出一新景象。此類學會，均以改良國際法規，編成國際法典爲目的，每當研討重要問題，即有種種決議之成立(註五)；更邀集各國國際法學專家，撰述學說，滙集成刊，洵爲各文明國政府之指南。近如一九三〇年在海牙所開之第一次國際法典編纂會議，凡關每一議題，必事先諮詢各國國際法學術團體之意見(註六)，而各學會亦盡量供獻意見，以備會議及各國政府之參考，其效力之大，罔遠勝於私家的學說。

註一　參閱第六章第五節。

註二　參閱本書附錄　國際法學之史的發達。

註三　參見 J. L. Brierly, The Law of Nations, p. 42.

註四　學會名稱見第二章第三節註一五。

註五　最有名之國際法學會議決集如 J. B. Scott, Resolutions of The Institute of International Law, 1916.

註六　參閱第十四章第一節。

（六）外交文書及其他——一般除條約以外，其對國際法規之發達有事實之影響者，當首推外交文書（diplomatic documents）。例如一七五二年英、普兩國所爭執之西里西亞公債（Silisian loan）問題時，英國致普魯士之國書，爲著名律師Murroy所執筆，其中義正詞嚴，足使神威鬼敬。其次，各文明國之交涉文牘，即代表各國之外交，亦足爲國際公法之材料。如英國之藍皮書，法國之黃皮書，德國之白皮書，奧國之紅皮書，意大利之青皮書，俄國之橘皮書，均爲世界著名之外交文牘。美國關於記述外交狀態，除刊有定期之大總統諮文，兩院外交委員會之報告書而外，每年刊行Papers Relating to the Foreign Relations of the United States, Diplomatic Correspondence等，類此文書，上至各國往來公文、函札、條約，下至使領之往來訓令，其足關係國際法之發達者，實非淺鮮。此外，國際聯盟以下各種國際機關之文件，尤秩然有序，足供參考。

第三節　國際法發達之史的階段

關於國際法之史的發達，各家所見不同，而檢討之方針，亦隨之而異，是以有略加考察之必要。如渥爾克（Walker）所著A History of the Law of Nations，堪稱爲近世國際法發達史之名著（惜乎祇有上卷問世）。氏將國際法之發達，分爲一、古代與中世紀；二、領土主權主義之誕生；三、國際法之先覺者。其分劃方法，既詳密而又別緻，奈無下卷，不克窺其全豹（註一）。德國新近國際法學者柏林大學教授李斯特（Dr. Franz von Li-

註一　渥爾克爲Peterhouse, Cambridge大學之講師，此書出版於一八九九年，即第一次海牙保和會議之時。

szt)（註一） 將國際法之發達分作下列之階段：

（一）由古代——一六四八年（威斯特發里亞和會）

（二）一六四八年——一八一五年（維也納會議神聖同盟）

（三）一八一五年——一八五六年（巴黎會議）

（四）一八五六年——一八七八年（克里米亞戰爭）

（五）一八七八年——一九〇〇年（海牙和會）

（六）一九〇〇年——現在

芬維克（Fenwick）氏觀察國際法之發達，乃以古代東方諸國為首，至羅馬滅亡為一階段；由神聖羅馬帝國至三十年戰爭為第二階段；由威斯特發里亞會議至維也納會議為第三階段；由維也納會議至海牙和會為第四階段；由海牙和會至大戰前為第五階段；由大戰爆發至大戰終止為第六階段；由巴黎和會國際聯盟成立至現在為第七階段（註二）。考其主旨，仍在以歷史的順序，舉出各時代某階段之主潮與特徵。

羅倫斯（Lawrence）以為國際法原來發祥於歐洲，可以古希臘及羅馬共和為國際法之肇端。氏將國際法之發達，分作三個時期：第一期由古羅馬至羅馬滅亡止；第二期由羅馬帝國至宗教改革止；第三期即由宗教改革

註一 Liszt, Das Volkerrecht, 1913, s. 8.

註二 Fenwick, International Law, p. 7-32.

至現在止(註一)，是以古代中世紀及近世三大階段劃分者。此外，以每世紀爲一階段者亦有之，如日本國際法學者松原一雄氏，則自希臘羅馬以後，均舉每世紀之主要的國際事項，如第十七、十八、十九、二十世紀以敍明國際法發達之順序(註二)。更有學者以重要學者之學說用爲劃分國際法發達之標準者，如格老秀斯時代如何，滑泰爾時代若何等等(註三)，類此許多方法均各有所依歸，有所取摘，綜而言之，其方法不外下列數種：

(一)以時代順序說明國際法之發達者——如第十七世紀，第十八世紀……

(二)以時代事件爲國際法發達之劃分標準者——如文藝復興，宗教改革，威斯特發里亞會議……

(三)以學說或學者爲劃分之標準者——如格老秀斯以前如何，格老秀斯以後如何。

國際大家奧本海常將國際法發達之進程分作三大階段，即格老秀斯以前的國際法和格老秀斯以後的國際法及世界大戰之國際法。然後再詳分若干階段，爲方便起見，特摘列如次(註四)：

(甲)格老秀斯前國際法之發達：

一　古代國際法；

二　猶太人之國際法；

註一　T. J. Lawrence, The Principles of International Law, pp. 14–45.

註二　松原一雄：現行國際法上卷頁六八以下。

註三　松原一雄譯國際法進化之三時期（載日本國際法外交雜誌第二一卷第四號。）

註四　見Oppenheim, International Law, Vol. I, pp. 55–99.

三　希臘時代國際法；

四　羅馬時代之國際法；

五　中世紀之國際法；

六　十六、七世紀之國際法。

(乙)格老秀斯後國際法之發達：

一　格老秀斯時代(一五八三——一六四五年)

二　一六四八年(威斯特發里亞會議)——一七二一年(Nystaedt 和約)

三　一七二一年——一七八九年(法國大革命)

四　一七八九年——一八一五年(維也納會議)

五　一八一五年——一八五六年(巴黎會議)

六　一八五六年——一八七四年(布魯塞爾會議)

七　一八七四年——一八九九年(第一次海牙保和會議)

八　一八九九年——一九一四年(世界大戰爆發)

(丙)世界大戰來國際法之發達：

一　一九一四年——一九一八年(世界大戰終了)

二　一九一八年——一九一九年（巴黎和會）

三　一九一九年——現在

顧奧氏之劃分方法，似兼取各書之長，匯成一爐。本書之劃分標準亦多所模仿。試述其方針焉：筆者首先將國際法一詞之由來變遷加以考察，而取正名之義。然後重視東方國際法之宏規，例如我國春秋戰國時代國際法之發生及內容，印度國際法之特色。其次依奧氏之順序，由希臘、羅馬而中世紀。再以國際法鼻祖格老秀斯劃一新階段，詳述近世初期國際法學先覺者之生平與思想，各種主要著作之內容，以期體會國際法初期之輪廓。復次由威斯特發利亞會議起至世界大戰止，亦與奧本海同，至於戰後部分，因問題繁複異常，已非簡單歷史之敘述形式所能撮其精要，所以特詳分章次述及各種特殊問題，其如國際公法之編纂，空戰法規，戰爭權之限制，中立及國際制裁等，均詳加論述。最後提出資本主義與社會主義轉形期中之國際法問題，以蘇俄為中心，論述過渡期以及未來國際法之新趨向。

第二章 國際法名稱之演變

第一節 國際法名稱與 Jus Gentium

歐洲爲近代學術的搖籃，而國際法一門，由其起原與發達觀之，不啻完全是歐式的學問與制度，爾今則融化普遍於全世界。試舉國際法初期之著作，如克呂伯（Klüber）氏之 Droit des gens moderne de l' Europe, 1819（歐洲近代國際法；）赫佛（Heffer）氏之 Das Europäische Völkerrecht der Gegenwart, 1844（歐洲現代國際法，）皆冠以『歐洲』字樣，蓋歐洲是近世國際法的發祥地，爲一不可爭之事實。縱令各文明國對國際法之發達，均各有供獻，究不若歐洲遠甚。故吾人對國際法名稱之起源及其演變，必須首先探求於歐洲。歐洲在羅馬皇帝及羅馬教皇支配靈俗兩界的中世紀，尙無近代意義之國際法，於是在歐洲中世紀史上，不能發見其起源（註一）。自羅馬帝國崩潰之後，歐洲新興的獨立國家簇立，在均勢對立狀態，自然發生國際關係，而漸確立國際組織之基礎。國際法名稱之起源，亦在此國際組織的基礎奠定之後，即歐洲中世紀末期時代。誠然，國際法爲近代的產物，然在古代希臘，羅馬歷史中，未嘗不能發見其片斷的制度及觀念，雖不能與近代的比擬，但其具有國際法之遠源的價值，殊不可抹殺。故於論述國際法名稱起源之先，須探索演成近代國際法名稱之史

註一 坂倉卓造著近世國際法史論，頁二。

的淵源(註一)。

十二世紀以後，羅馬法研究勃興，如格拉特尼宗教法類集(註二)及羅馬法大典(註三)，尤為著名。因此，當時國際法觀念自必受羅馬法之影響。故國際法的發達初期，許多稱為 Jus gentium（羅馬萬民法）或附以 Jus civile 之名(註四)或認 Jus naturale 與 Jus gentium 為同一意義(註五)。格老秀斯 (Hugo Grotius) 以萬民法為國際法(註六)，今仍用由 Jus gentium 轉譯之名稱，如 law of nations（英）Droit des gens（法）Droito delle genti（意）Derecho des gentes（西），Direito das gentes（葡），Völkerrecht（德）等。

註一　美人丁韙良博士 (Dr. W. Ap. Martin) 嘗著中國古代萬國公法，論春秋戰國時代已有公法之存在。又陳顧遠著中國國際法溯源，亦詳論無遺。但中國古代雖有公法之存在，而與今日國際法名稱之史的演進，無甚關係。

註二　Decretum Gratiani 普通稱為一一四四年之著作，亦有謂自一一三九——一一四二年集成的。

註三　Corpus Juris Civilis 為 Gregory IX 於一二三四年編成的。

註四　據 Lawrence，英國愛德華六世（一五四七　五三）時僧正 Bishop Ridley 於 Cambridge University 講演中曾有 we are sure you are not ignorant how necessary a study that study of civil law is to all treaties with forign princes and strangers.

註五　關於 Jus naturale 即 Jus gentium 之學說，詳見 Maine, International Law, pp. 22–30.

註六　格老秀斯於一六二五年著和戰法規論認 Jus Gentium 為行於國家間之國際法，其法則由自然的萬民法 (Jus gentium naturalum) 和任意的萬民法 (Jus gentium voluntarium) 而構成的。

然羅馬法的 Jus gentium 與近代國際法的性質不同。羅馬自對外貿易漸次膨脹，希臘、腓尼基，及猶太等外國人，常到羅馬從事通商居住往來旣繁；交接復切，當然需要處理事實上糾紛之法律。於是羅馬的 Praetor Peregrinus，蒐集地中海沿岸各地的希臘人意大利人等之共通制度與習慣，基於事物的本然與正義而編成 Jus gentium（註一）因此，羅馬法的 Jus gentium，爲羅馬國內法之一部，卽支配在羅馬之外國人與羅馬人，及在羅馬之外國人與外國人之關係，並非規定國家與國家之相互關係的。

第二節 International Law 名稱之由來

一六三五年，塞爾敦著海上版圖（Dominio Maire）偶稱國際法爲 Jus intergentes（國民間法）（註二）。牛津大學教授蘇世（Richard Zouche, 1590-1660）於一六五〇年著 Juris et judicii fecialis sivo Juris inter gentes et quaestionum de eodem explicatio，始正式以 Jus inter gentes 之名稱代替 jus gentium。一七八九年英國邊沁（Jeremy Buntham）出版道德及立法原理緒論（An Introduction to the Principle of Morals and Legislation）於同書第十七章，用 International Law 一詞，世認爲通用 International Law 之始。前此，如歷任法王路易十四及路易十五的著名大法官 D'Aguesseau，於一七一六年訓其長子以修學要

註一 Maine, International Law, P. 27.

註二 秋山雅之介著平時國際公法，頁五九。

道之函中，使用同意義之名詞 Droit enter les nations（註一）。

邊沁嘗謂 international law 一詞，語雖新奇，惟易於類推及通曉，使其表示普通以 law of nations 之名而慣用的法律的一部門。因 law of nations 一詞，不僅平凡無意義，且易被人誤解爲國內法（註二）。邊沁在其上記大著序文中有謂：Principles of legislation in matters betwixt nation and nation, or to use a new though not inexpressive appellation, in matters of international law ……是爲其嚆矢。其友人都蒙特（Etinne Dumont）將 international law 譯成法語 Droit International，乃在十九世紀之初。其後意語譯爲 Diritto internazionale 西班牙語譯爲 Derecho international 德語譯爲 International Recht。

第三節　Inter. Law 與 Law of Nations

學者中，多認爲 international law 與 law of nations 之間，意義稍有差別。如勒羅爾一方面雖以二語之意義無甚差異，同時又以 Droit des gens (law of nations) 解爲國際法之理論的方面；Droit international (international law) 解爲其實用的方面。前者說明『必須是的』(ce qui doit être) 後者說明

註一　"Ce qu'on appelle le Droit des gens, ou, pour parler plus correctement, parce que le nom de Droit des gens a un aulre, le Droit enter les nations, jus ingentes" (Holland, Jurisprudence, P.380. Note, loth Ed.)

註二　Clarendon press, P. 326

『是』(ce qui est)(註一)。赫羅(D. C. Heron)在其法律學史緒論(Introduction to the Histoy of Jurisprudence, 1860)中，嘗引證『law of nations 爲表示必須遵守的規則；international law 乃爲遵守的規則』一語(註二)。烏爾西在其著書之中，嘗引證謂 law of nations 乃說明國際法之由來；international law 則爲說明其適用(註三)。

其後，一般國際法學家，學會(註四)，及雜誌(註五)，都採用 international law 的名稱。除德國及北歐三國外，使用 law of nations 之名稱者，殊屬鮮見。

註一 Louris Renault, Introduction a l'etude du Droit international (1879), p. 6.

註二 Rivier, Droit des gens, t. i. p. 6 "The law of nations teaches the rule which ought to be observed. International law is the rule observed."

註三 Woolsey, International Law, P. 11.

註四 1. Institut de Droit International (Ghent Pelgium); 2. International Association of International Law (London); 3. American Institute of International Law (Washington); 4. American Society of International Law (washington); 5. Société françaisé de Droit International (Paris). etc.

註五 1. Revne de Droit International et de legislation comparée (Brussels); 2. Revne génerale de Droit International Public (Paris); 3. Zeitschrift für internationales Recht (Leipzig) 4. Annuaire de l'institut de Droit International (Ghent) 5. Revisia de Derecho Internationality Politica (Madrid); 6. Rivista di Diritto internationale (Rome);7. American Journal of International Law (Washington); 日本國際法外交雜誌譯名爲 Revue de Droit International et Dipomatigue, etc.

然而，在英美學者間有指摘 international law 或 law of nations 二種名詞，嚴格言之，均欠適當（註一）。彼等以為國際法原為行於國家 (state) 間的法律，附以與國家有不同之觀念的 nation （民族）殊為缺陷，應改稱 interstate law （英語。）此說固不無相當理由，但現在一般通用語 international 已解為國家間之意，殊無被誤解為『民族間』之過慮，如國際關係 (international relations)，國際事務 (international affairs)，國際條約 (international treaty)，國際和平 (international peace)，國際會議 (international conference) 等，無須如何說明，一望而知。且如 league of nations （國際聯盟）的 nation 更顯然確定通用為諸國家之意，實無更改之必要（註二）。

還有，法國學者，有將國際法稱為國際公法 (Droit International Public, Droit Public International) 者，其由來頗早。如法國學者馬布里 (Mably) 於一七四七年嘗用 Droit public de l'Europe 一語。一八一五年維也納公會時，達勒蘭 (Talleyrand) 再一度應用此語。及一八五六年，更使用於巴黎條約第七條及第十五條。越

註一 李聖五著：國際公法論上『英美國際法學者，常將「國家」(state) 與「民族」(nation) 混用，即國際之命名，吾人稱之曰國際法，而英語實為「民族法」(international law or the law of nations) 如使之名副其實，英語非曰 Interstate law 不可。』（頁四九）

註二 如羅倫斯便是承認 International Law 的名稱並無不當之一人 (Lawrence, International Problems and Hague Conference, PP.2.3.)。勒塞爾亦認定此說之妥當 (Paul Leseur, Introduction a un Cours de Droit International Public, P. 12 note)

三年，意大利學者馬米尼(Mamiani)亦曾採用。至於德國碩學黑格爾(Hegel)於一八一七年前後，使用 Droit public externe 一語(註一)。一八八五年柏林公會則採用 Droit public international。據法國國際私法學家華斯的著作，則最初稱國際法為 Droit International public 者，為巴黎斯特拉斯堡大學的法科，以後各大學也漸次採用。到一八九四年福熙(Paul Fauchille)創刊 Revne generale de droit international public 始普遍流行(註二)。

國際法最初見於我國者，為美國碩儒丁韙良所譯 Wheaton, H., Elements of International Law, 1836 題名萬國公法；日本則始於明治三年，箕作麟祥譯 Woolsey, Introduction to the Study of International law，題名國際法一名萬國公法(註三)。

近來學者間又有新發見國際私法(Privite International Law? Droit International, Privé 或 International Privatrecht) 一語。然據一般學者之意見，認為國際私法本非國際性質的法律，驟然用之，常易被誤解為國際法的一部門。國際私法，原為各國內處理外人私權抵觸的法律，非以規律國際間之關係者，毋寧謂為國內法之一部，而且除專門家外，很多難以辨別二者本質的異點。因此，英法學者，常稱此等法規，為『法律之衝突』

註一 Rivier. ibid. t. 1, p. 6; Leseur, ibid. 12, note.

註二 André Weiss, Manuel de Droit international privé, P. XXIV.

註三 立作太郎著：平時國際公法論，頁二。

（註一）或『牴觸法』(Conflict of Laws, Conflict des lois)，亦有主張稱爲『國內涉外折衷法』（註二）者。是以『國際私法』新名詞出，便有將國際法改稱爲國際公法的。然至今一般學者，仍多維持『國際法』International Law 的名稱，認爲附以『公的』(public) 這形容詞，實無必要（註三）。惟一部分學者，以現今屬於國際私法之規則，依習慣與條約的作用，將來亦可取得國際法之性質（註四）。是以可分稱國際公法及國際私法，以示區別也。

註一　李聖五著：國際公法論上，頁五；周鯁生著：國際法大綱，頁三。

註二　譚焯玄在其所著國際公法原論第一章有謂『蓋此種法規，祇處理私人關係具有國內的性質，非有國際的意義。吾輩則以爲稱國內涉外折衷法較宜』（頁二）。

註三　坂倉卓造著：近世國際法史論，（頁一四）。

註四　Lawrence, Principle of International Law.

第三章　東方古代國際法

第一節　中國之古代國際法

一　緒言

國際法的成立，以國際關係之存在為先決條件。蓋『國無邦交則已，有邦交則不能無公法，其勢然也』（註一）。中國古代，如『春秋之世，周室衰微而諸侯強盛，朝聘以修好，報拜以盡禮，慶弔以通交，救恤以共存，會同以為政，盟誓以結信』（註二）。國際關係如此頻繁，自必產生規律相互間關係而支配其行為的法律，了無疑義。美國丁韙良博士，精通中國古學，嘗著中國古代萬國公法（註三），有謂：『今試讀春秋戰國之史，縱不得竟謂之公法，然其迹有不可泯者；不見夫同文同倫同教之數十國，有交際通商之政乎？不見其遣使往來，有賓客宴享之儀乎？不見其會盟立約，藏之盟府以為信乎？不見其寓均勢之法於縱衡之中，以禦強而保弱乎？不見其約法相循，儼然有局外權利之守乎？不見夫智謀之士，專事揣摩，以與人家國乎？』自丁博士之論說問世，歐美人士，始信中國古代已具近代國際

註一　丁韙良著：中國古代萬國公法自序。

註二　陳顧遠著：中國國際法溯源頁二。

註三　光緒八年，丁韙良博士在歐洲著中國古代萬國公法，由同文館副教習汪鳳藻譯為中文。

法之輪廓。從此中外學者探討春秋戰國時代國際法，亦不乏精邃之論（註一）。

二　中國古代國際法之原則

丁韙良博士謂考中國古史春秋列國交際之道，一秉乎禮，即當時的公法。陳顧遠氏更詳爲推論，列述當時國際法的內容爲（一）禮（國際規律）（二）信（國際道德）（三）敬（國際儀貌）（四）義（國際公理）（註二）。茲根據陳氏的引證，而略論之。

（一）禮——國際規律　『禮』爲支配當日國際關係的規律。平時邦交，有朝禮，聘禮；臨時政略，有會禮，盟禮；戰時法規，有軍禮，戎禮。遵守『禮』，無異今日之遵守國際規律。左傳云：

『九日，郜子來朝，禮也。冬，衞子叔晉知武子來聘，禮也。凡諸侯即位，小國朝之，大國聘焉；以好結信，謀事補闕，禮之大者也。』（襄元）

左僖三十三年，秦乘晉喪而襲鄭，晉擬伐其師，欒枝以尚未報秦所施之惠爲慮，先軫則曰：

『秦不哀吾喪而伐吾同姓，秦則無禮，何施之爲？』

魯史僖公九年夏，公會宰周公，齊侯，宋子，衞侯，鄭伯，許男，曹伯於葵邱，左傳：會於葵邱，尋盟且修好，禮也（註三）。

註一　法學博士泉哲在日本國際法外交雜誌曾論春秋時代的國際慣習；淺野利三郎著國際思想發達史，曾詳述中國古代的國際思想。陳顧遠著中國國際法溯源，張心澂著春秋國際公法，對春秋時代國際法內容詳論無遺，譚焯宏著國際公法原論，亦闢一章論及。

註二　陳顧遠著中國國際法溯源頁九　一六。

註三　丁韙良著中國古代萬國公法。

於是，我們知道『禮』爲規律當日國際關係的法則。反乎禮，卽足以影響邦交，甚或惹起重大的糾紛。

（二）信——國際道德　管仲嘗謂齊侯：『君以禮與信屬諸侯』。齊侯遵管子之言，能『守之以信，行之以禮，』故齊桓公『衣裳之會十有一，未嘗有歃血之盟也，信厚也』（穀梁莊二十七）。

（三）敬——國際儀貌　孟獻子謂：『禮，身之幹也；敬，身之基也。』左僖十一年，天王使召武公內史過賜晉侯命，受玉惰。過歸告王有謂『禮，國之幹也；敬，禮之輿也。』敬爲表現禮信的要素，不敬卽失國際儀貌。

（四）義——國際公理　義卽正義或公理之謂，乃處理國際間是非的定則。凡遇強敵凌陵，不獨被禍之國，急於自謀，卽遠處局外者，亦以發兵救援爲義。左文十五年，齊侯侵魯西鄙，謂諸侯莫敢伐也；伐曹入其郛，以討曹之朝魯。季文子卽謂：『齊侯其不免乎？己則無禮，而討於有禮者，曰「女何故行禮？」禮以順天，天之道也，己則反天，而又以討人，難以免矣！……不畏天威，將何能保？以亂取國，奉禮以守，猶懼不終，多行無禮，弗能在矣！』

上述四者，實爲構成當日國際法的重要原則。

三　國際法上國家地位

（一）周室之國際地位　春秋以前，周爲中央朝廷，立於諸侯之上，如大行人：

『春朝諸侯而圖天下之事，秋覲以比邦國之功，夏宗以陳天下之謨，冬遇以懷諸侯之慮，時會以發四方之禁，殷同以施天下之政；時聘以結諸侯之好，殷頫以除邦國之慝，間問以諭諸侯之志，歸賑以交諸侯之福，賀慶以贊諸侯之喜，致襘以補諸侯之烖；以九儀辨諸侯之命，等諸侯之爵以同邦國之禮而待其賓客。』

及周室東遷，地位日趨低落。春秋時代，除國際儀貌上還是保存其特殊地位之外，事實上已非中央權力的行使者。『此種情形，又類似普法戰爭以後，教皇在現代國際法上之關係也』（註一）。

(二)方伯之國際地位　方伯即尊崇周室的大國，如齊桓晉文樹立霸政，欲鞏固其方伯的地位，都以『勤王』而號召諸侯，儼然為事實上權力的行使者。惟當時的方伯，常以『禮』與『義』為依歸，而其霸業之修成，仍須『八命作牧，九命作伯』（周禮大宗伯）以取得其合法的地位。如左傳二十八年。

『王命尹氏及王子虎內史叔興父策命晉侯為侯伯，賜之大輅之服，戎輅之服；彤弓一、彤矢百，玈弓矢千，秬鬯一卣。曰：王謂叔父敬服王命，以綏四國，糾逖王慝。』

於是，諸侯之為方伯，原則上仍以受自王命。然後『獎王室，合諸侯，主會盟，專征伐，』行使其特殊地位的權力。

(三)諸侯之國際地位　諸侯次於方伯，除對方伯參與會盟或攻伐及朝聘外，其相互間的地位平等。若王畿以內的諸侯，則縱有采邑，以其勢力過小，無足左右國際政局，僅等於邦國。

(四)附庸國之國際地位　王制云：『不能五十里者，不合於天子，附於諸侯，曰：附庸。』如顓臾之國，乃為附於諸侯的小國。今之論者，謂附庸國和被保護國有實質上的區別，但『春秋時代則為異名同物』（註二）。當日的附庸國，正如近代，不成為國際法上的主體。

註一　陳顧遠著：中國國際法溯源頁二。

註二　泉哲著：春秋時代的國際慣習（載日本國際法外交雜誌第二十七卷第三號。）

(五)永久中立國之國際地位　永久中立國即以國際條約而保障其獨立及領土完整的，春秋時代也有近似之例。如彌作，頃丘等六村落，立於宋、鄭之間，不屬任何一國。由宋、鄭協定爲中立地帶，期間十五年。然鄭在協定期間未滿之時，進犯此中立地帶，欲服之爲保護領，宋遂與鄭開戰，鄭敗，六村落仍爲中立地(註一)。

(六)夷狄之國際地位　春秋時代的國際規律，正如近代以國際法爲文明國相互間所適用的法律，野蠻國家無享受國際法保障的權利；換言之，不承認野蠻國家有所謂國際地位也。春秋時代，呼野蠻的國家爲夷狄或蕃國。蕃國之使稱爲『小客，』小客不能享受通常國際儀貌的待遇。周室固然，即諸侯之間，仍對夷狄有所歧視。

『介葛盧來。介葛盧者何？夷狄之君也。何以不言朝，不能乎朝也』(公羊僖二十九)

『齊人伐山戎，此蓋戰也。何以不言戰？春秋敵者言戰，桓公之與戎狄，驅之爾！』(公羊莊三十。)

觀此，可知夷狄在當時國際關係上，簡直無若何的地位。

四　國家之要素及承認

(一)國家之要素　『諸侯之寶三：土地、人民、政事』(孟子，)與近代學說主張國家成立三大要素者相當。曲禮云：『諸侯、失地名。』即謂諸侯既失其地，則不能再稱其爵，惟有直稱其名。於是可知土地爲國家的要素之一。左傳及穀公兩傳，嘗載梁亡，乃自取其亡，因臣叛於上，民怨於下，或謂『民懼而潰』(左僖十九，)或謂『民爲寇盜』(穀梁僖十九，)或『魚爛而亡』註『百姓一旦相率俱去，狀若魚爛』(公羊僖十九。)觀此，足徵國無人

註一　泉哲著：春秋時代的國際慣習。(載前雜誌)

民，即爲滅亡。其次王畿之內的諸侯，有其國也有其人民，爲何『非有天子之命，不得出會諸侯』（穀梁隱元）因王畿之內政治組織皆爲王之組織，他們並無相對獨立的政府。

（二）國家之承認　朝聘通問便是承認之形式。齊桓之存邢封衞；楚之復封陳蔡，再建隨許，以通常國交往來的形式，即取得原有的國際地位。三家分晉，創立韓、趙、魏三國，仍以聘問等通常形式取得列國之默認。至於君主（政府）之承認，事例頗多。『凡君即位，小國朝，大國聘，』受之者，即承認之意味。春秋慣例，篡奪的君主，如參與諸侯會盟，則爲取得君主之承認，且可由國際間保障其國內政治上的地位。

五　外交使節問題

春秋時代的外交官，都是臨時任命，由君主賦以特定的使命，使命完畢，即其任務終了。惟以當時國際關係之繁雜，使節常相往來，由是有規律外交使節的禮制。

（一）外交使節的種類　春秋時代，使節約有四種。一爲會盟專使，即代表君主而參與會盟的特使，其任務多涉重要政治問題（如征伐協定）類似近代國家所派遣之特命全權大使。一爲聘問通好之使，爲第二流之外交使節，類似現代國家之駐外使節。一爲通命示整之使，乃類似現代戰爭法上之軍使等。一爲弔喪慶賀之使，即君主薨時，派遣喪弔使節，致弔喪之意，代表其人君送葬，資格與尋常使節無異。他若婚聘之使，納幣之使，親迎之使，致女之使，勝女之使，來勝之使，則總稱嘉禮之使。

（二）外交使節的等級　春秋時代外交官的階級，大致有相、使、介三種。相爲執掌國內外交事務的外交官，等於今日之外交部長；介有君之介及使者之介二種。前者爲君主的代表，後者爲諸侯的代表，介以下者，稱從者，即近代之隨員。

使節中之會盟專使，則須派卿，所謂『三軍之事使卿』是也。有時，亦派以大夫以下之官職者。關於嘉禮之使，例須使卿，關於弔喪之事，周制，士弔，大夫送葬；霸制，大夫弔，卿共葬事，夫人則次君一等。實則，外交使節常因國之大小強弱，而有等級之差異。惟大體言之，外交使節的階級，有上卿、中卿、下卿、上大夫、下大夫、上士、中士、下士、等官職。

(三)外交使節的席次　各國使節並會於一地時，便發生席次問題。『其位爵同，小國在下；換言之，同爲卿者，小國之卿在大國之卿下；爵異，卿仍在上；換言之，小國之卿不得在大國大夫之下』(註一)。

此外，亦有召集會議的國家（霸主）而規定席次者，惟普通仍依一定之慣例。即：(1)王之使節列席之際，王使占先列，霸主占次席；(2)霸國之使節與諸侯會議之時，霸主之使節占首席，諸侯位次席；(3)霸國相會之時，雖有因爭席次而引起戰爭的事例，而亦有互讓首席而親善畢會者；(4)大國或關係重要的國家爲先，小國次之，依爵位之順序。

(四)外交使節的信證　春秋時代的外交使節，以『使節』爲表明君主的信任之物。君使卿大夫聘於天子諸侯，行道所執之信，即爲使節。周禮云：

『凡邦國之使節，山國用虎節，土國用人節，澤國用龍節，皆金也；以英蕩輔之』（掌節）。使節之使，亦有致圭

註一　陳顧遠著：中國國際法溯源頁九八。

璋以示信。

（五）外交使節的特權　外交使節有不可侵權及治外法權。使節爲代表其君主國家，不得加辱，辱則非禮。周禮且定特別保護的法規，凡危害使節者，加以處罰，對非禮的國家，得興問罪之師。如左昭二十一年，晉士鞅聘魯，叔孫爲政，季孫欲惡諸晉，使有司以齊鮑國歸費之禮爲士鞅。士鞅卽以其等晉國於位下國小之鮑，有辱晉國，而怒。左宣十七年，晉侯使郤克徵會於齊，齊頃公帷婦人使觀之，郤子登，婦人笑於房。獻子怒，出而誓曰：『所不此報，無能涉河！』又若『季孫行父禿；晉郤克眇；衞孫良夫跛；曹公子手僂；同時而聘於齊。齊使禿者御禿者，使眇者御眇者，使跛者御跛者，僂者御僂者。蕭同姪子處臺上而笑之。……齊人有知之者，曰：齊之患，必自此始矣』（穀梁成元。）終至鞍之一戰，齊爲晉敗。其次，有傷害使節而致興師征伐者，如鄧南鄙鄾人，攻楚使及巴客，而奪其幣，且殺之。其後楚師鬬廉率師及巴師圍鄾。

六　國際紛爭之和平解決

近代解決國際紛爭的方法，有和平的息爭手段，如斡旋，調停，及仲裁裁判；及強制的息爭手段，如返報，復仇，最後通牒。春秋時代亦然。

（一）和平的息爭手段　左隱八年，齊侯平宋衞於鄭，以釋東門之役；左成十二年，宋華元合晉楚之成，卽類似近代國際法上所謂斡旋及調停。左襄十九年，晉平公執邾悼公，以其伐魯故，且次於泗上，以正邾魯之疆界，又類似仲裁裁判也。而且，當日的和平息爭手段，常具有強制的實行性。

（二）強制的息爭手段　左襄六年，莒滅鄫，魯侵其西界；八年，莒人伐魯東鄙，以疆鄫田，即當日復仇的事例。左定十年，齊人索魯甲車三百乘，孔子索齊反魯汶陽陽田，即返報的事例。

（三）仲裁裁判　春秋時代，兩國發生爭端，乃請決於盟主，猶今日之訴諸國際聯盟也。故春秋時代，常有國家互相訴訟而聽從盟主之仲裁者。如左僖二十八年，晉人復衛侯，衛侯䮕入殺叔武，元咺至晉愬之。『冬會於溫，衛侯與元咺訟，甯武子爲輔，鍼莊子爲坐，士榮爲大士。衛侯不勝。』左成五年『許靈公愬鄭伯於楚；六月，鄭悼公如楚訟，不勝。』

惟春秋時代之所謂仲裁，非若今日之以完善的法律慣例或正義爲依據，常由處理者的好惡而定其是非，自難得其公平。

七　盟會無盟約

春秋時代，大國常以仁義名節自矜，不務於爭權奪地，以號召天下。扶助弱小，禁誅強大，伸國際正義，導維世界和平，故常有盟會之舉。盟會有弭兵之會，衣裳之會，兵車之會三種。當時的盟會，亦有攻守同盟之締結。如桓公二年，『蔡侯鄭伯會於鄧，始懼楚也。』隱公九年『冬，公會齊侯於防，謀伐宋也。』然大體觀之，盟會確能臻進和平的關係。

（一）弭兵之會　左成十二年，晉士燮會楚公子罷及許偃，且盟於宋西門之外。『凡晉楚無相加戎，好惡同之，同恤菑危，備救凶患。若有害楚，則晉伐之；在晉，楚亦如之，交贄往來道路無壅，謀其不協，而討不庭，有渝此盟，明神殛之，俾隊其師，無克胙國。』其次，魯襄二十七年，『宋向戌善於趙文子，又善於令尹子木，欲弭諸侯之兵。如晉、告趙孟，…晉人許之。如楚，楚亦許之。如齊，…齊人許之。皆告於小國，爲會於宋。己酉，宋公及諸侯之大夫，盟於宋蒙門之外。』

（二）衣裳之會　衣裳之會，即爲和平的盟會。齊桓公衣裳之會十一，從未以兵車。且『未嘗有歃血之盟也，信厚也』（穀梁莊二十七）如蔡丘之會，諸侯束牲載書而不歃血。初命曰：「誅不孝，無易樹子，無以妾爲妻。」再命曰：「尊賢育才，以彰有德。」三命曰：「敬老慈幼，無忘賓旅。」四命曰：「士無世官，官事無攝，取士必得，無專殺大夫。」五命曰：「無曲防，無遏糴，無有封而不告。」曰：『凡我同盟之人，既盟之後，言歸於好。』（孟子告子下。）

葵邱之會，爲齊桓公尋盟修好之盟會，所定各命，儼若國際的和平規章。

（三）兵車之會　諸侯整戎裝而參與之盟會，謂爲兵車之會。此種盟會，具有歃血之形式，然齊桓公『兵車之會四，未嘗有大戰也，愛民也。』（穀梁莊二十七。）

其次，春秋時代之盟約，有永久盟約與暫時盟約之別。盟約又有主約與從約之分。凡君主本身參與而締結的盟約，自無須所謂批准的形式，若卿大夫代表君主而締結的盟約，則須批准。當晉楚爭霸之時，國際團體常分南北二系，北方屬於晉系，南方屬於楚系。這時候，晉系之一國與楚結盟約之場合，必須得北方的國際團體之承認（即批准，）始爲合法；若未得承認之時，其盟約即屬違反北方的國際規律。而楚系之一國與晉結盟約之場合也必須經過同樣之手續，始能取得合法性（註一）。盟約之締結，雖爲君主的特權，然除有規定關於特定之君主本身事件

註一　泉哲著：春秋時代的國際慣習。（載前雜誌）

之外，盟約不因君主之薨而失效。

八　戰時法則

1　戰爭之意義

戰爭爲國家間或具有國家的權利之團體間，公然以武力杜絕和平關係，而施行敵對手段的行爲。春秋時代，國旣紛立，事當錯綜，自然不免於未能以和平手段解決其糾紛而採用最後手段的戰爭行爲。有謂春秋時代戰爭之功用，在自衞，征伐，與致霸（註一），玆分論於次：

（一）自衞　國家之安全，繫於國家本身有無防守之能力，自古迄今無不皆然。如「今有強貪之國臨王之境，索王之地，告以理，則不可；說以義，則不聽。王非戰國守禦之具，其何以當之？王若無兵，鄰國得志矣！」（國策趙惠文王鄭同北見趙王。）這就是說「有備無患，敢以此規。」換言之，國家在平時必須蓄養自衞的能力，而防備外敵之侵凌。

（二）征伐　孟子謂：「征者上伐下也，敵國不相征也。」當時以戰爭爲刑罰之一種，爲施行法律之強制手段。征伐卽含有在上位者以武力裁制的意思。先秦人士以征伐之實施須合乎相當條件及受各種限制。

（A）上能伐下　國語魯語下叔孫穆子：「天子作師，公帥之以征不德。元侯作師，卿帥之以承天子。諸侯有卿無軍，帥數衞以贊元侯。自伯子男有大夫無卿，帥賦以從諸侯。是以上能征下，下無姦慝。」

註一　郭登皞著先秦諸子戰爭之理論。（載民族第四卷第七期）

(B)大能伐小　大國能伐小國。國語晉語二丹之僑：『大國道，小國襲焉，曰服。小國傲，大國襲焉，曰誅。』

(C)盟主能伐無道　宋人弑昭公，趙宣子請師於晉靈公以伐宋，謂『今宋人弑其君，反天地而逆民則也，天必誅焉。晉爲盟主而不修天罰，將懼及焉！』(國語晉語五趙宣子)

(三)致霸　春秋時代政治家，常以致霸爲政治上的最大目標。大國爲達成此目標，有時必須運用戰爭。宣公十二年彘子：『晉所以霸，師武臣力也。今失諸侯，不可謂力。有敵而不從，不可謂武。由我失霸，不如死。且成師以出，聞敵彊而退，非夫也。命爲軍帥，而卒以非夫，唯羣子能，我弗爲也。』

2　戰時之法則

(一)宣戰　開戰必先以類似近代之最後通牒，且對敵國常約期會戰。春秋成公十三年四月，晉侯使呂相宣己命絕秦。因爲事先秦晉曾盟於令狐，秦桓公歸而叛盟，晉厲公乃數其罪以絕秦。五月伐秦。其絕秦之辭，有謂：『……景公卽世，我寡君是以有令狐之會。君又不祥，背棄盟誓；白狄及君同州，君之仇讎，我之婚姻也。君來賜命曰：「吾與女伐狄」。寡君不敢顧婚姻，畏君之威，而受命於吏。君有二心於狄，曰：「晉將伐女」。狄應且憎，是用告我。楚人惡君之二三其德也，亦來告我曰：「秦背令狐之盟」，而來求盟於我。昭告昊天上帝，秦三公，楚三王，曰：「余雖與晉出入，余唯利是視」。不穀惡其無成德，是用宣之，以懲不壹。諸侯備聞此言，斯是用痛心疾首，暱就寡人。寡人帥以聽命，唯好是求。君若惠顧諸侯，矜哀寡人，而賜之盟，則寡人之願也；其承寧諸侯以退，豈敢徼亂？君若不施大惠，寡人不佞，其不能以諸侯退矣！敢盡布之執事，俾執事實利圖之！』

五月晉以諸侯之師戰秦兵於麻隧，是絕秦之辭，即無異近代的最後通牒。

此外交戰國亦有相互宣戰的，如左成二年，晉、魯、衛、曹之師，至於靡笄之下，齊侯使請戰，晉亦應之，遂開戰。

(二)兵以鼓進，未成列者不擊　左傳宋襄公與楚人戰於泓之陽，楚人未既濟，司馬請擊之，公曰不可，君子不厄人。既濟而未成列，又以告，公又曰：『不可，吾聞之也，君子不鼓不成列，』既陣，而後擊之，宋師敗績。人或笑宋襄公之迂拘，而公羊傳則極稱其謹守戰之正法，謂『雖文王之戰，亦不過此。』按軍法以鼓戰，以金止，不鼓不戰；不成列，即未成陣也，君子不戰未成陣之師，乃仁義之道。

(三)害敵手段　近代國際法上，為減殺敵人的勢力，允許在合法的條件之內，使用害敵手段。如依戰爭法的殺死與傷害，對有防禦城鎮之轟擊，軍事上必要的破壞手段，奇計、圍攻、間諜之運用等。春秋時代，亦嘗承認設權應變，詐以勝敵，而使用適當的害敵手段，玆分述如次：

甲、奇計　宋襄公之敗，司馬子魚謂：『君未知戰！勍敵之人，隘而不列，天贊我也；阻而鼓之，不亦可乎？猶有懼焉！且今之勍者，皆吾敵也，雖及朝耇，獲則取之，何有於二毛？明恥教戰，求殺敵也，傷未及死，如何勿重？若愛重傷，則如勿傷，愛其二毛，則如服焉！三軍以利用也，金鼓以聲氣也；利而用之，阻隘可也，聲盛致志，鼓儳可也。』（左僖二十二）他若『晉中行穆子敗無終及羣狄於大原，崇卒也。將戰……未陳而薄之，大敗之』（左昭元。）此為承認運用奇計之史實。

乙、圍攻　圍城困敵，為害敵手段之一。左僖二十五年，晉侯圍原，復示之以信，退一舍而原降。春秋圍敵之事例頗多，如隱五年，宋人代鄭圍長葛；僖六年，齊侯以下伐鄭圍新城，楚人圍許；他若晉侯以下十餘國同圍齊，楚子以下圍蔡，皆認圍攻爲當時戰爭的合法手段。

(四)俘虜之待遇　爾雅疏云：『因敵曰俘，伐執之曰取』；即今日之所謂俘虜。戰爭當有勝敗，敗者或死或俘，亦屬必然之勢。如『晉侯及秦伯戰於韓，獲晉侯，』『宋華元帥師及鄭公子歸生帥師戰於大棘，宋師敗績，獲宋華元，』是晉侯爲秦伯所俘，宋華元爲鄭歸生所俘也。春秋時代，俘虜之待遇，常等於罪犯，律以殘傷；然較之希臘、羅馬時代，以俘虜爲奴隸者，尤覺近於文明。晉知罃爲楚所俘，截其耳，而釋之歸，楚王謂知罃曰：『子其怨我乎？』對曰：『二國治戎，臣不才不勝其任，以爲俘馘，執事不以釁鼓使歸就戮，君之惠也。臣實不才，又誰敢怨？（左成三）即不戮不馘者，亦常繫之以囚。如『楚子重代鄭……鄭共仲侯羽軍楚師，囚鄖公鍾儀，獻諸晉；晉人以鍾儀歸，囚諸軍府』（左成七。）此外，有釋放俘虜之例。釋放俘虜，有自動釋放、他動釋放，即時釋放、及停戰釋放之別。若戰爭中各有所俘時，則實行交換，即近代國際法上所謂俘虜之交換是也。如左宣十二年，邲之戰，晉楚各有所俘。成三年，晉人歸楚公子穀臣與連尹襄老之尸於楚，以求知罃，時荀首已佐中軍，故楚人許之。

(五)不得擅滅人國　春秋時代，諸侯雖相侵伐，而仍假仁義之師，不敢公然越出當時的國際公理。如齊孝公帥師伐魯，魯侯使展喜犒師，冀有以止其軍。齊侯曰：『魯人恐乎？』對曰：『小人恐矣，君子則否。』齊侯曰：『室如懸磬，野無靑草，何恃而不恐？』對曰：『恃有先王之命。』因進述齊魯受封之始，盟府以載之辭，責之以義，諷之以情，卒使齊侯辭屈而還。

又如晉敗齊師於鞍，齊侯致賂而不得免，則稱說先王之命，晉人猶未許，魯衛進諫，齊之社稷賴以不誤。

(六)武裝中立說　春秋時代，常有局外中立之國家，使交戰國師旅，不得越其境。卽有假道者，也是出於國力孱弱無阻止其越境之能力。孟子更倡武裝中立之說，如滕文公問以『滕小國也，間於齊楚，事齊乎？事楚乎？』而孟子對曰：『是謀，非吾所能及也。無已，則有一焉。鑿斯池也，築斯城也，與民守之，效死而民弗去，則是可爲也。』

(七)略取之原則　齊人伐燕，勝之，宣王對孟子曰：『或謂寡人勿取，或謂寡人取之。以萬乘之國，伐萬乘之國，五旬而舉之，不取必有天殃，取之何如？』孟子對曰：『取之而燕民悅，則取之。古之人有行之者，武王是也；取之而燕民不悅，則勿取。古之人有行之者，文王是也。』此說類似近代的民族自決主義，蓋略取當以民意爲依歸也。

九　結論

從上觀之，中國古代之有國際法綱要之存在，已甚明顯。論者或謂：中國古代國際法的學說，何以不能傳之或發揮之於秦漢以後？解答此問題，一言以蔽之，乃因秦漢統一中國，已喪失育成國際法之背景——卽國家並存而形成的國際關係。『按亞洲東境諸小國，悉隸中國藩屬，其聯屬之故，或以同教，或以互市，而大半皆出於畏威懷德之誠，尊之如天帝，敬之若神明，以故中國居高臨下，大莫與京，如古之羅馬然，輒自稱其一國爲天下也。此小國者，彼此絕少往來，其通貢於中國也，初無報聘之事；中國狃於所見，又安知宇宙間有平等相等如泰西各國者哉！夫中國垂一統之治，建無外之規，於今二千年矣，其間割據紛爭，事極罕見，公法之學，固無自而興』(註一)。故有謂『周以

註一　丁韙良著：中國古代萬國公法。

前，部落棋布，元后羣后之間，不能謂無往來，然止有「際」而非「國」；秦以後，函夏一統，視遠邦爲蠻夷，責異國以臣屬，又止有「國」而無「際」(註一)。因此中國古代國際法未能傳之或發揮之於秦漢以後者，實爲勢之所然。

第二節　印度之古代國際法

印度爲東方之古國，而印度古代文明在世界文明史上佔有重要地位，已爲世所深知。溯自雅利安人侵入印度之後，常征服當地土人，建立許多部落國家(註二)。紀元前一四〇〇年頃，進而略取嘉治河 (R. Gange) 與印度河(R. Indus)間之土地，經與土人長期大戰而征服其地。結果，使印度之風俗習慣及社會制度，均爲一變，而且成立印度特有之僧侶及階級制度(註三)。部落國家漸漸進化爲主權國家(註四)。但此所謂主權國家者，不是印

註一　陳顧遠著：中國國際法溯源。

註二　當時有名的部落國家爲 Tritsus, Yadus, Anus, Turvasus 及 Druhyus.

註三　淺野利三郎在其國際思想發達史(頁一三六)上，認雅利亞人征服土人之結果，乃產生階級制度。第一階級爲僧侶，稱婆羅門；第二階級爲王族(武族)稱刹帝利第三階級爲工商階級，稱毘舍第四階級爲農民，稱首陀。拉森所著印度古代的狀態，謂宗教在印度地方成爲階級區分的基礎，屬於諸階級中的婆羅門教徒有最高地位，支配其他階級。在其支配下的大多數人民，不能獲得人的權利，市民的權利或政治上的權利，稱之爲 Parias, Tschandalas(Lassen, Indischs Alterumskund 1847)此種階級制度與印度國際關係以莫大之影響。

註四　當時所謂有名的主權國家爲 Kuru-Panchāias, Kosalas, Widehas, Kasis, Gandhāras, Bāhlikas 等。印度民族形成第三階段，乃在佛教時代。當時強國達十六國，即 Magadhas, Kasis, Kōsalas, Kurus, Panchālas, Avantis Gandharas Kambhojas, Angas, Vrijjis, Chēdis, Vatsas, Mallas, Surasenas, Assakas, Matsyas. 係以莫大之影響。

度統一的國家，而是小國家形成近代國家意義的政治獨立性之組織。卽使到奈達馬利亞（Nanda-Maurya）及格布達（Gupta）時代統一帝國之形成，依然承認及尊重各國家間政治的特殊性。

於是，小國家之紛立勢必需規律相互間涉外事件之法規，藉以維持和平關係。何況印度土地肥沃，氣候適宜，歐洲商業投機家漸次君臨印度。印度雖素取閉關主義，實行嚴格的階級制度，視外人爲蠻夷，但爲腓尼基、波斯、猶太人等以權謀詐術及武力，使印度人開放都市，許外人營業，然其仇讐外人之心理則未嘗變異。因此情勢之要求，北方印度諸國相互間乃形成國際法規（註一）。如 "Manu"、"Yajnavakya" 以及著名法律學家考特爾亞（Kautilya）所著的 "Arrhasastra"，不僅在強大國家之間，卽弱小的王國及共和國之間，亦均適用。

其次進而考察印度的古代國際法內容，法律學大家考特爾亞，傳爲甲必丹（Gupta）王的宰相，富有權謀術數，深識合縱連橫之政，其所用於國際法上的術語，以外國君主爲立場者，分（一）敵國（Ari）（二）修好國（Mitra）（三）調停國（Madhyarna）及（四）中立國（Udasina）四類；以國際關係爲準則者，分（一）戰時狀態（Vigraha）（二）和平狀態（Poace）（三）中立狀態（Asana）三類；又適應此種分類而分爲（一）戰鬬準備（Yana）同盟（Sam'sraya）及二重政策（Draidhi-Phava）等三小分類。觀此術語之完備，足徵印度的古代國際法已具相當

註一　包含於 Rig-Veda 的宗教文學中『不文律』之翻譯，爲印度最重要的法律淵源。此等『不文律』乃關於戰爭和平及外交的準則。據 Yajavalkya 說，依此等準則而編纂公佈的法典，有 Manu, Atri, Hārita, Yajnavalkya, Usana, Angira, Yama, Apastamba, Samvartta, Katyāyana, Brihaspati, Parāsara, Vyasa, Sankha, Likhita, Daks-ba, Gotama, Sātapa, Vasishtha 尤其著名的，便是考特爾亞的 Arthasāstra.

的輪廓。

(一)主權之行使　採取階級制度的國家，其握有權力者，必支配其他階級，是以產生主權之觀念。印度在宗教上有勢力之階級，兼在政治上執掌主權，從而屬於此階級者，即為對人民行使主權者。行使主權之階級，一方固排斥國內其他階級參與政治權利，同時也防範外方勢力之侵入，以危害其主權。因此，如"Manu"聖典嚴格禁止與外人(Mlotscla)交通，犯者處以極刑。

(二)締結條約　印度法典本視外人為『無權利的讐敵，』然社會關係進化，獨立國家紛立，實不無相互結合交通之舉。如遇外邦仇敵之攻擊時，常相互締約攻守，等到危難消除時，此締約的效力亦同時喪失(註一)。

(三)使節任務　考其古法典所載，公使之任務，要在保全本國之安寧。駐外使節，應竭力探究駐在國君主的意思，且買收其大臣；若買收之不得者，則加以毒殺；一有機會，則利用其人民之不平，煽動其叛亂，以危害其政府。

(四)交戰法規　印度早有戰爭及和平之準則，為維繫紛立的諸國間之關係。如交戰法規，嚴格禁止掠奪荒廢。君臨印度的塞紐可斯、尼加多爾使節墨家塞尼斯(Mogasthenes)，曾發表視察所得之談話：

『在其他國民間，戰爭一起，即田地荒廢，變成荒野，乃為常事。然在印度，以農民為神聖不可侵犯，縱使戰鬪在其附近行使，亦勿妨礙其農耕。而且侵入敵方土地之時，以兵火荒廢農田或吹倒樹木之類，也從未之有』(註二)。

註一　參看中村進午譯國際法上卷頁六五。

註二　參閱 S. V. Viswanatna, International Law in Ancent India.

第四章　希臘羅馬時代之國際法

第一節　希臘時代之背景

一般人雖嘗以所謂國際法乃單限於用在近代國家，至於古代民族，其如希臘羅馬諸族間，並無正確的國際法觀念。大法學家菲力普遜（Coloman Phillipson）在其名著古希臘羅馬時代之國際法及國際慣習一書中，乃力陳其謬認爲這種論斷是含有不正確的觀念(註一)。原因是希臘雖然未脫原始的社會組織，但以之比諸野蠻時代，已不可同日而語。希臘有哲人高崇的理想，深邃的哲學，靈感的宗教，優美的藝術，民主的政治，在愛琴海的綵波上，浴着近代文明的光輝。不過時代是有機體的，希臘縱產生所謂國際法，其國際法之精神，形態，內容，亦未必與近代一致。吾人之所求者，是否希臘時代已經發生所謂『國際的組織』，果爾，都市國家的關係，將必產生一種軌道，而使之過規律的國際生活。在這種規律的國際生活中，便不難發現希臘時代的國際法。

紀元前六百年前後，在希臘半島上有雅典，斯巴達，梅加拉，底比斯；在愛琴海島嶼上有德爾非，西勞斯，拿其索斯；亞細亞大陸旁邊有愛非塞斯，布里奈，米德里斯；在黑海沿岸有西諾布等等。統計在地中海，愛琴海，以及黑海周圍所有的市國(City State)不下數百，眞似星棋羅布，煞有一大世界之觀。當時除斯巴達而外，均蹺城以壁，用爲

註一　Phillipson, International law & Customs in Ancient Greece, P. 27–28.

國內外之別。直至後年（紀元前三三八年）征服馬其頓之時，仍然互相對峙。在此數百獨立市國之間，其國情互異，人民之生計亦復不同。例如希臘本島，以雅典爲中心之工商業異常發達，臨近愛琴海之諸市國，益以海上交通之便利，海外通商，至爲繁榮。以此，乃發生種種國際事態，外交關係自然隨而發達。

第二節　希臘時代之國際法

在上述的希臘社會中，幾多獨立市國之間，便產生所謂『希臘的法律與慣習。』此等法律之來源，一部是基於自然法及宇宙法的習慣；一部分來自各國間所締結的條約。前者是本着『善惡之自然的世界的原理，是與任何相互交際及結合是獨立的，』這是亞德士多德(Aristotle)認爲萬人所承認的(註一)。他們的制裁就是宗教，認爲這是上帝的意志與權利。雖然，這種世界法的原則，在許多實際的情勢之下是常被毀棄的，因爲常被各時代的理想所限制，而充滿反乎近代人道觀念的行爲。另一種是基於希臘各獨立市國間所滲澹經營的條約法。類此條約，固然不能離開宇宙法的拘束，但同時以遵守條約爲神聖的道德責任，以此相沿習襲，便構成恰於近代精神之習慣法(註二)。例如紀元前五八〇年前後希臘與伊里亞海拉愛亞兩市國間，同四二〇年雅典與阿爾格所締結的防守盟約，可爲適例。玆就希臘有關國際法之事件，略爲陳述：

註一　Phillipson, ibid., I. p. 53.

註二　Phillipson, ibid., I. p. 382.

（一）宗盟會議（Amphictyonic Council）——『宗盟會議』之本名爲 Pylaoa，意即希臘語之門戶，指會議室之門而言。『宗盟會議』原爲一種宗教同盟，每年春秋各定期開會一次，組織當初共有十二市國，其後更有若干市國加入。出席會議各國之代表有正使（Hioromnomones）一名，副使（Pylagorae）二名。正使專司神職；副使則多爲專事舌辯之政治家。投票權各國一律平等，各得二票。此點，對國家平等原則之確立，有極大關係。至於『宗盟會議』之主要目的，在加盟各市國相約保護德爾菲之神殿，以支持宗儀之威信，增殖神殿之財產；兼而保障各市國之獨立，對外來的侵犯者，各國聯合擊伐之。其後更加以若干政治的約束，有者爲調停各國間的紛爭，有者對不遵之國處以懲罰，或更進而宣告神戰（註一）。

當時希臘人的觀念，以宗教，法律，道德爲三位一體，非若今日之劃然有別。神承受法律的威權，故其犯法即爲對神之罪惡，其制裁卽本自神意。雖然，學者對『宗盟會議』之見解殊不一致。如美國哥倫比亞大學史學教授海斯（C. J. H. Hayes）嘗言：『一般人往往以宗盟會議與海牙和會及國際聯盟相比擬；實則如謂宗盟會議爲國際的，毋寧爲國內的；宗教的成分多於政治的』（註二）。反之，如寇蒂士（W. E. Curtis）以爲『宗盟會議最重要之結果在使聯盟各員對聯盟以外之諸都市結成一團，而相互自覺這一點。』意卽就其種族及政治的宗教的體系上，能引起民族（nation）的觀念，卻有重大意義（註三）。要而言之，宗盟會議之形體爲宗教的，但其能爲希臘

註一　例如克立薩市對巡禮者課賦通行稅，會議決以處罰，結果乃引起第一次神聖戰爭（B. C. 585-599）

註二　Hayes, The Historical Background, The "League of Nations the Principle and the Practice", P. 21

註三　Curtis, History of Greece, p. 117.

諸國民的結合之一階梯，爲一不可否定的事實；特別是在民族意識之生長上，其意義未可過低評價的。

（二）同盟及仲裁條約——「宗盟會議」爲宗教的，如謂之爲政治的聯盟，當然有議論的餘地。但在希臘各都市間所締結之政治的同盟條約，卻不在少數。紀元前五八〇年前後，希臘之伊里亞與海萊爾兩市國，以至同四二〇年與阿爾格所締結之防守同盟條約，其期限長及百年，頗足驚人。同紀元前四七七年以雅典爲盟主締結底勞斯同盟（Confedoracy of Delos），其目的在對抗波斯勢力之西漸，這是關於同盟方面的。

市國既多，往還自屬頻繁。惟希臘市國間有一特徵，卽對一切普通紛爭，有概付仲裁裁判之風尙。如斯巴達有一法律規定：「苟於仲裁法庭之前，對於請求救濟之人，不得以犯罪者而攻擊之」（註一）。史家脫德氏（M. N. Tod）嘗言「在紀元前四〇〇前後，仲裁裁判之應用，次弟擴張於希臘之全領土，各小國之間，對解決國際紛爭，尤樂採用」云云（註二）。足徵其信然有實（註三）。此等以仲裁及調停爲解決國際紛爭之方法，洵爲後世之規範！

（三）交戰法規——在希臘認爲戰爭若不發佈宣戰布告，是不能開始的。在神殿之境內，不能作戰，軍使及帶有特殊任務的神官爲不可侵犯。在戰場之死者，姑不問其爲敵友，均一律葬埋之。佔領地之居住，如避難於神殿之內，卽不得戮殺；俘虜或行交換或賠償後而釋放之，然多役爲奴隸；戰勝後不得設立永久之紀念碑；侵犯神聖之罪人，不得加以葬埋；凡係希臘人無論在平時戰時，不得妨害其至禮拜堂以求神庇。各市國之規定以及慣習雖然如

註一　參見淺野利三郎國際思想發達史頁二八四。

註二　Tod, International Arbitration amongst the Greek, p. 178.

註三　Phillipson, ibid., vol. I.

此，但其是否能確實執行，猶爲疑問。國際法學者芬維克（C. G. Fenwrick）嘗有下列之論述：

『在實際的慣行上，希臘人亦常常忽略一切的限制國家的政治以及當前軍事上之必要，使之對最戰慄性質殘忍酷薄之行爲視爲正當，亦非稀罕。如蘭塞底莫尼亞人(Lacedeamonians)豫將已降的普拉潭（Plat-aean）盡行殺戮之事可爲一顯著之例。有時將佔領城池之男子盡行梟首，婦孺則賣爲奴隸。特別是直至近日素爲戰時國際公法所寬恕的報復主義，而犯行者對其夙在主義上所承認之最高法則完全不相容的野蠻行爲，尤狡然作辯』（註一）。

此語固當作事實之例外視之，而希臘已有戰時規律之存在，可無疑義。

（四）外交使節——外交使節之往來，亦常見於希臘諸市國之間。其所謂使節者，當然不是像後世的常設使節，度其時代既無此需要，且百幾十市國之間，若果一一遣派使節，豈非難事。彼時之所謂使節，亦無專門之外交家，而多由市民會議選舉適當人物，以當其事。此項市民會議有簡派並接受使節之權，無論大小事件，均受會議之指揮與監督。使節在派駐地除民事以外，亦享有類似的治外法權。戰時，使節則爲不可侵犯。當時尚有 Proxenus 之官吏，極與今日之領事相似，以保護本國市民的利益。

第三節　羅馬時代之國際法

註一　見 Fenwrick, International Law, p. 10. 或詳參 Phillipson, ibid., Vol. II, Chap. XXIV.

芬維克主張研究羅馬時代國際法之發達，理應將羅馬的歷史分作兩個時期（註一）。第一期是羅馬仍爲一市國，雜處於各市國之間，其與各市國的關係，一如希臘時代直至紀元後三世紀之開端，羅馬承認其他獨立社團之存在，並在種種同盟條約基礎之上，維持各市國間的關係。不久羅馬以其威武實行兼併之策，結果許多拉丁及意大利諸聯盟約爲其吞噬，但彼此之間，仍然存在一種法律的義務。例如歸化，引渡俘虜，使節之不可侵犯，遵守條約等等，均視爲一種法權與義務，而遵行於各單位國郡之間（註二）。

第二期則始於第二皮尼克戰役(Second Punicwar)之後，羅馬已進入一新階段，即羅馬帝國已爲一世界帝國，否認任何國家之獨立與平等。此時之所謂法律，既非慣行，亦非條約，祇是羅馬統治者的意志。所以此時實無所謂眞正的國際法。學者常痛言：『自希臘以還所發達的國際法觀念，至羅馬帝國之下，即失其存在矣』（註三），當非過言。故其僅足爲後世研究者，不外萬民法(Jus gentium)及交戰法規(Jus fetiale)等數項而已。

A　萬民法

羅馬夙重立法精神，爲世人所熟知的，而萬民法(Jus gentium)實爲羅馬古法中之尤要者。所謂萬民法者，乃對有條約國之國民或貨財加以保護的法律，推其動機，雖在使羅馬人之特權不爲外人享有（註四），但亦不盡

註一　Fenwrick, International Law, p. 10–11.

註二　Phillipson, ibid. I, p. 107–108.

註三　信夫淳平：國際政治之進化及現勢頁八九以下。

註四　Maine, Ancient Law, Ch. 3.

然爲排外的性質。在羅馬以掌萬民法之法官，稱爲 Praetor urbanus，掌羅馬市民法（Jus civile）之法官，稱爲 Praetor peregrinus。其中因爲萬民法的觀念，對後世國際有很大的影響，所以素爲治國際法學者所重視。

萬民法是否卽爲國際法，在學者間之議論頗多，但大致說來，萬民法乃規律與友好國之外來居民的法律，純粹是羅馬的國內法，因其旣不以國與國爲對象，故不得稱爲國際法。如維斯特萊克（S. Westlake）嘗謂：『吾人何不譯 Jus gentium 爲 law of nations，而一再躊躇者，卽因：（一）law of nations 乃專指國與國間所行之事，而萬民法則不然；（二）在近代思想中，law of nations 之基礎，須國家之承諾同意，而羅馬之法律家，認萬民法須全人類的同意，而以散佈全世界有思考有知覺之人類全體的同意爲基礎。此兩點，卽其差異之所在』（註一）。東西學者同意此種觀點的，當不在少數（註二）。所以有人稱萬民法爲（Commune omnium hominum jis (the common law of all men)，意卽在此。

B 羅馬交戰法規

在羅馬王政時代，羅馬法中如 Jus fetiale 者，專爲規定宣戰媾和之方式，已如前述；其純然關乎戰爭法規者，卽是 Jus bellicum。後者有若干部分曾已編於 Jus fetialo 之內，古今學者頗爲重視。依其規定，在下記四種情形之一，均可宣佈開戰。卽：（一）侵略羅馬的領土；（二）傷害羅馬的使節；（三）不遵守條約；（四）加入敵邦。在這

註一 Oppenheim, The Collected Papers of John Westlake on Public International Law, p.19.

註二 高橋作衛著：平時國際公法頁十五。

種情形下的戰爭，稱爲義戰。何以稱爲義戰，就是無論在上述某種情形之下，在宣戰之前，都盡先設法和平的處理，非經調和失敗，是不能宣戰的。至於和平處理的方法，先將紛爭案件附諸由稱爲 fetialon（神官）的僧侶所構成的學院。這個學院專掌常時外交事務，僧侶之定員爲二十名。神官對於案件的性質，皆檢討其責任，嚴肅的加以審理，是非曲直，毫不能妄斷。然後由政府下令，與對方國之使節談判。至於談判使節，則以四位神官充之，莊容麗服，赴該國提出要求。如果對方唯唯而諾，無問題之可言；否則，即再假以三十三日的考慮期間，滿期之後，再前往披瀝要求。如果對方國仍然不予允諾，則還歸政府復命，政府則付議於元老院（Sonate）。元老院審議之結果，認爲應當宣戰，則前述之使節可改充宣戰使，赴敵國境朗讀宣戰文，然後將豫先攜來之槍一支，投入敵境，戰爭遂開，此爲宣戰的方式。

戰爭之後，所謂完結戰爭尚有三種不同方式：（一）締結媾和條約；（二）敵國的降服；（三）敵國的征服。媾和自然無須解釋，降伏的時候，敵國人民的生命財產均可保留，征服的時候，則可自由處分。這種種規定，從某種意義言之，實爲後世戰時國際公法的基礎。不過有一部分學者，往往將 Jus fatialo 與 Jus gentium 混爲一談，例如韋敦與加爾渥即主張斯說（註一）。萬民法雖間有對使節不侵害之規定，而與戰爭法規有顯然的區別，是又當注意者。

註一　Wheaton, History of International Law, p. 26; Calvo, Droit International, I, p. 4.

第五章　中世紀之國際法

第一節　中世紀之兩大思潮

紀元後八百年加爾大帝稱帝以來，國際關係史又開一新階段，由黑暗時代(dark ages)以迄威斯特發里亞會議以前，世稱此爲中世紀。溯自五世紀後半，北歐條頓族之南漸，以至西羅馬帝國之覆滅，世界文明又復退轉，殺伐之風既盛，東西戰亂延緜不息。於是結合羅馬帝國時代的向心力日益渙散，在名義上雖猶稱爲神聖羅馬帝國(Holly Roman Empiro)，然民心已隨封建社會之長成而趨於地方主義(localism)；是以各國民接觸之機會乃漸萌芽。此時，歐洲未能達到確定的國際組織，其理由爲何？一言以蔽之，自羅馬帝國崩潰以後，歐洲的政治，正在二大思潮之間，發生分解作用。一是基督教成爲神聖羅馬帝國之公教，羅馬教會採一種保守思想，極思支持帝國的統一；一爲北方蠻族侵入之後，封建主義(fuedalism)勃興，實行排他主義。結果，前者演成政教之爭，後者孕爲近代民族領土主義之確立，其間經過十字軍東征，文藝復興，以及宗教改革之後，始開近代國際政治的序幕。

關於中世紀國際法之發達，因當時一些國家尚未完全獨立，加以宗教及封建勢力種種的阻礙，故無特別可注意之處。據國際法大家奧本海之研究，彼認爲中世紀在國際上有七樣可注意的事情，(註一)卽：

註一　Oppenheim, International law, I, p. 63ff.

一　教會法，
二　海上法，
三　各種商業同盟（註一），
四　常設使節制度，
五　常備軍制度，
六　文藝復興與宗教改革，
七　十四紀永久和平思想之興起（註二）。

茲擇其對國際法特別有影響的問題，加以研究。

第二節　羅馬教會與國際法

中世紀的政治是兩元的，即教皇操靈界，皇帝主世俗。而羅馬教皇在政治上隱然具有強大的政治勢力。自三二三年由君士坦丁大帝定基督教為羅馬帝國國教以來，基督教即成為當時國際政治之一槓桿。迨至中世紀，不僅歐洲諸國皆崇加特利教，而受羅馬教會的支配，即南漸之條頓族亦復改宗而霑潤其教化。在此宗教的統一之

註一　各種有名的同盟如第二三次十字軍東征時代之 Lombard League, Hanseatic League.

註二　如法人 Pierre Dubois, De Recuperatione Terrae Sanctae（聖地之復興，一三〇五年出版）可為其代表。

下，羅馬大有非皇帝之羅馬，不啻爲羅馬教皇之羅馬矣。

教皇的權勢自八世紀中葉以降以迄十一世紀日益隆盛；於是教皇進而要求支配舊羅馬帝國以來的遺產，特別是羅馬帝國東西分裂之後，君士坦丁堡與羅馬兩大強雄對其周圍羣小國既不以對等視，自然維繫乏術；而教皇則一視同仁，故外交的中心，亦大有由皇帝移歸教皇的趨勢。

此時，卽在教會勢力之下，對於國際法之發達，亦頗有不可忽視之處。玆摘其要端分述如次：

(一)宗門和平律 (pax ecclesial)——十世紀末葉在數次大僧正會議中，制定有所謂宗門和平律者，其目的專在將戰時之非戰鬪員置於教會保護之下，如教會的建築物，僧侶，巡禮者，商賈，婦孺，農夫，家畜及農具等，均不得加以損害。犯者，卽以破門論。後世學者，多稱此爲陸戰法規之淵源(註一)。

(二)上帝休戰 (Truce of God)——爲中世紀和解和戰之戒律。自第十一世紀以來，(卽一〇三〇年前後)法國南部各地之僧正，高唱永久和平論，爲此曾開數度之僧正會議。在此會議中決定，凡係安息日，四十日齋，復活節，十二聖徒之紀念日等，均不得與人加以危害，是謂『上帝休戰』(Treuga Dei)。此項戒律，於一〇九五年由法國維爾班二世之命令全基督教國實行此項戒律。凡十二歲以上之人，不問其身分如何，均須每三年宣誓一次，以嚴遵守(註二)。

註一 參見信夫淳平著國際政治之進化及現勢頁一〇三以下。

註二 參見 Du Cange, Glossaricium, s. v. Treuga; A. Kuckhohn, Geschichte des Gottesfriedens, 1857.

（三）使節制度的發達——除上帝休戰，宗門和平律一類的法規而外，尤使吾人注意到外交使節制度的發達。當時僧正會議，不斷的在法蘭西，西班牙，及其他各地開會，教皇一方面派遣代表出席會議，同時兼而視察各地的政治狀況。此項使節稱之爲"Legati"，今日公使館(legation)卽以此爲語原。特別是教皇廳爲顧念與拜占廷(Byzantime)帝國關係之重要，所以常常派遣使節常駐於君士坦丁堡。此種使節稱爲"apocrisiarii"；同時拜占廷帝國駐節羅馬之使節，稱爲"Responsales"。其次教皇廳亦常遣派使節於英，法，拿玻里，匈牙利諸國，其使節之資格如在大僧正，則稱爲"Legati a latere"，以下稱"Logati Missi"，此可謂爲外交使節制度之濫觴。而其發達之動力，又不能不謂多歸於加特利教(註一)。

（四）教會法(Canon Law)——世俗與宗教的進步，使廣宏的法規基礎，得以建築國際法的近代體系。在中世紀羅馬法的研究又行復興，(Corpus Juris civilis 其中實包含法律的原則，以爲人間行爲的規律，延用之結果，乃使此公平之原則，轉而應用於國與國間的關係。當時教會盛行之教會法(Canon Law)，亦具同樣效力。教會法爲 Gratian 發布於 Bologna，時爲一一四八年或一一四四年(註二)，不一，其說初名 Decretum 後由 Gregory IX 加以訂補，其後之各教皇亦歷相搜集，總稱之爲"Corpus Juris conomici"，一五八〇年由 Gregory XIII 予以正式的承認。此可稱爲教會中第一部成文法典，用以爲教會公私審判的標準。至於教皇調停

註一　參見 Hill, A History of European Diplomacy, I, pp. 350–363.

註二　Fenwrick, International Law 載一一四八年；Walker, A History of the Law of Nations, Vol. I, p. 151 載一一四四年。

各君主間的爭議或仲裁紛爭，亦依此法典，故此教會法爲繼羅馬法之後，對當時的國際法有極大的貢獻。國際法上的多數問題，特別是關於戰爭，教會法派能依一般道德與基督教的傳統加以討論。當時，凡在基督教勢力範圍下之地方均能採用教會法之精神(註一)。論者謂後年（一六二九年）Solorzano 在馬德里(Madrid)所寫之宣言：Princops nullus, etiam Papa et Impertor, in alienis Regnis temporalem jurisdiction exercere potest…… Jurisdictionem nems habet extra territorium (註二) 卽所謂：『主教不能執其法權於少數區之外，因法權須與領土一致。』此項領土主權主義之原則，實與教會法精神一致，其淵源流變自不難測知。

第三節　十字軍東征與國際法

自十一世紀以來，前後七回，時歷三世紀之十字軍東征(註三)，其對歐洲政治經濟文物制度所有的影響，久爲世人所熟知。約而言之，此東西兩大宗教兩大種族的對抗戰爭近二百年，糜財傷人，以致人口銳減，移住變遷，封建關係漸被破壞；農奴復爲自由民，更以隨十字軍東征東方貿易日見發達；對歐洲的政治經濟組織，起了很大的

註一　關於 Conon Law 之研究詳見 Vanderpol, La Doctrine Scholartique du droit de guerre, p. 11.

註二　見 Walker, A History of the Law of Nations, I, p. 149-150; Solorzano, De Indiarum Jure, II. c. 14, 7, 11.

註三　十字軍東征之次數年月：

（一）第一回　一〇九六　九九年　（二）第二回　一一四七　四九年　（三）第三回　一一八九　九二年

（四）第四回　一二〇三　〇四年　（五）第五回　一二二八——二九年　（六）第六回　一二四八　五四年

（七）第七回　一二七〇

變化，延而移於政治的革新。歷史家嘗謂十字軍東征爲溝通東西文明的橋樑，此種媒介，使東西文明的思想得以交換，通商貿易亦隨而發達，乃至促進築成後年文明的基礎。

十字軍東征不但使國際政治上有很大的影響，即在國際道德上也有很大的變革力量。其主要潮流即爲騎士主義。騎士們的道德與風度又進而影響於戰法的方法，因此爲國際法學者所重視。

（一）騎士主義（Principles of Chivalry）——騎士彼此間攻擊防禦，向以光明正大互相尊重爲標準，此種守法敬敵的精神，對於戰爭法的供獻殊大。在中世紀以前，國際戰爭僅有慣例，無法規可循。自十字軍東征，受騎士主義的影響，一變其從來慘酷無道之殺戮，而互相尊重敵人，重視戰爭規例，加以中世紀神學者及寺院法學者對戰爭之貢獻，遂奠定近代戰爭法規的基礎。

騎士們的誓言，唯在不准違叛戰法。在開戰之先，必豫爲約定，以作攻防之計，頗有『兵以鼓進，未成列者不擊』的精神。其如保護傳達者，恭敬刀戈，防止慘酷之行爲，自其餘事（註一）。當亨利一世（Henry I）之時，彼曾介紹在德國之武試，凡非信基督教或聞有僞證叛逆，褻瀆聖物，或姦淫婦女之罪者，均不得與試（註二）。騎士夙有俠義之風，行爲不苟，例如愛德華三世（Edward III）與傑斯克林（Du Guesclius）；甘德塞斯（Chandoses）與塔倍保特（Talbots）之爭，彼此當鬬爭之先，均與正式之通書，並約定時間與地點（註三），可謂豪風磊落。史家希爾氏

註一　Villehardouin, The Chronicles of Geoffreyde, 1829.

註二　Ward, R., An Enquiry into the Foundation & History of the Law of Nations in Europe, I. p. 161.

註三　Villehardouin, ibid., c. 112.

（三）嘗謂：『以保護無援無靠，富於功名心之基督騎士的俠義心，一方面使對武器之使用神聖化，同時亦爲打破封建制，不變社會組織之一大力量。承認弱者之權利，共同協力以組織十字軍，編成武士道的典則，對勇行壯舉之人，使其由封建的羈絆而酬以解放，使人類恢復於自由之原狀等等諸事，均可視爲改造社會的新酵母。彼等由亞細亞戰場歸還之後，更對封建的歐洲攜來更醇化更啓發的新精神』（註一）。堪稱得當之論。

（二）領事裁判權條款 (capitulation)——亦起於十字軍時代，字源爲意大利文之 "Capitolazion" 即公約或協定之意。但近代釋語則爲領事裁判權條款。即指一國在他國境內，依本國法律管轄自國人民之權利條款。一五三六年法國最初在土耳其獲得領事裁判權，一五八三年英國繼之，但彼時，法國在土耳其已成爲一般歐籍人民之保護官矣。後世乃藉此片面權利，作爲侵略之護符（註二）。

註一 Hill, A History of European Diplomacy, I. p. 272.

註二 現在仍有領事裁判權條款之國家如次：

A 現在仍有領事裁判權條款之國家

國名	有權國	權名
中國	比，巴，智，丹，法，英，意，日，墨，荷，挪，比魯，葡，西，瑞，瑞典，美國	治外法權
阿比西尼亞	奧，比，德，法，英，匈，意，美	領事裁判權
埃及	比，丹，法，英，希，意，荷，挪，葡，俄，西，瑞典，美享有領事裁判權條款，羅馬尼亞享有限制的領事裁判權，波斯設有領事裁判庭	一般的及限制的領事裁判權
摩洛哥	英美在法領內享有領事裁判權，英，日，荷，瑞，美在西班牙區同	領事裁判權
波斯	阿根廷，比，巴，智，丹，法，德，英，意，墨，荷，挪，西，瑞典，瑞士，美國，烏拉圭	治外法權

B　現已撤廢領事裁判權條款之國家

國名	撤權國	日期
中國	蘇俄，德，奧，匈	戰後
阿爾巴尼亞	英	一九二六，二，六
克里特	英	一九一四，八，二五
埃及	奧，德，匈	戰後
希臘	英	一九一四，八，二
摩洛哥	比，勃，克，瑞，丹，希•意，日，荷，挪，葡，西，瑞典，瑞士，(法區)比，丹，法希，意，挪，葡，俄，瑞典(西班牙區)德，奧，匈	一九一九—一九二〇
波斯	奧，芬，土，希	一九二四，五
暹邏	英	一九二五
土耳其	蘇，德，波，美	一九二三，六，二四

第四節　文藝復興與國際法

十字軍東征之後，使通商航海異常發展，國際法規乃習見於地中海沿岸諸市國之間。文藝復興之結果，使希臘之精神，從新復活，當時此等市國與歐洲中原各國鼎足而立，勢力劃然，賴通商而結四鄰，有時利害衝突而起戰爭，因彼時多係海戰，所以關於在海上交戰國及中立國的權利義務，自然在討論之列。其結果，乃引起海上法的發達。

(一)海上法規——法國之歐黎崙(Oréron)海事裁判所所蒐集的判例，名為 Arrets d'Oréron，瑞典所編之海上法規，名為 Leges Wisbuenes，西班牙更取材於古代之 Tabula Amalfitana (註一) 而編纂有名的 Consolato del Mare，用為領事執務之參考。Consolato del Mare 的主趣，一反從前對沒收載敵國貨船之中立國船舶。編纂者以非常常識的見地，樹立『對汝敵國之貨物沒收之；對爾友國之財產得尊重之』的主義。此項主義經地中海沿岸各國之遵行，後年對船舶敵性之標準問題所謂 Free Ships, Free Goods; Enemy Ships, Enemy Goods，有絕大之影響，其對後世國際法上之發達，良有裨益也(註二)。

(二)公海自由之原則——在中世紀末葉，公海自由之原則，尚未到達公認的程度。羅馬教皇亞歷山大六世曾於一四九三年承認西班牙領有太平洋及墨西哥灣；葡萄牙領有印度洋及摩洛哥以南之大西洋。於是西、葡兩國乃禁止外國船舶通航上述地域。但此種極端的主張，遭英荷等國人民之強烈反對，未克實行。然而在中世紀前後，各國以一定之海洋為其領域，是為一般的國際慣例，如威尼斯(Venice)，主張領有亞多利亞海之北部，對通航之船舶，恆課以重稅。熱那亞(Genoa)主張利古利安海為其領域，瑞典及丹麥各主張以勃蘭地海之一部為其領海；丹麥主張在由挪威至冰島一帶海洋從事漁業之人，須受丹麥國之特許。英國要求北海及大西洋之一部為

註一 Amalfitana 為意大利之一港，當第一回十字軍東征時，官憲與商賈相謀而定的商事慣習法典。

註二 關於 Consolato del Mare 之發生及各國採擇之經緯，請參考 Walker, A History of the Law of Nations, I, pp. 116–117.

其水域，他國船舶通過特定地域之時，對英國國旗得行敬禮等等。類此主張，直至十八世紀仍然存在。一五八〇年西班牙大使抗議英船試航於太平洋之時，英女皇伊利薩伯(Elithabeth)乃加以抗議，並主張海洋猶如空氣，應爲人類共同享有之物，大海洋並不專屬於任何國家。迨至一六〇九年，格老秀斯(Grotius)有名的海洋自由論(Mare Liberum)出世(註一)，其主旨即在論述海洋之性質，並不屬於任何國之領域，主張公海自由之原則(註二)。

(三)常設使節制度之發達——外交隨教會政治而發達之情形，已如前述。當時充任外交官者，專係僧侶，且多止於臨時使節，雖間有常駐性質者，亦限與教皇與Frank朝廷之間。至於駐使期間，亦多不出三個月，事實上與臨時使節無甚差異。自十五世紀以來，意大利諸共和國乃遣派常駐使節於西班牙、德意志、法蘭西、英吉利等國，各國亦相倣而行。至第十五世紀終葉，英、法、西、德諸國間亦相互交換使節。迨至十六世紀，常設外交使節之制度，已及於中西歐羅巴諸國之間，及至威斯特發里亞會議，常設制度乃完全確立。

中世紀後期，在意大利，西班牙，法蘭西各國之商業都市，爲仲裁商業上的紛爭起見，乃對外選舉足以保護商業利益的人物；十字軍東征之際及其以後，各國多赴東方諸國從事貿易，於是選舉所謂Consul者，其職務在依本國法律執行裁判，對本國人民實行民事及刑事上的法權。此制不久移於西方，當一三〇〇年前後，領事制已遍行於歐洲；其後在歐洲所謂法權屬人主義的思想漸衰，外國人亦須服從駐在國的法令，因此，領事乃失其裁判官

註一　詳見本書第六章第五節。

註二　英國之Selden在格老秀斯之後，著洋海鎖閉論(Mare Clausum)，辯駁海洋自由論，主張英國在海上之威權。

的職能，其任務僅止保護本國人的商業。至於領事亦漸由民選改爲官任，由此遞漸演化，乃成爲今日的領事制度（註一）。

第五節　宗教改革與三十年戰爭

羅馬教皇夙爲靈界的泰斗，在中世紀前期長教政大權，所謂掌俗政的羅馬皇帝的統一的權力極爲微弱，但至後期政教之爭日盛，由暗而明，教政誓不兩立。當時教皇的與黨 Guolfo，與皇帝派的 Ghibellius 黨，相互排擠，時相傾軋。如敍述當時但丁(Dant)的名著君國論 (De Monarchia, 1314)，馬爾西里斯(Marsilius de Padua)所著之和平的擁護者可爲代表之作，足以覘窺當時反宗教及尊王論的高漲。又如意大利之大哲亞魁那士(Thomas Aquinqs)著 De Regimine Principum，一方面固然肯定教皇之靈的權能，同時又極力主張君權的統一。教政鬬爭之餘，結果是教權日益墮落。其後教皇勃尼菲斯八世 (Boniface, 1294-1303)，終於俯首於法國國王菲力普四世之下。會一三七八年教會發生大分裂，教皇威力，益非昔比。一四五三年君士坦丁堡爲鄂多曼族所陷，東羅馬帝國至是而亡。宗門同黨異伐之結果，遂引起宗教革命。

註一　關於領事制度問題請參閱 A.de Miltitz, Manuel des consuls, 1837-43; Baron Ferdinand de Cussy, Dictionnaire du diplomate et du consul, 1846; De Clercq, Guide pratique des consulats, 1858; V. König, Handbuch des deutschen Konsular wessens, 1902; C. L. Jones, The Consular Service of the U. S. A. 1906; Van Dyne, Our Foreign Service, 1909.

自宗教革命成功之後，德意志帝國乃分裂為新舊兩教國，雖由奧格斯堡之宗權和議，予諸侯以信仰決定權，而新舊兩派之對立日愈明顯，兩權之軋轢亦日甚一日。一六〇八年新教徒諸侯弗爾茲們及菲得力五世締結同盟，舊教徒為敵抗起見，翌年又以巴威略（Bavarians）為中心締結一個聯盟。一六一八年波希米人(Bohemian)為抑壓新教徒而將斐迪南王放逐國外。因此乃種下三十年戰爭之主因。翌年德帝瑪捷斯崩，斐迪南繼帝位；但波希米人則迎新教同盟之首領弗爾茲公。皇帝伐之，大破新教徒軍，逐弗爾茲伯，戰爭即告一段落。此次動亂，旋為各國所利用，即一六二五年丹麥王克里斯泰四世（Christain IV），由英荷兩國獲得資金，以擁新教徒為名，揮軍侵入德國，旋為名將渥林斯坦（Wallen-Stain）所破，使丹麥不再干涉德國之內政而罷。時瑞典王阿德爾夫正擬擴張波羅的海之領土，為保持該地起見，勢非佔領北德不可；於是一六三〇年與法國諒解之後，乃出兵德境，德戰不利，法國乘機出面，公然與瑞典團結一致，對德國及西班牙宣佈戰爭。德國見大勢已去，乃結威斯特發里亞和約，三十年戰爭始告終結。此三十年慘無人道的戰爭，使德國人口銳減，田園荒蕪，都市傾廢，其與社會上之實物教訓，當在不少。三十年戰爭的遺產，不外(一)新教的勝利；(二)領土主權主義的告捷。同時，在此種雰圍中產生格老秀斯的國際法觀，霍布士（Hobbes）的政治哲理，使歐洲地圖變色上更加一層重大的意義。

第六章　格老秀斯前後國際法學先覺之生平及其學說

第一節　緒言

研究國際法發達史的途次，勢必先探討歐洲近代國際法學諸先覺之生平及其學說，藉以明瞭國際法學說發展的路徑。美國法學校協會(Association of American Law School)曾出版世界大法學家(Great Jurists of the World, 1914)一書(註一)，將國際法學先覺金特里斯(Albericus Gentilis, 1512-1608)，格老秀斯(Hugo Grotius, 1583-1645)，塞爾登(John Selden, 1584-1654)，蘇世(Richard Zouche, 1590-1660)，普芬道夫(Samuel Pufendorf, 1632-1694)，邊克斜珂(Cornelius van Bynkershoek, 1673-1743)華特爾(Emmerich de Vattel, 1714-1767)等傳記搜羅在內。本章爲篇幅所限未克詳舉，僅將三十年戰爭前後國際法學元祖勃朗，阿亞拉，金特里斯，格老秀斯，蘇世，普芬道夫等的生平及其學說簡述於次。

第二節　勃朗之生平及其著述

勃朗(Conrad Brunn, or Braun)原籍Kirchen，生於一四九一年。稍長學市民法及教會法於杜平根

註一　爲該協會歐洲法律家叢書(The Continental Legal History Series)之一。

(Tübingen)，在符次堡(Würtzburg)之主教廳會供職七年，然後轉至巴威略服務。氏見寵於查理斯五世(Charles V)及斐迪南一世(Fordinand I)常受其諮詢要政，在Augsburg, Worms, Spire, Ratisbon諸國會，嶄然大露頭角。彼之著述纂輯於一六六一年，時僅氏逝世二年前，其大著使節論(De Legationibus)問世於一五四八年，自是名聲大噪。此書的要旨在論述公使館之權利與義務。

勃朗之精神宗述於羅馬法，博徵史例，饒富歷史趣味。氏主張外交使節及其所屬有不可侵之榮譽，並述及大使之正式國書，訓令，辭任國書，覲見等之常規。氏更有時咀呪當日不宣而戰之不合法，彼認一切公正的戰爭，必須在戰爭之前，發表宣言(difficatio)。氏卒於一五六三年。

第三節　阿亞拉之生平及其學說

阿亞拉(Balthazar Ayala, 1548-1583)生於一五四八年，父原住西班牙國內的布爾果，後移居比利時的安多夫(Andorf時爲西班牙領)得市民權。兄腓力普任西班牙駐法公使。

阿亞拉在今之比利時魯汴大學法科卒業之後，仍留該大學深攻法律學。二十三歲任西班牙荷蘭駐屯軍的法律顧問官，聲名遂顯。一五八三年更膺重任，常執筆關於國際法之論述，惟以公務繁雜，未及整理所研究及蒐集之材料而卒。據奈斯博士研究的結果，阿亞拉是在一五八三年十二月一日死於阿羅斯特。

阿亞拉之名著公戰法及軍紀論(De Jure et Officiis belliicis et Desciplina militari)，以三册之巨出

版於一五八一年(註一)。阿氏認爲有和平的權力，卽有戰爭的權力，博引許多舊約中的例證；其中有一卷曾述及國際的法權，將羅馬時代宣戰的方法作一簡要之歷史的敍述。至於何謂義戰？何謂義戰的原因？他說"Justa bella Sunt Jure gentium indicta: et tum Jure canonum, tum etiam Jure divino Permissa"。所謂義戰必須：(一)郡主之統治與命令足以有權宣戰媾和者；(二)有正當而必要之原因。何謂必要之原因？則爲：(一)防禦皇帝人民與國及財產；(二)恢復被不正當侵害之財產；(三)懲罰侵害者；(四)過錯之強辯者；(五)反叛。實則，其所謂義戰者，並無明確的限度，阿氏之特點在不問戰爭原因之是否正當，以在執行之際是否能服從適當之規律，爲判斷義戰與否之標準(註二)。

第四節　金特里斯之生平及其學說

一　金特里斯之生平

金特里斯於一五五二年一月十四日生於意大利之一小都聖吉尼西奥(San Ginesio)，父名麥底奥(Matteo)，業醫。金特里斯受完善的家庭教育之後，進入當時意大利著名的白爾吉亞大學，二十歲大學畢業，得法律學士(Dr. of Civil Law)學位。其後，金特里斯曾任律師等職。

註一　有者謂一五八二年出版於 Douay，最後一五九七年曾於 Antwerp 出版。

註二　高橋作衞著：阿亞拉傳，載日本國際法外交雜誌第十一卷第九號頁七四九。

金特里斯的父親信仰新教，屢受異教徒審問廳(Inquistion)之壓迫，乃遠離鄉土。金特里斯伴其父親到加爾尼奧拉(Corniola)的律百克(Layback)以後又到哈登堡(Haderburg)。一五八〇年八月到英國。翌年一月，由牛津大學副校長萊斯達(Earl of Leicester)之推薦入牛津大學爲法律學士，旋任講師。

一五八四年英國政府對於閔多薩事件(The Mendoza affair)，諮詢於金特里斯和法國法律學家何特曼(註一)，金特里斯曾貢獻重要之意見。翌年金特里斯發表關於公使之權利義務的學說及外交官論。一五八六年任臨時公使巴拉威西腦(Horatio Pallavicino)之隨員。翌年歸還牛津大學，任羅馬法講座教授。斯時，金特里斯曾有許多著作發表，尤以戰時法(De jure belli libritres)之出版(註二)，傳誦一時。一六〇五年得英王詹姆士一世之許可，任西班牙大使館附律師。西班牙荷蘭間戰爭中所發生之拿捕事件，曾代表西班牙王，出席審判該事件的英國海事法庭(Court of Admiralty)(註三)。一六〇八年六月十九日，金特里斯逝於倫敦。

一八七七年英國以勒坡爾德親王(Prince Leopoid)爲名譽總董的委員會，提倡紀念這位偉大的意大利

註一　何特曼(Jean Franois Hotman, 1524-1590)是和金特里斯同時受牛津大學招聘。

註二　金特里斯有名的戰時法註解第一篇(Prima Commentatis de jure belli)；五八八年於倫敦出版，第二及第三篇一五八九年出版。一五九八年戰時法三卷(De jure belli libritres)在哈腦(Hanau)出版。

註三　金特里斯關於處理西荷戰爭中拿捕事件的備忘錄，在金特里斯死後五年——一六一三年，名爲西班牙辯護論(Advocationis Hispanicas libri duo, 1613)在哈腦威(Hanoviae)出版。

法學家，在荷蘭德(Holland)教授監修之下，從新出版金特里斯名著戰時法(De jure belli)。

意大利在金特里斯死後三百年，纔注意到本國的偉大法學家之偉績。一九〇八年在金特里斯的故鄉，建立光榮的紀念碑。

二　金特里斯之著述及其學說

金特里斯的著作，所涉及的問題極爲廣泛，連現存原稿及業已失散之著述，不下三十餘種(註一)。其中在國際法上成爲不朽之名著有三：(1)戰時法(De jure belli)；(2)外交官論(De Legationibus)；(3)西班牙辯護論(Advocatio Hispanica)。

戰時法(law of war)的問題，打破古來與軍隊訓練規則(regulations of military discipline)淆混的管見，而立於由法律及道德的強固基礎之上。本書分三卷，第一卷論述戰爭之一般——得爲戰爭者，戰爭之正當的動機和理由；第二卷說明合法的戰鬪方法，宣戰，公然的敵對行爲開始後之容許行爲及禁止行爲、間諜、毒謀，詭計的使用，敵人（非戰鬪員，俘虜，人質）身體及各種財產之處置，指揮官的盟約(pact)及休戰條約(truce)；第三卷論述戰爭的終結，佔領的權利，戰勝者對於處置戰敗者的身體及財產之權利，媾和之限度等。故戰時法的問題，便是戰爭應在如何情勢之下而開始，實行以至於終結，始爲正當。

外交官論，敍述公使館之沿革，以及關於公使之法律的原則。本書也分三卷。第一卷說明各種公使之歷史的

註一　Holland: Alberico Gentili, Studies in International Law, 1898.

起源，羅馬的宣戰媾和使節之儀式，羅馬接受外國公使的場所，日時及方法，以及賜與的贈品（Munora）；第二卷論一般使節之特權及免除權；第三卷論公使的資格。

既如前述，西班牙辯護論是作者任西班牙的辯護人，由對荷蘭辯論捕獲事件上有關係的記錄（notes）加以編纂而成的。本書詳論交戰國及中立國相互權利義務之根本原則的領土，主權主義(doctrine of territorial sovereignty)。其結論大半爲近代國際法上所採用。

學者間有謂金特里斯爲近代國際法的最初的碩學者（註一），或尊爲『近代國際法的元祖』（the real father of the modern law of nations）。以其對於國際法之貢獻觀之，實非過譽之辭。碩學如格老秀斯，尙多採用其學說（註二）。以下，將金特里斯的國際法學說，略爲申論。

1　國際法的概念，國家團體，市民本位

金特里斯稱爲『萬民法』的國際法（註三），是一切國家——至少大部分(maior pars orbis)國家所承認的法律，是國際團體的法律（註四）。規律獨立的主權間或國民間關係的此種法律，多由明示的協約，或從一般

註一　D. H. L. Ompteda: Literatur des gesamten sowohl natürlichen als positiven Völkerrechts, 1785. 49, p. 168.

註二　Kalterborn: Die Vorläufer de Hugo Grotius, 1848. S. 228.

註三　jus gentium cf. Phillipson, International Law and Custom of Ancient Greece and Rome, Vol. I. pp. 70 et seq. and Passim.

註四　Gentilis: De jure belli, I. I.

所承認之古來慣習而歸納的默約的結果而成『國際團體』的會員，相互倚賴，同時又各個獨立。因此，在發生人類共通利害關係的問題的時候，必須有支配其關係的法律（註一）。此等法律，一面有積極的基礎——『國際慣例』("Usus gentium")，一面基於『自然理』(naturalis ratio)的要求（註二）。金特里斯爲說明國際法的起源與增強積極的承認，乃採用『自然理主義』(principle of natural reason)。

金特里斯是生在第十六世紀社會的改造新精神的確立，神政主義(Theocracy)的衰滅——近代國家勃興的時代，故認國王爲該國的保衛者(Guardian)或『管理人』(Administrator)，不是立於法律外的絕對統治者（註三）。

最後，金特里斯研究脫離神學詭辯的羈絆而成立市民本位的『國際團體』之學說後，更進一步將非基督教社會及野蠻社會也包含在國際團體之中（註四）。據金特里斯的見解，則享有領土權(Dominion)者，不僅爲奉天主教之君主，也不僅爲奉基督教之君主，即非基督教徒及異教徒也得在各自的領土上享有其主權。對崇拜異教(Herosy)或非基督教主義(Infidility)，不得作爲戰爭的正當原因；崇拜偶像(Indolatry)亦然（註五）。

註一 Gentilis, De jure belli, III. 13. p. 344.
註二 Ibid., III. 9; P. 316.
註三 Gentilis, De Jure belli, III. 15, p. 375.
註四 cf. Victoria, Relectiones Theologicae, V.
註五 Gentilis, De jure belli, I. 25; cf. Victoria, Relectiones Theologicae, V. 10.

此種人民，得構成條約關係（註一），也有公使授受權（註二）。金特里斯對於盜賊(Latrocinia)，掠奪者(Praedationes)及海賊(Piratao)，認為不得享受國際法上的利益（註三），乃固一般的定則（註四）。

2 國際關係

A 交通自由海洋自由

金特里斯以世界為國際團體，國家為自主獨立。任何人得自由在海洋航行，從事商業交通，在外國港灣要求避難所，以及享有市場權(right of market)等。若無正當或充分的理由，而否認此種自然權者，乃違犯團體之根本原則（註五）。為擁護此種權利，對於『拒絕通行，不准入港，或不容運送，或拒絕交易或拒絕買賣』(Si itor negetur, si commeatu, si morcatura, si commercio excludimur)者，得為正當的宣戰理由。

通行權(right of passage)的問題，當時學說紛紛，爭論不一。據金特里斯，則：第一，通行權為自然賦與的權利；第二，人類的常態是和平及友好，非戰爭及嫉視，故人類應有相互交通之權利（註六）。

航行權(right of navigation)，則認海洋如空氣，人類皆得自由享受。海濱，河岸，國際河川，及港灣，為得避

註一 Gentilis, ibid., I, 11, 19.
註二 Gentilis, De legationibus, II. 11.
註三 『盜賊及海賊，不能依萬民法而受利益。』
註四 Gentilis, De legationibus, II. 8.
註五 Gentilis, De jure belli, I. 19; p. 84.
註六 cf. Bonet, L'arbe des batailles.

難所及食料以及確保各種相互的款待之權利義務，均宜開放。地方主權者，僅有監督權（supervision）及管轄權（jurisdiction）而不承認某一國家對其鄰接海洋或領海有絕對的主權。

通商權（right of commerce）及交通權（right of intercourse），也是自然權之一，如金特里斯認西班牙以拒絕與自己貿易的理由，對新世界的人民從事戰爭行為，並無不當。惟禁止有害的貨物輸入，防範如金銀等貴重品之輸出，以及准許外國人走入國境，而拒絕其從事內地貿易，亦非違反通商法（jus commercii）。

B 公使

金特里斯在其所著外交官論一書，曾謂公使依其派遣與接受者地位，或派遣之目的而異。如『自由公使』（Libera legatio）為處理自己的事務者；國務公使為『折衝公使』（Legatio negotii）；『特別公使』（extraordinary embassy）為宣達戰爭或和睦而派遣者；『禮儀公使』（Legatio officiosa）為參與慶弔而派遣者；『臨時公使』（Legatio temporii），也稱『辦理公使』（Residentes），乃為臨時使節（註一）。

接受國對於國務公使，非有正當理由，不得拒絕接受。但對於『自由公使』『禮儀公使』及『臨時公使』卻有接受或拒絕之權利（註二）。兩國間敵對開始時，公使的授受權（Jus legations, right of legation）即同時停止。交戰國不能認對方派遣之公使有敵性，應安全使其回國（註三）。海賊、盜賊及叛亂者，無公使授受權。

註一 Gentilis, De legationibus, I. 5.

註二 Gentilis, ibid., II. 12.

註三 Gentilis, ibid., II. 13.

國際團體以政治關係爲基礎，故對於異教之國家，亦屬國際團體，得有公使授受權。一國家發生內亂，承認其叛亂之一方爲交戰團體時，得相互派遣公使。

關於公使的不可侵權(inviolability)及治外法權(exteritoriality)，金特里斯曾以其直接勸言與文書，發揮莫大之勢力。據金特里斯的意見，除純粹帶宗教使命的使節，隨時隨地有不可侵權之外，一般公使的不可侵權，限於駐劄國之領域內。不過，公使是國家和平意思之構通者，且爲代表主權者或國家之人格(Persona)，故隨時隨地，均應特別尊重。公使有自由通過中間領土的權利。公使若爲間諜(Spy)或從事駐劄國之叛亂行爲，或犯刑事之時，駐劄國祇能命其歸國。若公使有危害主權者之時，得處極刑。公使之不可侵權，也及於其隨員，行李及住居(註一)。

金特里斯除論述公使有不可侵權外，對於民事裁判管轄權的免除權(immunity)，主張應有相當的限制。換言之，公使在駐劄期間，對於由締結的契約而發生的問題，公使與外僑同樣，受同國法庭之裁判(註二)。

C　條約

金特里斯說：『國王爲國家而立，非國家爲國王而存在』(註三)，故國王應以國家之幸福爲念，不能顧及己身之利益。而且，國王不是領土的絕對所有者，祇是其『管理人』而已。是以國王的權力應有一定的限制，國王不

註一　Gentilis, ibid., II. 16.

註二　Gentilis, ibid., II. 16.

註三　Gentilis, De jure Belli, I. 16; p. 73 "non regna esse propter reges, sed reges Propter regna factos esse".

能締結有害國家的條約，更不能以條約將其國家讓渡於他人(註一)。君主本身締結的條約，在簽字日起發生效力，外交使節締結之條約，必待批准後始能有效。

金特里斯進而解釋條約的性質。氏以為，媾和條約 (treaty of peace) 必予以明確的規定(註二)，以防止他日的紛爭。媾和條約為信義的契約，但以恐怖(metus)強迫者，不生效力。友好盟約 (right of freindship and alliance)僅包含友好援助等道德的性質上之一般義務。同盟 (societas) 有防守同盟及攻守同盟二種。不論友好盟約，或同盟，如有包含不法的目的，或從事不正當的敵對，概歸無效。

關於條約之廢棄，金特里斯認為與私契約之場合一樣，如有詐偽的陳述及實質的誤謬之時，得宣告無效。此外，情勢發生根本的變化，或有新紛爭的事實，得免除既定條件的履行。

國家如有下述的場合：(a)故意違背條項；(b)知情而隱庇敵人，或拒絕逃亡者之引渡要求，則為違反條約。但條約當事國之一方，討伐他方海賊的臣民 (piratica subject) 或在條約上不禁止的範圍內而保護他方逃亡者 (exile) 之時，則非違反條約。

3 戰爭

A 戰爭之性質及目的——正當戰爭的條件

註一 Gentilis, ibid., III, 22; P. 395.

註二 金特里斯關於媾和條約，為考究應如何解釋其詞句規定及用語（如軍隊，艦隊，武器，防禦工事等）曾費二章詳論之。

金特里斯在其戰時法上，曾謂戰爭不是諸國民的常態，與其互訴干戈，莫若以外交的談判及會議(disceptatio)，仲裁及其他和平手段，而解決其紛爭(註一)。『戰爭是公的武器的正當之鬭爭』(Bellum est publicorum armorum insta contentio, ibid., I. 2; p. 10)便是金特里斯對於戰爭所下的定義。這定義包含下述三要素：(一)主權者間的公鬭；(二)使用武力；(三)交戰者雙方遵循確定的法規，以正當的方法開始實行(註二)。

戰爭之是否正當，完全在戰爭的動機如何。戰爭以自衛 (self-defence)，公共的安全(public safety)等之『必要』(necesitas)，或爲『實益』及『名譽』而發動者，亦爲正當。

B　戰爭的理由

宗教之相異，不構成戰爭的理由。戰爭之正當的理由 (Materiam belli Praebont)，大別於次(註三)：

a　神的

b　自然的

c　人的

神的理由 (divine causes)，可說是神所明示的命令(註四)。自然的理由，則因自衛爲一切生物之本能，故

註一　Gentilis, De jure belli, I. 3; p. 19.

註二　ibid., I, 2; p. 12.

註三　ibid., I,7 ;p. 33. cf. **Victoria, Relectiones Theologicae, V. I.**

註四　**Gentilis, De jure belli, I. 8.**

有防衛之自然的理由。自衛得分『必要的防衛』(Necessaria defensio)，和『有用的防衛』(Utilis defensio)。後者爲攻擊的準備或計劃，或在某種可慮的情勢而保持均勢之場合。又有『正當的防禦』(Honesta defensio)，即援助受不正當攻擊之國家。

在防衛戰爭的一般防衛法規之外，還有敵對宣言而作戰的自然的理由。這理由必以『必要』(Necessario)，『實益』(Utilitor)，或『名譽』(Honeste)爲其動機(註一)。

最後，所謂戰爭之人的理由 (human-causes)，乃從被害國對於被侵害之積極的權利要求賠償之場合而產生的。

C　戰爭的實行

戰爭不僅要有正當理由，而戰爭之開始及行爲，亦須遵照法規。戰爭必須宣戰 (declared war)，宣戰後給以一定日期，作爲對方考慮和平解決之最後機會。宣戰之直接效果，即爲通商關係斷絕。使用間諜，固爲合法，而使用暗殺者 (assassin)，則爲違法。戰爭可以利用象、馬、犬等，而使用魔術、毒蛇、猛獸，則在禁止之列。詭計雖可，但不包含背信行爲。行動，誓言須有善意(Bona fidei)。此外，無妨以虛言欺敵(註二)。

金特里斯雖然贊同希臘史家玻里比斯 (Polybius C., 201B. C.–120B. C.) 對於戰爭法規之立論，但爲

註一　Gentilis, ibid., I, 17; p. 75.

註二　Gentilis, ibid., II, 5; cf. Gratian, Decretum, II, 23.112; Thomas aquinus, Summa theologia, LL. 40.3.

滅殺敵勢，早決勝負起見，在某種情勢之下（註一），得破壞寺院。

一般婦女、兒童、非武裝者平穩的農民(Innoxii agricolae)（註二）等非戰鬥員，不得以敵軍待遇之。在神聖的處所之避難者，不可侵犯。人質（Hostagr）與戰爭的俘虜不同，人質對於本國人之違反契約，不負任何責任。在城內（Intra Praesidia）者不爲俘虜，棄武器而不企圖逃亡者，不得殺害。俘虜之交換，需要平等及善意，贖回(Ransom)不得超過必要限度。恢復自由之俘虜，有回復原狀(Postliminium)的權利。

司令長官(不在時，其次級將校)得締結軍事協定。協定限於軍事行動事項，不包含最後和平之事項（註三）。依自然法，神法及人道的一般承認，爲埋葬死者，或交換及解放俘虜，得締結休戰條約。休戰中，不能祕密進軍。

D　戰爭的終局

戰勝者得要求戰敗者賠償戰爭中之損失及保障將來之安全，但不能超越適當的限度。戰勝者得奪取戰敗者的一切戰用品及旗旆徽章（註四）及破壞其堡壘。但對於戰敗者的寺院及神聖物，不問其宗教是否正邪，均不得破壞。

註一　希臘史家玻里比斯認敵臺、都市、別莊、庭園、船舶、產物在戰爭時雖可加以破壞，寺院、柱廊、肖像、有果樹及其他無害物(Res innoxiae)，神桌及坟墓等神聖物則不得任意侵害或破壞。但金特里斯認爲敵人若已褻瀆寺院，或寺院有妨礙戰術的場合，可以破壞。

註二　Gentilis, ibid., II, 21; cf. Victoria, Relectiones theologicae VI. 36.

註三　Gentilis, ibid., II, 10; p. 172.

註四　Gentilis, ibid., III, 11; p. 334; III, 6; p. 296.

加以破壞。而藝術品，圖書館等文化美術機關，益為不可侵犯。戰勝者自敵對開始到戰爭終結，無違反戰爭法規及正義，得佔領敵方領土(註一)。佔領的實證，便是有效的佔有(Posidere)及完全的管理(Consorvaro)。若媾和條約無特別規定，則土地、場所、建築物、船舶、武器及其他戰利品等，都為佔領者之權利。

戰爭終結，不能以俘虜處為奴隸，尤其不能殺害俘虜。

此外，為一般的安全，變更戰敗國之政體，使用戰勝國之宗教及國語，要求賠款，及割讓領土，都是戰勝者的權利。

4 局外中立

金特里斯對於中立之權利義務，也有充分的說明。他主張屬地主義(territorial principle)，交戰者雖無任意通過中立國領土的權利，而善意通過，得該國家或其主權者之許可時，則為合法。主權者在其領土內有禁止任何軍事行動的權利(註二)。交戰國不得強迫敵國領土內居留的外國商人，參加戰爭。如果外國商人在敵國有久居的意思，建造永久的住所(permanent residence)，擁有其全部財產或大部分之時，縱未取得市民權，也可待為敵國人民(註三)。

依從屬地主義，則在中立國領土內捕獲的物件或俘虜，不操於捕獲者，如經當該領土主權者之要求時，必須

註一 Gentilis, ibid., III, 4; p. 292.

註二 Gentilis, De jure belli, I. 19; p. 83.

註三 Gentilis, ibid., II, 22; p. 253.

引渡（註一）。

中立者不得對交戰者任何一方供給軍需品及食料品，或出以某種的援助方法，否則卽爲違反中立。萬民法中，雖無特別禁止交戰國與中立國通商關係的規則，而依從自然(Natura)及衡平(Aequitas)的原則，交戰國之一方，得爲停止其通商關係的一般宣言或特別要求貿易自由及商人權利固應尊重，然中立國商人的利益與交戰國的最高利益有衝突時，須顧及交戰國的利益（註二）。

第五節 格老秀斯之生平及其學說

一 格老秀斯之生平

一五八三年四月十日午後七時，在荷蘭的德爾福特(Delft)市，誕生一位偉大的國際法鼻祖，便是格老秀斯(Hugo Grotius, 1583-1645)。他的家系，原爲荷蘭名族。伯父嘗留學巴黎，精通古語；一五七五年拉丁大學創立後，任哲學及法律學教授，且被六次推任同大學校長。父名詹德格羅特(Jan de Groot)，亦爲哲學及法學博士，嘗任拉丁大學董事。

格老秀斯富有天才，性格堅忍不拔，且以家庭教育得宜，未及七歲，卽就學於精通羅典及希臘語之教師。八歲

註一　Gentilis, Advocatio Hispanica, I, 5.

註二　Gentilis, ibid., I, 21; p. 97.

(一五九〇年十月)已能以羅典語作祝戰勝西班牙軍之詩。其後勤奮好學,每至深夜弗輟。十一歲入拉丁大學,研究希臘羅馬之歷史,以及數學天文學,哲學,宗教學,及法律學。大學生時代屢以羅典語或希臘語作詩,因享盛名。十四歲大學畢業。此時年齡雖幼,而學問淵博,頗為當代碩學器重,且咸有「後生可畏」之感。十五歲,任有名的政治家巴爾佛爾德(Barneveld)之隨員,赴法國參與重大使命,發揮其驚人手腕。在安吉爾城內庭園與法王會見時,法王驚嘆其公正的判斷,明敏的智能,卓絕的理解,將黃金頸飾授與格老秀斯,表示激勵(註一)。氏留居法國一年,復精通法語,王儲科登曾懇請他任其祕書,阿爾勒安大學且授以法學博士學位(時年十六歲)。

一五九九年格老秀斯歸國後,乃繼續完成註解羅馬文豪馬丁奈斯加白拉之著作,題名 Martinus Capella 出版。當代有名學者,都深佩其學識之卓絕(註二)。

十七歲任律師職,當其出庭辯護時,觀衆常結羣到法庭。凡聆其雄辯者,莫不讚嘆其天賦口才。但格老秀斯對於律師職務,殊覺乏味(註三)。

一六〇一年,荷蘭政府為紀念與歐洲一等強國西班牙浴血鏖戰多年而犧牲之勇敢事蹟,請格老秀斯任國

註一 法王亨利第四授金頸飾於格老秀斯之時,曾謂 "voilla le minacle de la Hollande",意即『看罷,荷蘭的奇蹟!』

註二 如當代著名學者沃西斯(Vossius)曾謂『全世界也不能產生比格老秀斯更偉大的學者』。的確,當時十六歲的童年,能如格老秀斯那樣精通羅典,希臘等古文學的,事實上是沒有。

註三 格老秀斯執律師業務之時,常對其友人表示不滿,有謂:『我以為律師祇被對方厭惡,從請托者取得多少報酬以及博得公衆之誇譽而已。我不喜歡這種業務,很想專門從事學問』。

史編纂，越十二年完成(註一)。其間，一六〇八年七月和馬利亞(Maria van Reigersberg)結婚，琴瑟和偕，配稱佳偶。在此必須加以敍明者，即馬利亞對待其丈夫之溫良恭儉，慰勉相加，對於格老秀斯之偉大成就，實有莫大關係。

一六〇九年四月二十六歲，著海洋自由論，否認西班牙所主張的海上獨佔權及英國所主張的英國近海及漁業獨佔權，而主張海洋爲人類之共有，各國人民有自由航海的權利(註二)。

其後，格老秀斯任荷蘭使英使節，向英國提議廢棄英國向所主張的北海漁業之專有權，不果。當時荷蘭Gomarist 和 Arminian 兩黨派發生紛爭，國內擾亂。一六一八年總督莫理斯(Maurice van Nassau)實行苦迪打(Coup d'Etat)，以兵力廢除憲法，執屬於Arminian黨的格老秀斯於獄，且沒收其財產，判處終身徒刑，囚於羅佛斯泰因(Lovestein)城堡。他的妻子馬利亞，願和丈夫同過監牢生活，藉以慰勉。因其堅決要求，得城堡守備長官邀准。此時，格老秀斯年三十六歲，雖在囚禁之中，毫無絕望悲嘆，且得賢妻撫慰，乃潛心著述。馬利亞和丈夫在獄中經過一年有半，隨時設法逃獄。一天商定密計，將格老秀斯藏在書櫃之中，僞稱格老秀斯染傳染病，近時不

註一 格老秀斯擔任編纂國史，荷蘭現代史——搜羅自一五六〇——一六〇九年荷蘭與西班牙十二年間開戰至休戰的始末，一六一二年完成，當局未許發表，直至格老秀斯死後的一六五七年，始行出版。

註二 海洋自由論出版後，國際間對於海洋的觀念頗受影響。一六〇九年荷蘭與西班牙締結條約，永認印度之自由航海及貿易的權利。其次格老秀斯任荷蘭使節，到英國交涉北海漁業專有權的廢棄，乃有英國學者塞爾登(Selden)著海洋閉鎖論(Mare clausum)與海洋自由論，針鋒相對，各執一端，致無結果。

能閱書，將所有先後借書悉還諸友。當書櫃由看守兵擡出城門時，以馬利亞之機智和鎮靜，卒免於檢查，安全運至友人丹色勒爾(David Dazelaor)的家宅。格老秀斯旋即化裝煉瓦職工，逃至法國(註一)。

格老秀斯逃至荷蘭國境之時，上書議會訴冤，並辯明逃獄的理由，謂雖被祖國迫害，而愛祖國之心念，則未嘗稍減。他到巴黎，時爲一六二一年十一月四日。

荷蘭議會嘉許馬利亞的貞操，赦免其同謀逃獄之罪。馬利亞即追踪至巴黎，與格老秀斯度過極困窮的生活，而她對其丈夫完成偉業的慰勉，且倍加往日。

一六三五年出版和戰法規論，聲名大著。其後，繼承瑞典王位的克里斯特那女皇(Christiana)慕其才學，任爲駐劄法國的瑞典大使。但瑞典宰相李特流(Richeliou)忌其大才，因而未能表彰赫然功績。一六四五年辭職，到

註一　格老秀斯被繫獄時，初守衛極嚴，甚至不准與其父母會見。馬利亞再四懇求，城堡守備長對她說：『一入獄內，不許外出；一出獄門，不許再來，你欲和你夫同度獄牢生活乎？』馬利亞即答：『誠然，不問是否爲獄牢，有和丈夫同居之義務。』守備長嘉其志，許之。從此，格老秀斯日夜著述，得獄官之許，常將書籍衣服由一櫃運送出入。其後，守衛漸懈，馬利亞決計設法其逃獄。乃以密計，告其取換書籍之忠僕，言櫃長三尺半，僅能容身，底預鑿小孔，以通空氣。恰典獄官因公務旅行他方，馬利亞乃僞稱格老秀斯染傳染病甚重，且訪典獄官之妻，要求爲使丈夫靜養，擬將一切借書悉裝櫃還友，得其諒解。於是，格老秀斯藏於櫃內，由看守兵二人抬出，其中一人謂：『櫃爲何比平常重些，莫非有 Arminian 黨徒？』馬利亞態度從容，微笑自若，答以『Arminian 黨徒的書籍，』看守兵竟未打開檢查，通過城門。城外忠僕接獲此櫃，由船安全運至果爾克姆市友人之宅。格老秀斯立即化裝逃走。此時，馬利亞常告看守兵，以丈夫傳染病未愈，俾其勿入內查視。及料定格老秀斯已出荷蘭境，乃向典獄官自首。典獄官拘之於獄爲質。數月後，議會嘉許馬利亞之眞操，赦之出獄。

瑞典京都，以年老力邁氣候不適乃於八月十二日乘船歸國途遇颶風，船破，於 Denzic 登陸，到羅斯托克 (Rostock) 之時，羅病不起，一六四五年八月二十九日死於歸國中途，年六十二歲。

格老秀斯 (Hugo Grotius) 的遺骸臨時安葬之後，移葬於故鄉德爾福特。格老秀斯曾以簡潔的語句，寫他自己的碑銘。

"Grotius Hic Hugo Est
Batavum Captivus et Exsul
Legatus regni, Suecia Magni, Tai."

『荷蘭之囚人及追放者
爾瑞典大王國之公使
罽俄・格老秀斯在此長眠』

二　格老秀斯之著述及其學說

A　捕獲法論與海洋自由論

普通以格老秀斯於一六〇九年化名出版之海洋自由論，為其國際法學說之最初著作，然據一八六四年在海牙發見之草稿，則僅為一六〇五年脫稿的捕獲法論之最後一章（第十二章）（註一）。

註一　此原稿由拉丁大學法學部購得，依同大學教授之盡力，於一八六年出版。

自一四九三年羅馬教皇亞歷山大六世將世界海洋劃分諸西班牙與葡萄牙以還(註一)印度洋上的一切通商貿易歸葡萄牙獨佔。第十六世紀末後，荷蘭在歐洲大陸擊退西班牙之壓迫，同時伸勢於印度洋上，而成為新海商國。一五九八年荷蘭五公司船舶二十餘艘自東印度回航之際，被葡萄牙作為海賊待遇。於是，五公司團結，組織東印度公司，對葡萄牙開戰，而捕獲敵船。當時，格老秀斯任東印度公司的法律顧問，已覺葡萄牙獨佔印度洋通商之非是。及一六〇三年二月荷蘭海軍捕獲葡船加達里那號，惹起爭端。格氏為論證此捕獲之正當，乃起草捕獲法論。

捕獲法論(De Jure Praedae)共三編，第一編為捕獲法學說(Dogmatica de jure Praedae)，說明自然法(Jus naturale)與萬民法(Jus gentium)上戰爭的意義，交戰權及捕獲權；第二篇為沿革(Historica)，分四節，(1)敍述荷蘭不得已與西班牙及其同盟國交戰，乃在對抗西班牙之橫暴；(2)敍述荷蘭對於腓力二世的主張；(3)記載荷蘭東印度航海者自一五九六年最初航行於印度洋以來，到一六〇三年二月捕獲葡船加達里那號數幾年間受葡萄牙人橫暴無理的損害；(4)敍述荷蘭與葡西開戰之理由。第三篇即海洋自由論，證明東印度公司有和印度通商的權利，以及葡萄牙禁止這種和平的交通完全沒有正當的根據。

註一　依羅馬教皇的勅令，十五世紀以來，葡萄牙與西班牙平分當時的世界。即據教皇所定之區劃線，葡萄牙得有其東方一切的發見地，西班牙得有其西方一切的發見地。(坂倉卓造著戰爭及和平法論的海洋自由論，載日本國際法外交雜誌第二十四卷第五號)

綜是以觀，捕獲法論為擁護荷蘭東印度公司，對抗葡萄牙，謀發展東洋貿易，而打破葡萄牙之獨佔印度洋的通商的。立論的要旨乃根據羅馬萬民法的原則。即任何民族，有相互通商之自由，拒絕此權利，則為開戰的原因。原來，葡萄牙對印度並無先佔 (Occupation) 之權利，從而不是印度的所有者。而且葡萄牙未嘗和此等地方的人民發生戰爭，既非因征服(Conquest)而獲得，又無因時效 (Prescription) 而取得(註一)。格老秀斯認為海洋和空氣同樣各人皆得自由利用，正如自然法上，航海對於一切人類是自由的。是以認海洋屬於最初航海的國家所佔有，殊為滑稽。法律對於船舶航行的痕跡，從未有任何考慮，正如海洋本身經航行之後即歸回水平，不留何等痕跡一樣。從而斷定葡萄牙不能佔有海洋。

格老秀斯的捕獲法論，主要點即在海洋自由。因此，必須略述海洋自由論的內容，藉以察知格老秀斯的思想。海洋自由論原名 "Mare Liborum Sive de Jure Quod Batavis Competit ad Indicana Commercio Dissertatio"，其要點如次：

1 據萬民法 (Jure gentium) 的原則，任何國民得與其他國民通商，否認此權利的結果，古來有惹起戰爭之實例。如西班牙和美洲居民的戰爭，以色列人和亞摩拉特人的戰爭，希臘人和米西亞人的戰爭，耶穌教徒和阿拉伯人的戰爭，都起因於此。

註一　現今國際法上領土取得之方式有添附，時效，先佔，征服，割讓(Accretion, Prescription, Occupation, Conquest, Cession)，見周鯁生著國際法大綱頁一二〇

2 葡萄牙人在印度本無何等的特權，既非其領有者，又未佔領爪哇（Java）及摩鹿加（Molucca）的大部分。此等島嶼，尙擁戴其本地君主，實施其固有的法律。

3 即使說是葡萄牙人所發見的也不能主張其權利；因發見必須同時佔領，纔得爲領有。印度羣島不僅在幾世紀前已爲歐人知悉，而其現狀，土民仍確立其自主權。

4 羅馬教皇的權力限於靈界，不及於俗界，故不能根據教皇的勅令，而獲得海洋的獨佔權。

5 葡萄牙人也不能根據征服而佔有。因爲和荷蘭人通商的羣島，葡人並未對其居民施以戰爭行爲，故不能主張軍事的佔領。至於海洋，更無庸論。

6 葡萄牙也不能根據時效而領有，因爲時效是私法的一部，私法不可與自然法對抗。因爲自然法，以航海爲適應人類的需要，萬人在海洋是自由的。而且時效對無形物，不能賦與何等的權利。

7 佔有，對動產言，要能獲得之；對不動產言，要能圈圍之。不能獲得且不能圈圍的，不算是財產。此等爲萬人所共有，全人類得以自由利用，不應限定屬於某一特殊的國民。

8 而且在物之中，使用而能消耗者，和使用而不能消耗者，顯然有區別。後者屬於萬人所共有，萬人得自由利用之空氣何以爲共有物？因爲任何人不能單獨的佔有，而萬人使用之又不能消耗盡淨的緣故。海洋和空氣同樣，是無限的，不能佔有，同時不論航海漁獵，都適於萬人利用。

9 海洋不成爲買賣的目的物，從而不能合法的獲得。海洋的任何一部分，不屬於某一國之領有。即依時效或慣習也不能認海洋爲個人之所有，因爲任何人也沒有將對全人類有害的特權給與某一人的權能。因此，一國家領有海洋，獨佔其航海及漁業，乃違反事物本然之理。

10　其中，對外國漁民徵稅，禁止漁業自由，比較妨害航海自由，更是罪惡的行爲，祇是野蠻非人道的行爲。如果某一人在大海之上主張管轄權及主權，排斥他人的共同利用，私自專有，則等於主張法外的領有權，禁遏其他國民之漁業者，不免捻以貪狂的烙印。

B　和戰法規論

和戰法規論(De Belli ac Pacis)即論證國際間和平及戰爭之法規。格老秀斯乃以希臘斯多克學派(Stoic school)之自然法的觀念，爲其理論的根據。自然法認爲人有社交性，一切人事由此社交性而產生，道德亦然。適於社交性者爲善，反乎社交性者爲惡，即中庸所謂『率性之謂道』也。一個人有在法律上尊重他人權利的義務，因此一個人承認他人之存在，對之而有權利義務。這便是格老秀斯認爲遵守條約，或不得不『戰』或即戰亦不許肆意慘害的原因。

格老秀斯根據前述的理論，採取在羅馬帝國內各民族間施行的法規（即萬民法），應用爲規律近代國家間的關係。

其次，我們必須提到產生此偉大著作的國際政治背景。當時歐洲的外交，尙馬克維利主義（註一），不崇正義，

註一　馬克維利(Miccolo di Bernardo dei Macchiavelli, 1469–1527)爲意大利政治家兼外交家，曾著 Al Principe 等書，不顧道德的觀念，不問宗教的精神，尙權謀術數，處理政務，因而其方式被稱爲馬克維利主義(Macchiavellism)

不講信用，以奸譎詐僞爲外交手段之運用原則。戰時，不認敵人之人格，極其慘酷。尤以三十年戰爭（註一）的殘暴，人民更遭受莫大之禍災。而且，第一，羅馬帝國滅亡後，繼之而起的神聖帝國也陷於衰運，列國間無中心的政治勢力；第二，因宗教改革，羅馬教皇已喪失其各國間最高的統一權力，以致列國間的爭議，沒有適當的仲裁者；第三，第十五世紀以來，美洲之發見，好望角之繞航，航海頓然發達，對於發見佔領，及海上權等，常爲列國間紛爭的因素；第四，封建制度衰頹，近代國家勃興。於是，需要維繫及解決列國間問題的共通法規。格老秀斯在此時代的要求之下，加以其特殊天才的運用，遂產生奠定國際法之基礎的偉大創作。雖然，在格老秀斯以前，已有金特里斯和阿亞拉等暢論國際關係，然終以時機尚早，未能如格老秀斯的作品『一言爲天下法』耳。

和戰法規論第一篇，首先敍述法規的起源，繼則論議是否應有正當的戰爭的問題（註二）。再其次，爲區別公的戰爭與私的戰爭，說明主權的性質，及如何的人民有完全的主權，或僅有一部分或有主權讓渡的權利，或沒有

註一　一六一八年波希米亞戰爭以來，到一六四八年威斯特發里亞和議的三十年間，德意志新舊兩教徒所實行之戰爭，即一六一八年德意志皇帝之從弟斐迪南，即波希米亞王位，抑壓新教，波人奮起反抗，遂爲波希米亞之戰。繼而一六二四年丹麥之戰。一六三〇——四八年瑞典之戰。一六三五——四八年瑞典法蘭西之戰，前後歷經三十年，史稱三十年戰爭。

註二　"De jure belli cum inscribimus hanc tractationem, primum hoc ipsum intelligimus, quod dictum jam est, sitne bellum aliquod justum, et deinde quid in bello justum sit?"（意即我們首先研究是否有正當的戰爭，其次研究戰爭如何爲正當）（同書第一篇第一章第三節）

主權讓渡的權利等問題。第二篇以論述產生戰爭的一切因素爲目的（註一）。本篇詳細指明何者爲公有物，何者爲私有物，人對於人有何等的權利，同時負何等的義務，王位承繼的規則如何。那種約束從契約而產生，公私的宣誓有何等的效力，損害的賠償如何，土地之不可侵犯，以及刑罰的性質等。第三篇乃在研究戰爭中如何爲適法，媾和的種類，以及戰時實行的各種軍事規約。

和戰法規論的綱要，已如前述。格老秀斯意在減少戰爭的慘禍，故大部分爲論述關於戰爭的法規。然而格老秀斯並非如近世將國際法分爲平時國際法和戰時國際法而加以立論的；他祇在戰爭將發及已發時，檢討所必須認定法規及正義的一定法則而已。從而和戰法規論要在解答下列三個問題。

1 戰爭是甚麼？法規是甚麼？（戰爭及法規的觀念）；

2 是否有正當的戰爭？戰爭在如何的場合纔爲正當（戰爭的正當原因）；

3 當戰爭進行時，如何的手段適於法規及正義，如何的手段不適於法規及正義（戰時法規的問題。）

三 格老秀斯學說在國際法上之影響

格老秀斯的海洋自由論出版之後，不出旬日，英王詹姆士一世即以勅令（一六〇九年五月十六日）宣佈外國人未得特許，不准在英國近海從事漁業。這顯然是排斥荷蘭人素來從事漁業的慣例。著名學者間也有倡反

註一 "Liber secundus cum omnes Causas,ex quibus bellum oriri potest exponendas sumserit"（同書緒論第三十四節）

對海洋自由論的，如曾爲牛津大學教授的金特里斯於一六一三年著西班牙辯護論（Advocatio Hispanica），辯護西班牙及英國的主張。同年威爾烏德（William Wolwood）著海洋所有論（De Dominio Maris），替英國辯護。一六一八年塞爾登(Solden)著海洋閉鎖論（Mare Clausum sive de Dominio Maris)(註一)。不僅如此，英國駐荷蘭大使且對荷蘭政府提出懲罰海洋自由論著者的要求，成爲國際法史上永不湮沒的事蹟。

第十七世紀之初，不論學理上事實上，一般都主張海洋支配，不能容納格老秀斯的新學說。然格氏之海洋自由論，不僅打破西班牙葡萄牙等的海洋獨佔說之理論的根據，而且爲世界全人類建立自然的法則。因此，十八世紀以來，格氏的海洋自由的思想，風靡一世，十九世紀之後，一般已承認爲國際法上之一大原則。

在此更略述格氏以還海洋自由理論的變遷，藉以知道格氏學說在國際法上的地位。格氏著海洋自由論，乃基於羅馬法的原則，主張海洋完全不能先佔。以後在其和戰法規論上，卻認接續港灣及其他陸地的水域得爲沿岸國所有(註二)。一七〇二年賓寇勺克(Bynkershoek)著海洋支配論（De Dominio maris），祖述格氏之學理，主張接近一國領土的海洋（Mare terrae proximum），即沿岸海，與其以外的海洋即公海有區別。公海完全自由，不屬於任何國家的主權，以着彈距離說爲規定沿岸海範圍的原則。十八世紀末彈着距離約爲三海浬，故一

註一　塞爾登將其所著海洋閉鎖論（或譯海洋所有論）呈獻於英王詹姆士一世，一六三五年以勅令出版。塞爾登之立論，乃反對格老秀斯學說中之最著名者，然其理論的根據甚爲薄弱。他說基於上帝賜給亞當以魚類所有權的聖經，得以所有海中的魚類，海洋本身正如土地也得爲所有，英國依時效而獲得海上權力。

註二　Grotius, De jure belli ac pacis, II, iii. 8

般以沿岸三海浬內之水域爲領水，此外爲公海，不屬於任何國家之主權，也不能適用先佔而取得。從而公認不得徵收通航稅或禁止從事漁業。一六七四年威斯特米尼斯丹條約以還，固守海洋支配說的英國，也不能輕視海洋自由之原則，在默認中放棄從來獨占支配的主張。俄國在一八二一年嘗宣布阿拉斯加沿岸一百意大利浬以內，禁止外國船舶通航，以英美之抗議，終於一八二四年之英俄條約，一八二五年之美俄條約，放棄其主張。爾來世界各國，已公認公海自由的原則。於是，格老秀斯的海洋自由論，歷經二百年的演進，已爲國際法上之一大原則，而支配世界萬國（註一）。

格老秀斯尤以其不朽名著和戰法規論出版之後，學者間或尊之爲『國際法之父』，或稱之爲『人類的國際法學家』（註二）。或謂給馬克維利的欺詐政策以致命傷（註三），或謂爲促成威斯特發里和平條約之動力。要之，自威斯特發里會議列國承認依從格老秀斯學說，而受國際法之拘束以還，國際法之進步，雖常遭暴力及強權的蹂躪，而認定國際團體存在之必要以及國際法規之臻進者，已爲世界一般的觀念。一八九九年第一次海牙和

註一　格老秀斯及其祖述者，對於公海自由論的根據，多基於自然法的原則。現今公海之一部分，某國家有時得以海軍力爲一時的有效佔領。奧本海所述公海之法則（Oppenheim, International Law, I, § 259），較爲適當。

註二　德國法學家馬丁斯（Georg Friedrich von Martens 1756—1821），尊格老秀斯爲國際法學之父。又意大利法學家威考（Giovanni Battista Vico, 1668—1744）稱格老秀斯爲"The jurisconsult of the human race"（人類的國際法學家）

註三　Ahrens, Naturrecht ader Philosophie des Rechtes. 1870, s. 93

平會議，訂定關於戰爭的法規慣例，及和平處理國際紛爭的方法。世界大戰結果，成立國際聯盟，和平的維繫益趨健全，日內瓦和平議定書更區別戰爭原因之當否，實現格老秀斯的戰爭概念。和戰法規論曾由主要各國學者翻譯，各大學多採爲教科書，至大戰爆發止，總共已達七十九版。足徵格老秀斯的思想，爲全世界人類放出偉大的光榮。

末後重覆引證法王亨利四世的話：『看能，荷蘭的奇蹟！』(註一)

第六節　蘇世之生平及其學說

一　蘇世之生平

一五九〇年蘇世生於英國威爾特州 (Wiltshiro) 的安斯地 (Ansty)。一六〇七年入牛津大學，一六一九年得法學博士學位。翌年承金特里斯的繼任者布登 (John Budden, 1566-1620) 之後任牛津大學羅馬法講座教授 (Regins Professor of Civil Law)。一六二三年結婚，越三年長 St. Alban Hall。一六二一年及一六二四年兩度當選國會議員，一六三二年任牛津的僧正廳法官(Chancellor of the Diocese)。一六二九年及一六三三年任牛津大學規則之編纂者。一六四一年任海事高等法庭(High Court of Admiralty)判事。當

註一　格老秀斯不僅爲國際法學家，而對詩歌戲劇，都有深刻的涉獵。如一六一六年曾出版蒐集格老秀斯之愛國詩，諷詩，哀歌，及戲劇的格老秀斯全詩集。(Hugonis Grotii Poemaya omnia, 1616)

英國『革命戰爭』(the great civil war, 1642–1649) 之時，蘇世同情王黨，繼而屈服。其後，任 Don Pantaleone Sa（葡萄牙人）事件之判事，查理士第二即位，蘇世復任海事高等法庭判事，約一月後逝世。

二　蘇世之著述

蘇世爲文藝復興時代的寧馨兒，其著述範圍頗廣，有詩、劇、格言、大學討論及議論之文集（註一）。最重要者，即爲法律學要義(Elementa Jurisprudentiae etc.)，其方法及內容多以羅馬法爲根據。一六五〇年出版國際法(Juris et Judicii fecialis, sive Juris inter gentes et quaestionum de eodem explicatio, Oxford)，爲國際法的概論。一六五七年出版問題疑解(Solutio quaestionis Veteris et novae, sive de Legati delinquentis judice competente dissertatio, Oxford)詳論公使在國際法上的地位（註二）。

三十年戰爭，實爲羅馬天主教主義與新教主義，帝國主義與領土主權主義之大戰爭。及一六四八年威斯特發里亞條約簽字，三十年戰禍始告終結。其間引起許多國際法上問題（註三）的國際政治關係，即爲蘇世的時代思想背景。

蘇世關於國際法之著述，首先在和戰狀態之下，討論『權利』(Jus)，考察權利的定義及主要根源之後，以平時問題分爲(一)狀態(Status)即君臣之關係及國與國間關係的地位；(二)領土權(Dominium)即佔有及

註一　cf. Holland, "Zouche", The Dictionary of National Biography, vol. XXI, pp. 1334–1335.

註二　cf. Holland, "Zouche" ibid. P. 1334.

註三　中立及海洋自由問題，公使及使節的身分問題，陸軍規範及海戰的問題等。

取得方法；(三)義務（Deritum）卽使節公使條約及同盟；(四)義務違反（Delictum）。其次研究戰爭的種類及戰爭是否需要宣戰也分爲(一)狀態，卽力之種類及敵之種類；(二)領土權，卽捕獲及戰後原狀之恢復；(三)義務，卽軍事協定通行休戰和平條約及人質；(四)義務違反，卽違反軍事協定及戰鬬法則。進而探討『裁判』論述解決紛爭及裁判管轄問題之後，再論平時，分述：(一)狀態，卽主權與君臣之關係及國籍；(二)領土權卽佔領之理論及領海；(三)義務卽君主之席次、公使、主權者之約束、承繼者是否仍受從前條約之限制；(四)義務違反卽犯人引渡、干涉、外國船舶之徵發及條約違反。最後，論述戰爭之正當與否及和平解決之關要。繼而闡明(一)可認爲敵者及住所。(二)財產取得方法，海上捕獲，敵船中之中立貨物，戰時禁制品，臨檢權。(三)決鬬、俘虜、賠償、在中立領土敵之追擊，得以逮捕公使的情況，指揮官降服條件，休戰條約，俘虜條約，人質，及通行許可證。(四)宣戰之要否，人質，報復規則之當否，及戰爭關於俘虜、婦女、神聖場所等的慣例。

三　蘇世之學說

A　國際法的定義及淵源

蘇世謂，國際法爲平時及戰時規律國家相互間或主權國民相互間之關係的(註一)。蘇世根據自然法，敍述古代羅馬宣戰法繼以由習慣而產生的法律與由條約協約同盟及聯盟等所同意而發生的法律爲國際法之淵

註一 Zouche: "Jus inter gentes est, quod in Communione inter diversos principes, vel populos penes quos est imperium, Usurpatur" (Part I. S. I)

源(註一)。在其問題疑解上，主張公使的特權不基於自然法，而基於諸國民之同意。

B　領土主權與國家政策

蘇世依希臘哲學家普羅克爾斯（Proculus, 410–485）的見解，認『保護』(Protection) 非指『從屬』(Defendance)。事實上雖有從屬國，亦應尊重其自由。主權之規範，不僅為領土之所有，且為人民之支配。領土之取得，由於(一)無主物之先佔(Occupation)(二)時效（Prescription），(三)贈與(Donation)及繼承（succession)。

關於海上主權(Sovereignty over the sea)，贊同格老秀斯的主張，但認國家對沿岸領海有管轄權。若一國家過度增加軍備，雖未必違反國際法，而事實上乃為對鄰國之威脅，得認為敵對行為或非友誼行為。此點結論，與格老秀斯一樣，即鄰國有干涉權（Right of intervention)(註二)。

其次論國家有自存權（Right of Self-preservation），故直接間接有阻止妨害本國自存權的他國行為之權利。蘇世認為禁止中立國軍隊之通過領土，須在下述三場合：(一)以兵力要求通過之時（si cum armatia transitus requiratur…）；(二)對誘導敵人者，當然拒絕通過之時（Juste negatur transitus iis qui hostes addveunt…）；(三)未向該領土君主要求通過之時（Si non a principe territoriipetatur transitus....)。商業有妨礙本國經濟之發展者，得加以禁止。

註一　Zouche: Part I. S. P. 2

註二　Zouche: Part I. S. 5

C 公使與外交

蘇世的國際法論未問世以前，關於公使及其隨員(suites)的權利，完全沒有一定的規則(註一)。蘇世對於公使之特權，依格老秀斯的學說，主張基於諸國民的同意——『任意的萬民法』(Jus gentium voluntarium)。公使得分宗教公使(Religious ambassador)，常任公使(Permanent ambassador)，特命公使(extraordinary ambassador)。國家之最高主權者(supreme power)，始有派遣公使之權。公使得攜其眷屬(Familia)及僕役與屬員(Comites)同行，公使的信任狀(Letter of Credence)，即其權能之證明書。公使之主權者的委任(Mandate)，得公開(Apetum)或秘密(Arcanum)。此外，論列接見(Recepton)及覲見(Audience)時，公使所享受之榮譽(Honour)與禮儀(Courtesy)等等規則(註二)。公使對於民事訴訟，是否受駐劄國的裁判管轄，蘇世則反對金特里斯的見解，而贊同格老秀斯否認該管轄權的立論。對於犯重大刑事之時，則駐劄國得加以處罰或勒令歸國(註三)。其次，認為隨員應受外國法庭之管轄，因（一）隨員為公使的附屬物(Comites vero facti accessoire tantum)，無公使之同等資格；（二）隨員無信任狀；（三）唯公使為君主之代表，此即免除責任的主要基礎；（四）隨員非如公使為有聲望的人物，不易防止及監視其罪惡行為(註四)。

註一 cf. Phillipson; Bynkershoek, "Journal of Comparative Legislation." Aug. 1908, pp. 36, 370.

註二 Zouche, Part I. S. 4

註三 Zouche, Solutio quaestionis, C. I

註四 Zouche, Solutio quasstionis, C. XIV (1657)

對於條約之締結，凡誤解本質的及關係的事實之宣誓，或基於欺詐的陳述之宣誓，則無拘束力(註一)。『條約當事者之一方，有侵害條約的某一條項之時，締約之對方得全部取消之。』(Si Pars atters in foedere fefllerit, potest altera discedere)。

D　戰時國際法論

蘇世謂戰爭是『主權依正當的原因而行之鬬爭』(…justa contentio quae scilicet authoritate legitima et ex justa sauso movetur.)(註二)。一般在開始戰爭行爲之前，必須宣戰；但(一)以必要的自衞而開始戰爭；(二)對於已被認爲敵(Hostes)者；(三)對於不適用國際法之暴動及叛亂者；及(四)派遣公使提出要求而未獲滿足之場合者，得不宣而戰(註三)。

蘇世研究戰時軍事權力的種類及區分敵的種類，謂：『他們間所存的戰爭狀態，爲對於領土權(Dominationis)支配權(Praopatentiae)及兵權(Patreeinii militaris)的最高權的戰爭狀態，以及其他有敵意者(Inimici)敵對者(Adversarii)或敵人(Hostes)的戰爭狀態。軍事權力，爲以兵力佔取的領土權，勝者對於敗者的支配權，及主權者關於敵人之軍事的權利(Hostes patrocinium)。

財產之取得，可由個人之特殊取得(Acquisitio particularis)，及領土被侵略或引渡之時由國家的一般

註一　Zouche Part II. s. 4.

註二　Zouche, Part I. s. 6.

註三　Zouche, Part II. s. 10; cf. Scelle, Zouche, Fondateaurs du droit international, p. 313

取得(Acquisitio universalis)。敵人奪取後而送至中立領土的物品，應還原主。蘇世曾詳論戰爭行爲而發生的各種問題，交戰者間之相互義務，軍使，休戰協商的特命全權使節及和平條件。

指揮官締結的和平條約，必須得主權者之批准。

E　中立及戰時禁制品

蘇世對於『中立』一詞，未用 "Neutra" 或 "Neutrality"，而常用 "Amicus" 及 "Amicitia"，並主張敵人在中立國領域，得加以追擊。

戰時禁制品的問題，爲國際法上難題之一(註一)。在蘇世時代，國家常基於自利主義，故無一定的慣例。然蘇世對於此問題，則認爲凡直接用爲戰爭或得爲戰爭所利用的物品——如武器、金錢、糧食，得認爲戰時禁制品(繼承格老秀斯之見解。)蘇世比格老秀斯有更進一步之理解者，即製造戰時禁制品的原料——如鐵(用爲製造武器的)木材(用爲製造船舶的)也認爲戰時禁制品。船舶及載貨，依英國海事高等法庭的最初慣例，與其所有者無關係，均得沒收之。

四　蘇世學說在國際法上的地位

蘇世在國際法上的貢獻，雖不及格老秀斯那樣偉大；然以時代較爲新近，故在某方面——例如所謂 "jus inter gentes" 用語及其根本的觀念，足見承認習慣法比自然法更爲優越；至於應用慣習及慣行的近例，在法律

註一　Phillipson, Bynkershoek, "Journal of Comperative Legislation" Aug. 1908, p. 44 et seq.

的發達與政治的進步上言之，顯比格老秀斯進步。蘇世的博學及其卓越之才能，頗為世人欽敬。他在國際法學上所貢獻的意見，不論生前死後，都皆表現莫大的權威。或謂：『他是聰明而深邃的博學的法律家，生動的法律學說之編纂者，羅馬法學家，教會法學家，封建法學家，國際法學家，又為有名的詩人，尤其是有名的國際法學創立者之一』（註一）；或謂他的主要著述為『國際法上最初的真正教科書』(Das erste eigentliche Lehrbuch des Völkerrechts)（註二）；或謂『為古英國派的國際法學家及公法學家中最偉大的人物』（註三）。我們觀其著述的重版及被各國學者翻譯的情形（註四），也足知蘇氏在國際法上確佔有重大的地位。

第七節　普芬道夫之生平及其學說

一六三二年一月八日普芬道夫生於薩克遜的刻姆尼斯 (Chemnitz)。父為路德派牧師。少時，普氏在格里姆馬攻修普通學科之後，入來比茲大學神學部。但他尊重自由精神，不服偏狹的教義，乃委身於公法之研究。其後，他移居愛拿，與數學家佛格爾友善，為人風度，受其影響不淺。

註一　F. von Holtzendorff, Handbuch des Völkerrechts, 1885. Bd. I. s. 417

註二　Kalterborn, Kritik der Völkerrechts, 1847

註三　見日本國際法外交雜誌第三十卷第四號頁四八。

註四　Zouche, De jure inter gentes, Oxford, 1650; Leyden, 1651; The Hague, 1659; Mayence, 1661; Latin ed. 1759; German trans. by Gottfried vogel, Frankfurt, 1666.

一六五八年任駐劄哥本哈經(Copenhagen)瑞典公使科耶特(P. J. Coyet)之家庭教師。其時，瑞典、丹麥兩國發生紛爭，協議中戰端忽作，丹麥人大爲激昂，扣留瑞典副公使，普芬道夫亦被繫於獄。普氏在獄中生活，歷八月之久，乃從政治外交之實際的方面轉入於理論的研究。此間，氏得靜思推敲平日所讀的格老秀斯以及霍布士等之著作，終於腦海中構成萬國法系統的草案。及其恢復自由之後，赴勒登大學，一六六一年印行“Elementa jurisprudential universalis libri duo”一書，獻諸巴拉基尼特選舉侯路易·査理士，路易奇其學術之淵博，甚爲器重，在海德堡(Heidelberg)新設自然法及國民法講座，延聘普芬道夫擔任教授。一六六七年他用假名出版一本小册子，題名“De Statu imperii germanici, liber unus”，論述神聖羅馬帝國之組織的缺陷，並批評奥國之失政，及排斥僧侶政治。

一六七〇年任盧德大學教授，越二年出版有名的自然法及國民法(De jure nature et gentium, bibro octo)。

該書大體上祖述格老秀斯之學說，認自然法乃國際法唯一的根據，國際法中衹包含自然法，而未包含有依據一般同意之部分。普氏排斥霍布士之自然觀，以自然的狀態，非爲戰亂，而是爲和平。他說：「人是理性的動物，故人必須立於其行動上最普遍且一般的法則之下。慣習給與此法則以自然法之名。自然法支配人類的全體，可稱之爲普遍法；且不如現實法隨時間性之變化而異，故又可稱之爲永久法。……社會上果有與自然法對立而特殊的現實的國際法乎？學者對於此點的論說雖未一致，然多數承認自然法與國際法爲一物，其所差異者，衹在表面的命題而已。他以自然法分爲人的自然法（the natural law of individua's）與國家的自然法（The natural law of sate）後者卽普通所稱的國際法。兩者旣以同一之規準，而對於個人的義務之時，附以自然法之名；適用於國家國民或人民之全體時，則稱爲國際法。』（註一）

普氏且立於政治哲學之觀點，以國際法規則不能求之於國際交涉之紀錄中，而當依哲學的方法，或於國家之本性及其存在之目的上而推求之。換言之，普氏以國家爲一個道德的人格（Persona moralis）國家的意思，不外爲國家構成分子的個人意思之總匯。其共同的團結，卽爲國家。此項理論，顯然爲日後盧騷所倡社會契約說之根據。又關於國際法之適用範圍，認從來祇限適用於基督教國家之間，殊爲偏狹的錯誤。因爲他以爲組成人類團體之國家，都當在國際法適用之領域內。一般已進展到相當的文明程度，且能篤守國家相互的權利義務之國家，不問其所信奉之宗教如何，都應當加入人類的共同團體。

一六七七年他被聘任爲歷史編纂官，此時期會著Einleitung zur Historie der vornehmsten Reiche und Staaten; Commentarinm de rebus suecicis, libri XXVI., ab expeditione Gustavi Adolphi regis in Germaniam adabdicationem usque Christianae; De rebus a carolo Gustavo gestis等書。他的歷史的著述，均爲古典研究之產物，雖有人批判其爲『乾燥無味，』但其對眞理之檢討精神，卻値得敬佩的。

他在"De habitu religionis Christianae ad vitam civilem"上論政教兩教之分離，是爲教會政治論

註一　Pufendorff, Ibid., Basil Kennett 英譯 II. Chap. iii, § 1. 23

（Kollegiaisystem）之嚆矢。他主張國家關於宗教而所有的固有的最高主權，與教會以明諾或默認而讓渡於國家的教會固有之權力，截然有所區別。此項主張，卽一方期國家主權之完整，他方劃定政教兩權力之分界，成爲日後信仰自由之原則的基礎。

一六八八年受布蘭登堡選舉侯孚利德李治（Frederici Wilhelm）之招請，任歷史編纂官兼樞密顧問。不久孚利德李治去世，其子孚利德李治三世繼先父之志，仍加重用。從此普氏起草威廉大帝傳，名爲"De rebus gestis Frederici Wilhelmi Magni."。

瑞典王對普氏之敬意，未嘗稍減。一六九四年授以男爵，表彰其榮譽。同年十月二十六日，碩學普芬道夫於柏林逝世，葬於聖尼科爾斯寺院。

普芬道夫不僅爲國際法學中自然法派（naturalists）的領袖（註一），且爲著名的哲學家，經濟學家，歷史家及政治家。他對於學術上之貢獻是相當偉大的，不僅德國，卽世界的思想界，也永遠留着深刻的印象（註二）

註一　參閱李聖五著國際公法論上頁一八。

註二　參閱日本國際法外交雜誌第十一卷第六號頁四七八。

第七章 自威斯特發里亞會議至法國大革命

第一節 威斯特發里亞和約與國際法

近代國際法之長成，乃至影響於國際行爲者，實從威斯特發里亞和約(Peace of Westphalia 1648)始(註一)。誠然，以宗教爲原因的三十年戰爭，一則喚起歐洲各國對外關係之擴大，一則促進國際思想之發達。結束三十年戰爭之威斯特發里亞媾和會議，爲歐洲列國會議之嚆矢，且爲近代三大會議之一(註二)。自預備談判以來，歷經十一年，始締成正式和約(註三)。參加國家除英國、俄羅斯、及波蘭外，遍及全歐(註四)。與會之各國全權代表，以瑞典使節與法蘭西使節之席次問題，乃分兩處開會。即新教諸國（瑞典、德意志國及德意志諸侯的使節）以奧斯那布律克(Osnsbrück)，舊教諸國（法蘭西、羅馬教廷及德意志帝國等的使節）以閔斯德(Münster)爲會議地點。締成之條約內容大要如次：

(一)確定一五五〇年奧格斯堡宗教媾和的拘束力，依此和約『統治者有宗教禁制權』(Cujus regio,

註一 周鯁生著國際法大綱頁一九。

註二 學者常稱威斯特發里亞公會，維也納公會，及巴黎和會爲近代三大會議。

註三 威斯特發里亞和約自一六三四年開始締商，一六四五年訂定臨時條約，一六四八年十月二十日始正式成立。

註四 時英國內亂，俄羅斯，波蘭，以他故未到會，但仍列名於和約上，惟異教的土耳其既未到會，亦未列名。

ejus religio）之原則，承認元首對於其領土內之宗教，有支配之權；

（二）承認德意志聯邦中三百三十二國皆有充分之主權（註一）；

（三）荷蘭、瑞士，與帝國分離，爲獨立國；

（四）法國、瑞典領土之擴張（註二）；

（五）締約國不能任意違反條約之規定。

觀此，足知歐洲形勢，煥然一新。空前之國際會議，已在歐洲外交史上開一新紀元。我們在此尤爲所急欲探討者，厥惟次述威斯特發里亞和約所給與國際法上之影響。

（一）神聖羅馬帝國統治下之複多的社會，由於威斯特發里亞和約之簽訂，實際成爲獨立的國家。結果，國際社會的單位既多，國際交通的任務自繁，而在共通的利害關係上，成爲一極廣大的社會。於是，國際習慣規則之日漸成長，自有利於國際法之發達。

（二）打破羅馬教皇的世界主權，確立政教分離原則，承認新舊兩教有同等之權利，德意志諸邦有獨立之主權。此後，國際法學得脫離神權之束縛，而漸臻於科學的研究。

註一　其中二百一十一國爲公侯國，六十五國爲教會支配的僧國，其餘五十六國爲自由市國，名義上雖擁戴德意志皇帝，實則有獨立之主權。

註二　法國得 Elsass-Lothringen，領有 Metz, Tours, Verdum 之三僧正領地；瑞典得 Western half of Pomerania 及 Bremen, Verden

（三）隱示承認格老秀斯主義，如確立領土主權，國家獨立之觀念於此承認。和約上既保障德意志諸小國之領土主權，而國家不論其領土之大小，人口之衆寡，信奉舊教或新教，君主國或共和國，又均有平等之地位。於是國際團體中國家平等之觀念，於以伸張，確立尊重各國法權之主義，遂奠定近代國際法之基礎。

（四）荷蘭、瑞士為獨立國，羅馬教皇支配靈界，德意志皇帝支配俗界之觀念，於以打破，以中歐為勢力的新舊兩教國家形成均勢的國際團體，採勢力均衡主義，以維持和平，為國際關係之新支柱，予國際法發達史上以許多新內容。

（五）常設外交使節制度，自威斯特發里亞和約以後，始一般確立，使國際社會之結合更為堅固，而國家民族間之友誼關係，亦於以臻進。

（六）和約規定締盟各國有侵犯和約之各條項者，不問其為何人或何宗教，對之應擁護及支持和約（註一）。是則，顯有對違反條約之國家，施以國際制裁之傾向。此不僅使各國尊重條約之尊嚴，且足以臻進國際和平關係，並確定國際法之權力。

於是，學者謂威斯特發里亞會議為近代國際法史上開章明義之一頁，不亦宜乎？

第二節　勢力均衡主義與同盟戰爭

註一　Hill, ibid., II. p. 602

依據威斯特發里亞和約，歐洲國家採行勢力均衡主義(Principle of the Balance of Power)。當某一國家在國際團體中增大其勢力，或佔有優越地位，而威脅其他國家的獨立或安全之時，關係國家使常單獨或聯合而釀成反對運動，藉以防範勢力關係之變動，維持國際和平，已成爲當時國際政治的原則。

先是，波丁(Jean Bodin)嘗著國家論六書(Six luires de la république)，論主權爲統治公民(Citizens)及領民(Subjects)之最高權力，不受法律的限制(註一)。主權應專屬於國王，領內諸侯不能有主權。最高權者（君主）不僅依從神之法律及自然法，且須服從國家的基本法。從此國家觀念隨而變遷(註二)。原來所謂國家，其觀念甚爲渺茫，大抵皆以『普天之下，莫非王土；率土之濱，莫非王臣』爲中心觀念，認國家，政府，領土及軍隊，不過爲君主之私有物。及波丁之學說問世，國家非君主的私有物，而是依主權而代表的公有物之觀念，始行萌芽。於是主權國家之觀念確立，則國家之主權，自不容受國家以外的其他權力之抑制；否則即爲侵犯其國家的主權。至是國家的獨立觀念明顯，而國家政府需要運用其保持主權不受其他權力之威脅或侵犯的政治手段也益切。國際間勢力均衡主義，遂因而成長。雖然，勢力均衡主義既缺乏剷除戰爭之原因(註三)的積極政策，又未立於國際道德之基點，常成立於實力，亦顛覆於實力。然均勢主義，對於下述各點曾使國際法適應時代的推進，殊不容

註一　信夫淳平著：國際政治之進化與現勢。

註二　歐洲國家之觀念，經四段之變遷，以及於今日。第一爲表現於希臘都市國家制度之上的 Polis，第二爲造成羅馬世界帝國統治觀念的 Regnum，第三爲中世紀以降主權國家(Sovereign State)之觀念，第四到十九世紀，更發生民族國家之觀念。

註三　近代戰爭之原因，請參閱劉達人著外交科學概論：國際紛爭之基本原因章。

忽視者如：

(一)遏制某一強國或數強國不致稱霸於歐洲大陸；

(二)促成國家尊重國際法上之原則；

(三)國際關係緊張之時，得以維持均勢之名，召開國際會議；

(四)國家恐戰爭之擴大，不敢輕易啓釁，孤注一擲，動機必求名正言順；

(五)君主及政治家，為保持本國主權，乃注意於歐洲之全部活動，增強國際連帶(Solidarité Internationa)的觀念，並能在某程度上享受國際法之保障。

於是各國君主或政治家，為達到維持勢力均衡之目的，乃運用(一)維持原狀，(二)簽訂保證條約，(三)締結同盟，或(四)召開國際會議等手段，引起國際政治上之新發展。然其間法王路易十四抱『朕即國家』(L'état cést à moi) 之觀念，帝王神權說以倡。路易十四當政，強制募集人民，增加常備軍，志在侵略鄰國，擴大領土。原來法國宰相馬撒林(Jules Mazarin, 1602-1661) 發揮其狡猾陰謀之外交手腕(註一)，嘗以萊茵河同盟置德意志勢力之下。一六六一年馬氏死後，路易十四乃親掌外交，對外交使節親授訓令(註二)，以其進取的外交政策，巴

註一　外交史家希爾謂此時代的外交為專制時代的外交(The Diplomacy of the Age of Absolutism)，又謂自威斯特發里亞條約到法國大革命為權謀術數時代。(Period as a reign of Machiavellianism-Hill, A History of European Diplomacy, vol. III. Pref. v.

註二　Recueil des Instructions données aux Ambassadeaus et Ministres depuis les Traites de Westphalia jusque a la Revolution Française. 1884

黎遂成爲歐洲政治的中心地（註一）。自路易十四要求法王后繼承尼德蘭（Notherland）諸州而遭西班牙拒絕之後，兩國卽掀起戰爭。一六六七年英、荷蘭及瑞典結成三國同盟，翌年締亞亨條約以束結戰爭。因三國同盟爲荷蘭所倡議，路易十四懷怨頗甚，乃於一六七一年對荷蘭宣戰。在此戰爭之際，英國瑞典參加法國之同盟，德意志、丹麥、西班牙、及布蘭登堡則參加荷蘭之同盟。一六七八年尼墨根條約（Treaty of Nimoguen）締成，法國得法蘭西康德及其他許多都城。其後，路易十四竭力倂合德意志及西班牙領的尼德蘭之都市與村莊。西班牙及荷蘭雖以路易十四妨害主權國之權利爲理由而反抗，路易十四終於運用其優勢的武力，不顧一切且不宣戰而攻佔盧森堡及斯特拉斯堡。

一六八八年英國革命以還，歐洲大陸諸國對法國之形勢次第變更。蓋當時歐洲各國，莫不感於路易十四之侵略野心，行將不利於己，乃洞察共通之利害，大有結成歐洲大同盟以對抗貪婪無厭的法國之勢。一六八九年，路易十四與德國交兵，德意志、英國、荷蘭、法蘭登堡、瑞典、丹麥、西班牙等聯成同盟。但此同盟爲路易十四之離間計劃所破，以致同盟國分別與法國締約。是卽一六九七年之里斯威克條約（Treaties of Ryswick），確定法國領有斯特拉斯堡並增殖在西班牙方面之領地。

註一　原來歐洲外交上之重要地爲倫敦，海牙，馬德里，維也納等地，然以馬德里至海牙間，急行亦須三週行程，馬德里至維也納，則須月餘。巴黎交通機關漸備，且居地理之中心，兼路易十四外交之活躍，自此巴黎成爲歐洲政治活動之中心，甚至有謂外交爲法國之專賣特許品。

路易十四之孫腓力普繼承西班牙王位問題，復引起歐洲各國組織對法之新同盟。參加此同盟之國家，有德意志、英國、荷蘭、普魯士、葡萄牙及瑞典。自一七〇一年至一七一三年同盟軍與法軍戰，法軍敗績，路易十四向各國請和。一七一三年四月在烏特勒支(Utrecht)締結媾和條約，世稱烏特勒支條約。其內容之大要如次：

(一)承認腓力普繼承西班牙王位，但法西兩王位分立，以維持歐洲之勢力均衡；

(二)英國得法屬北美之紐芬蘭、哈得孫灣及諾法斯科細亞(Novascotia)

(三)英國得西班牙之直布羅陀及米諾爾加島及若干通商上之利益；

(四)西班牙將比利時所屬諸州，讓與奧地利亞；

(五)薩渥公得撒丁島，許稱王號。

(六)承認新教徒英王之王位及普魯士國王之稱號；

(七)荷蘭法國之間，規定緩衝地帶。

觀此均勢主義自威斯特發里亞和約確立其原則之後，各國均準此原則為外交政策，遂出現同盟之興盛時代。然以路易十四之梟雄一世，常以獨立邁進主義——此時代世稱大王時代(Age of the Grand Monarch)——擊潰同盟，致打破均衡局勢。歷次由路易十四掀動之戰爭及戰爭之結果而締結之和約(註一)，對國際法有

註一　法國與列國在此時期所締結之和約於次：

1659 Peace of Pyrenees　1667 Peace of Aachen　1668 Peace of Aix-la-Chapelle

1678 Peace of Nymegen　1697 Peace of Ryswick　1713 Peace of Utrecht

極大之影響（註一），如使節之權利（註二），中立國船舶之權利，戰爭及俘虜之處置，常在學理及事實上發生問題。

烏特勒支和約締結後二年，路易十四逝世，歐洲以均勢維持和平垂二十餘年。及孛利德李治大王侵襲馬利亞、德利撒，奪佔西里西亞，歐洲又陷於紛亂。其間，俄羅斯勃興，一七二一年經尼斯忒特(Nystadt)媾和加入歐洲，旋爲一極大之強國。於是歐洲之國際政治又轉向於新形勢之開展。

第三節　俄羅斯發展與美國獨立參加歐洲國際法團體之形勢

俄羅斯本以僻處歐洲東北一隅，既無海口賴以交通，又因奉希臘舊教，西方諸國不認之爲基督教信徒，無參列於國際團體之權利。其後，西方諸國以對外貿易發達，擴大國際交通範圍，俄羅斯與英國、瑞典、奧地利亞、波蘭、德意志、及法國等也漸漸發生密切關係（註三）。一七二一年依尼斯忒特條約（註四），得以實際參加歐洲國際團體，及至十八世紀，已躍爲歐洲國際舞臺之一主要角色。

註一　Oppenheim, International Law, i. p. 70.

註二　法國公使在離開拉斯達特會議之時，突被暗殺，歐洲各國大爲激動，遂漸承認外交官不可侵權之必要。

註三　俄英關係——一五五三年英商到莫斯科，得俄許通商歸國。英遂創設莫斯科公司。十七世紀初，英派領事駐莫斯科，且得經俄至波斯及印度之通過權。歷代俄帝常賴英國兵力，以對抗瑞典，波蘭，賦以通商特惠之代價。一六一七年英當俄瑞典紛爭仲裁締斯多波瓦(Stalbowa)和約，以還特權更倍之往日。英王加爾一世被國人處刑時，俄帝驅逐英領及英商，關係一時冷淡。其後，英人不得入 Archangel 以內，即到 Archangel 之間，也須賦稅始得營商。

俄奧關係——一四八九年，奧派公使至莫斯科，自後兩國自由通商，且設常駐公使。因地理及政治環境關係，俄奧親和。如第十六世紀至第十七世紀之間兩國爲對付共同之敵波蘭及土耳其屢結同盟條約。

俄德關係——俄德政治上之結合，以十六世紀莫斯科與普魯士公國及布蘭登堡侯國之關係爲始。普魯士布蘭登堡素以劍鋤及十字架之三種武力（以武強器壓人民繼以十字架擴張基督教最後以鋤使人民定住）發展其勢力十六世紀兩國統一與莫斯科聯盟。此後，以對波蘭瑞典，俄普關係友善。

俄法關係——初兩國地理距離甚遠，無甚關係。一五一八年莫斯科大公致書法王，請助反對波蘭，法王容納其請。一六一五年俄派使節赴法，訴波蘭瑞典合併之不法，未奏效。一六二九年法國第一任公使到莫斯科，被委任之職務僅維護僑居俄國境內法人之商業權利，不得從事締結對波蘭之俄法同盟活動。一六六七年俄派大使赴梵爾賽，擬締此種同盟不果。

註四　據一七二一年尼斯武特條約，俄得埃斯特蘭德，里威蘭德，奧塞爾島，英格爾曼蘭德，威波爾格市及芬蘭，喀勒隣之一部。同時，俄負干涉瑞典內政之責。

一七四六年俄羅斯女帝伊利薩伯與馬利亞德利撒締結對普防禦同盟；一七五六年復與法國締結梵爾賽同盟條約。其間，普魯士字利德李治大王先發制人，與英聯盟，掀動七年戰爭（自一七五六年——一七六三年）。一方奧國與德意志、法國、俄羅斯締結同盟，構成歐洲之二大敵對戰線。伊利薩伯女帝崩，彼得第三即位（一七六二年），與普魯士單獨媾和。七年戰爭結果（一七六三年），普奧締結哈布斯堡(Hubertsburg)條約，普得西里西亞等地，英、法、西三國在巴黎締成和約，法國在美洲所有之殖民地，幾乎全部割讓於英。

一七七二年，俄、奧、普三國同盟，第一次瓜分波蘭，一七九三年爲第二次分割，一七九五年爲第三次分割。此時波蘭遂喪失其國家獨立之存在。國際法上所謂國家主權獨立之原則，實已受最大之蹂躪。

俄既得志於西歐，復樹立巴爾幹南下政策，戰勝土耳其，於一七七四年締結克瑞古卡納爾吉（Kutchuk

Kainardji)和約，取得博斯普魯斯(Bosphorus)韃靼尼爾(Dardanellos)兩海峽之通航自由權及其他權利(註一)。於是，俄國日漸強盛，活動於歐洲國際政治上之勢力亦日益增大，聖彼得堡已成爲當日外交事件之中心。喀德林(Catharine)常調解普奧之紛爭，一七七九年之普奧媾和會議，締成各種條約，亦由俄羅斯等居間國保證其實行。因此，俄羅斯又成爲威斯特發里亞和約之共同保證者(註二)。

至於新大陸之美洲，一七七四年發生歷史上一轉換期的重大事件，即爲北美英領殖民地之獨立運動，而與英國開戰。一七七六年成立北美合衆國，法王路易十六以國家宿怨，與北美合衆國成立同盟，對英宣戰。一七八三年媾和於梵爾賽，承認北美合衆國之獨立。同時，北美合衆國憲法也在其國法之必要的成分上，承認歐洲之國際法。

從此，歐洲國際政治舞臺上，增加俄美二大新興國家，而與國際法之發達史上，造成許多新的重要內容。

第四節　海上法規之發達與武裝中立聯盟

歐洲在十八世紀中，大戰頻發，交戰國對於中立船舶，已確認有臨檢搜索之權利。原來歷史上對於中立船內之敵國貨物及敵船內之中立貨物，應如何處置之問題，據海上國際法史的著者何特斐里(Hautefeuille)說，則

註一　俄據該條約所得之海峽特權，至一八五六年巴黎媾和條約締結時，始告無效。

註二　因爲該各種和約乃爲威斯特發里亞和約之修訂，布勒斯勞條約，德勒斯登條約，及哈布斯堡條約亦然。

始於意大利諸共和國之對立時代，卽商業競爭時代（註一）。蓋當時熱那亞、比薩、威尼斯等都市國家之勢力，咸依商業而維持，商業之衰頹，卽表示其國力之孱弱。因此，此等都市國家不斷戰爭以毀滅對方之商業爲唯一目的。弱國在戰時既不能保護本國貨物，唯有賴中立船載運，冀保安全。於是交戰國有感於搜索中立船舶之必要。

搜索中立船舶之慣例，在今日得以實證其存在之記錄，不外爲有名的 "Consolato del Mare"（註二）。據 Consolato del Mare 上之記載，則中立船內之敵國貨物得以拿捕。該中立船之船長，由交戰國一方之軍艦訊問之時，必須確實答覆其船內是否載有他方交戰國之貨物。若然，隨航軍艦至某一海港，引渡敵國貨物，然後可駛航他去。拿捕者不得損及其他中立國家之貨物，並須支付所引渡的敵國貨物之運費。若中立船舶不應軍艦搜索之時，軍艦有擊沉該船舶之權利。一四〇六年英王與巴岸德公間之締約，始採用此原則。其後屢經修訂，至一四一七年，一四二六年及一四七八年之條約，尤爲顯著。一四六〇年英國又與熱那亞締約，直至一八五四年克里米亞戰爭之時，英國一貫支持此項主義。

一四六八年英王愛德華三世與布勒達紐公法蘭索亞之間所締結的條約中，規定在敵船內發見中立國之貨物，得加以沒收。此原則，日後成爲『敵船敵貨』(enemy ship, enemy goods) 主義。

然而一六〇四年法國與土耳其締約之第十二條規定：『凡搭載於法國船舶之貨物，有屬於土耳其政府之

註一　Hautefenille, Histoire du droit maritime international, pp. 134-135

註二　Consolato del Mare 爲中世紀頃地中海沿岸諸國所實行的海上通商方面規則慣例之全集，在西班牙之巴塞維納 (Barcelona) 出版，當時稱爲以 "Lo Libre de Consolat" 之名，現在巴黎的 Bibliotheque Nationale 藏有其原本。

敵國者，不能以屬於敵國之故而拿捕之』便違反多年適用之Consolato del Mare主義，自此關於海上捕獲的國際法之發達，可謂劃一新紀元(註一)。此項原則日後即成為『自由船自由貨』(free ship, free goods)主義。法土締約以來，十七世紀初期仍多採用Consolato del Mare主義(註二)。至十七世紀中葉之後，新主義始漸普遍適用。即一六四六年法國與荷蘭，一六五四年英國與葡萄牙，一六五九年法國與西班牙，一六七八年法、荷、與瑞典諸國，一六九七年，法、英、荷、丹、德、西、薩渥諸國先後所締之條約，以至一七一三年歐洲主要諸國間之烏特勒支條約，均採用『自由船自由貨』之新主義。

海上封鎖以一五八四年及一六三〇年荷蘭之實行為嚆矢，初則一紙宣佈，即可藉封鎖之名而捕拿中立船舶，世稱為紙上的封鎖(paper blockado)。其後，一六六七年荷蘭與瑞典，一六七四年荷蘭與英國先後締結之條約中已承認實力封鎖。即封鎖必須以軍艦，不能僅以紙上之宣佈而限制中立船舶。以慣習終於成為國際法內容之一部分。一七五六年英國承認為中立船舶得特許而在平時敵國禁止外國船之本國及殖民地間從事航海之場合，則以該中立船舶為從事敵國通商論，得視為敵船。及至一七九三年，戰時對一般中立船舶縱然開放，而在敵國平時禁止外國船從事航海之中立船舶也視為敵船。此即所謂一七五六年之規則，及一七九三年之規則是也。英國自締結烏特勒支條約以後，海上勢力日漸雄厚，英國軍艦動輒在戰時妨害他國船舶在海上之通航，遂

註一　坂倉卓造著：近世國際法史論頁三〇〇。

註二　土法締約之後，同年有西班牙與英國之締約，及荷蘭與突尼斯及亞爾塞爾之締約，依然採取舊主義。

起擁護中立權之運動。北美英殖民地欲起獨立戰爭之際，俄羅斯女帝喀德林於一七八〇年二月十八日宣佈有名的武裝中立（Bewaffneton Neutralitat）。其中關於海戰之內容如次：

（一）戰爭不得中止交戰國及中立國港灣之間的和平交通；

（二）中立國船舶上之敵國人私有財產，除戰時禁制品外，不得損害；

（三）所謂戰時禁制品，乃指一七六六年英俄通商條約第十條及第十一條所列舉之物品；

（四）欲有效的封鎖某港，封鎖軍艦須在附近保持其地位，對於駛近封鎖港之船舶，有與以實際上之危險；

（五）上揭原則，應以捕獲審檢所之判定為準繩。

於是瑞典、丹麥、俄羅斯等締結第一次武裝中立聯盟（The First Armed Neutrality League），普魯士、奧地利、荷蘭繼而加入，而對英交戰中之法國，西班牙，及美國也表示同意。

其後，法國革命之初，英國下令逮捕開往法國口岸的中立船舶，一七九三年五月九日，法國革命黨之『國家會議』（Convention nationale），也頒發法令，謂中立國不得供給敵人輜重；否則即予捕獲沒收。此外，並取消輪船以國旗庇護貨物之原則。英國為報復計，乃頒令逮捕封鎖法國沿岸的船舶，俄羅斯不接受此種條件，因與瑞典、丹麥、普魯士等國在聖彼得堡於一八〇〇年十二月十八日簽訂公約，制定海軍中立之基礎，是為第二次武裝中立聯盟（The Second Armed Neutrality League）。其內容如次：

（一）凡中立國船舶，經戰鬪艦警告之後，如以武力或詭計破壞封鎖線者，即認為違反封鎖規律，應予捕拏；

(二)凡商船有軍艦護送之時，軍艦上之軍官，可以言語證明該商船內無禁制品。

英國以丹麥參與此聯盟，乃對之宣戰，進而與俄國交涉，使俄國取消武裝中立，並接受英國海軍部之意見，結果未能成功。一八〇一年六月十七日乃與俄國及波羅的海諸國在聖彼得堡簽訂公約，即武裝中立條約。其原則如次：

(一)中立國之船舶，可在交戰國沿海及口岸自由航行，裝載貨物除戰時禁制品外，得以隨意。如知何爲禁制品，何爲非禁制品，締約國應參考一七九七年二月二十一日所訂立之商約第十一條；

(二)所謂業已封鎖之口岸，即由多數戰艦作成某種危險狀態，而禁止其他船舶駛入者，當一中立船舶因嫌疑而遭捕拿之時，應即開始法律行動；

(三)無論私營武裝之船主或爲戰艦，均無權檢查有軍艦護送之商船，護送之艦長，應有被護送商船之國家護照及航海證書。交戰國戰艦如遇護送艦之時，可查看其護照及航海證書上所註明被護送船舶是否與其護送者符合。如護送艦取出之護照或證書內中字樣有令人懷疑之點時，護送艦應即停駛而任其檢查捕拿可疑之商船，與一員負責之軍官，一同拘留於交戰國附近之海港。

(四)一船舶之屬於何國，最低限度以其船長及半數之船員屬於何國爲標準，不以其所懸之旗幟而斷定。

於是，往日戰時交戰國之軍艦，得以任意臨檢搜索及捕拿中立船舶之權利，顯然已受限制，但與第一次武裝中立聯盟之異點有二：一爲變更封鎖海港之定義，一爲附加檢查船舶之新條規，不可不加以注意也。

第五節　法國大革命歐洲聯盟及大陸封鎖

一七九二年法國王政顛覆，法國議會欲定對於一七八九年之人權宣言(La Declaration des Droits de l'Homme l'Homme) 的所謂國家權利宣言 (La Declaration des Droits des Nations)，託 Abbé Grégoire 起草一七九五年提出二十一條之宣言草案，但爲議會否決。該宣言草案之中，主張人民不論其人口之多少或所佔地域之廣狹，有相互獨立之主權（第二條，）又各人民有造成組織或變更其統治形式之權利（第三條，）對於國際法上之原則而言，應尊重國際道德的原則。卽人民之對待他人，正宜如希望他人之待己(第三條)(註一)。

其後，法國革命政府，漸拋棄其當初所標榜之和平政策，採取煽動他國革命運動之態度。由是，歐洲諸國君主，與法國之王室處於共同利害之關係，恐懼革命運動之發展而搖撼自身之威權，乃聯合採取干涉法國革命政府之政策。一七九二年四月奧地利亞對法國致最後通牒，要求法國憲法須合乎一七八九年三月之王的詔勅，且恢復德意志帝國內君主在亞爾薩斯之封建的權利。然法國在一七九二年四月之宣戰書中，卻聲明各國人民有處決其內政之自由，不許他國干涉之旨。此日後成爲國際法上不得干涉他國內政之原則。此外，法國大革命結果，尙產生國際法上之所謂政治犯不引渡原則 (Nonextraditional Crimes Principle)。一七九三年之法國憲法

註一　淺野利三郎著：最近國際思想史頁二五九——二六〇。

第一二〇條內有對爲自由而亡命於外國之罪犯加以庇護之規定。自是法國拒絕他國要求逃亡於法國的政治犯之引渡，他國爲報復計，亦同樣庇護由恐怖政治而逃亡之法國亡命者。一八三四年法比締訂引渡犯人條約，始確立國際的不引渡原則(註一)。

歐洲諸國一則思撲滅法國之革命勢力，再則欲分佔法國之權益，乃數次締成聯盟，終以拿破崙之英勇善戰，未得貫澈聯盟之目的。其間，拿破崙亦違反當日法國革命所期待之主張，肆行侵略戰爭，屢次蔑視國際法及國際條約(註二)。烏特勒支條約恢復之歐洲均勢，復被破壞，國際秩序，亦全顛覆。一八〇六年拿破崙欲屈服最後與其頑抗的海上英國，在柏林宣佈實行大陸封鎖(The Continental System)，以遮斷大陸與英國之通商，即所謂紙上的封鎖(Paper blockade)，其宣言要點如次：

(一)禁止歐洲大陸諸國與英國交際及通商；

(二)寄送英國人民之書函及英語書狀，一律扣留；

註一 政治犯不引渡原則，法國大革命前並未成立，國家既無條約拘束，故不論政治犯與普通犯，常任意的引渡。及法國憲法規定政治犯不引渡原則，事實上各國亦庇護爲法國革命恐怖而逃亡之法國亡命者。一八三〇年前後，自由主義國家英瑞均主張不引渡原則，而反動主義的奧俄普則主張引渡。一八三三年比利時制定犯罪人引渡法，明示禁止政治犯之引渡。一八三四年法比簽訂引渡犯人條約，始確立國際法上之原則(參閱 Oppenheim, International Law, Vol. I. 333, 338, 339; Hershey, The Essentials of International Public Law, p. 68.

註二 拿破崙戰爭中，雖常蹂躪國際法之規定，而在捕獲審檢所依國際法而檢定之事例，亦頗不少，尤以英國海事高等法庭之法官 Stowell 判決之檢定爲著。日後海上捕獲審檢，亦多依其判例。

(三)從英國及其殖民地來航之船舶，不許入航大陸港灣；

(四)由英國及其殖民地運來之貨物，縱為中立國人所有，亦在沒收之列。

當時，除俄羅斯外，其他歐陸諸國，均為拿破崙威勢所迫，加入大陸封鎖。英國為報復計，亦宣言封鎖歐洲大陸，世稱航海條例。其要點為：

(一)禁止中立國船舶入航拿破崙勢力範圍之港灣；

(二)禁止英國船舶出入之港灣，一律封鎖之。

英法相互宣佈封鎖，漠視中立國之通商權益，而受最大之影響者，即為新大陸之美國。故美國大總統哲斐孫亦公布『出航中止律』。一八〇五年英、俄、普、瑞典、組織第三次對法之聯盟，一八一五年六月九日維也納會議獲得最終之結果，同年六月十八日拿破崙最後一次在滑鐵爐（Waterloo）大敗，歐洲秩序始告恢復。

第八章 自維也納會議至巴黎會議

第一節 維也納會議與國際法

維也納列國會議，是拿破崙被放逐厄爾巴島之後，路易第十八與列國締結巴黎條約（一八一四年五月），歸還侵略地回復一七九二年之疆界。俄、普、奧、英以次歐洲列國依此條約之規定，於一八一四年九月至翌年六月在維也納商議戰後之處置。當時俄、普、奧、英四大國利害衝突，且對華沙公國及薩克遜王國之處分等意見發生分歧，會議莫由進展。拿破崙乃乘機逃回巴黎，恢復帝位。普、英聯合軍再敗之於滑鐵盧（Walterloo）。路易第十八與列國締結第二次巴黎條約，而維也納列國會議亦因拿破崙之再舉，會議反形進展。故在巴黎陷落之前，議案討論已竣，簽字業已告終。結果正統主義（Legatism）制勝；戰前握君權者，大概得復舊有領土。奧放棄尼德蘭(Nederland)的舊領，新得意之倫巴第(Lombardia)及威尼斯；荷合併尼德蘭成爲尼德蘭王國；俄得華沙公國之東部；使波蘭王國中興；普恢復被拿破崙併合之領地，獲得薩克遜北半部及萊茵河右岸之地方（德意志內部諸邦，大概保持從前狀態，新組德意志聯邦。）瑞典割芬蘭予俄，而得丹麥之諾威；瑞士爲永久的局外中立國；英從戰爭中奪取法及其同盟國之開普殖民地合併錫蘭（Ceylon），特里尼達（Trinidad）等。此外，西班牙、葡萄牙擁戴舊王朝，恢復沙丁尼亞(Sardinia)以下之舊法王領地；在華沙公國之南部，出現獨立之克拉科（Cracow）共和國。

維也納列國會議，本以安定政局為首要，但尚有許多問題未獲解決，殊未能滿足諸國民之統一願望。於是自由主義，民族主義之運動興起，同時神聖同盟亦變為抑壓新興運動之機關，形成保守主義之全盛時代。維也納會議純然對國際法有關之事項，約有下列三端：（一）國際河川之自由航行；（二）禁止奴隸買賣；（三）制定使節階級。

（一）國際河川之自由航行——一八一四年在巴黎條約中，關於一切廣義的國際河川，曾宣言承認其航行之自由，翌年開維也納會議，對於一切國民的船舶，是否許以國際河川航行之自由以及是否單限於沿河國的船舶，發生許多議論，結果在會議宣言一般的承認航行自由的原則。對於萊茵河及其支流，梅茵河、奈加木斯河、蒙則爾河均大致有所規定，惟關其實施問題，尚待後日之協定（註一）。此點，實為資本主義開端受國際主義影響之所致；此項原則，不久使多數國際河川完全開放，乃至多數國際運河，亦適用此項原則（註二）。

（二）外交使節階級之制定——自十五世紀漸漸採用常設使節制度以來，彼時僅有大使（特派使節）及辦理公使（駐節公使）二種階級，至十八世紀又設特命全權公使一級，惟關於榮譽及位次，紛爭不休。一八一五年在維也納公會，為杜止關於外交使節之榮譽及位次之紛議，乃規定（一）大使（Ambassodors）（二）全權公使（Plenipotentiary）及特派公使（envoys extraordinary）（三）代辦公使（Charge d'affaires）。又於一八一八年之愛克斯拉沙派爾會議（Congress of Aix-la-Chappelle），增加辦理公使（Ministers Resident）一

註一　Oppenheim, International Law, i. pp. 316-317

註二　參見立作太郎著平時國際法論頁二七八以下。

級(註一)，其位置介於全權公使及代辦公使之間。至於未參加該次會議之國家，均用明示的或默示的接受此種劃分標準。

(三)奴隸問題最初成爲國際的議題，即始於一八一五年之維也納條約。從前英國及其他多數國家，訂立種種之協約，互相同意禁止由海上作奴隸貿易，必須由國際列強締結協定以期確實制止。何以言之？因爲公海既爲航行自由，各國船隻自無無故受其他國家迫令停止之理由，如無國際協定以作有效辦法，奴隸貿易實無由制止。一八一二年戰爭後，英美兩國於甘德條約(Treaty of Ghent)第十款上承認奴隸貿易爲『與人道正義之原則水火不相容的。』自此，各國始以熱誠使奴隸貿易完全制止(註二)。

因此，維也納條約實爲將此人道的國際協定擴大於世界，誠有重大價值。其後奴隸問題歷經改善，多數條約亦踪之而起(註三)。自大戰後，國聯設有專門機關，如一九二六年之日內瓦禁奴公約，其內容已達於相當完美之地步(註四)。

註一 有譯爲駐節公使者，見李聖五著國際公法論上頁二三八。

註二 Moore, A Digest of International Law, Vol. II, p. 918

註三 維也納會議後之主要禁奴條約有(一)一八一四年英普與俄訂約(二)一八六二年英美所訂之 Webster-Ashbaton 條約(三)一八八五年柏林條約第九款(四)一八九〇年布魯塞爾協約(五)一九一九年聖日耳曼條約(六)一九二〇年國聯盟約(七)一九二六年日內瓦協約。

註四 參見 A.L. Warnshuis, The Slavery Convention of Geneva, 1926 (See: International Conciliation, No. 236)

第二節　正統主義與不干涉主義

維也納會議不久，即在第二次巴黎和會之前，成立反動政治大本營之神聖同盟。該同盟除英而外，其如俄、奧、普、等一流強國均爲其柢柱，一八一八年愛克斯拉恰派爾會議以後，法國重行恢復歐洲之地位，時稱五強覇制(Pentarchy)，以梅特涅(Metterich)爲中心，實行反動的政治。維也納會議及神聖同盟，可以代表正統主義的勝利。然則，何謂正統主義？簡言之，就是要恢復舊有王朝的領土與統治權，用以壓迫民主主義的革命思想。

於是普、俄、奧三國乃依神聖同盟爲護符，實行武裝干涉，以鎮壓他國的革命運動，對於意大利、西班牙的革命運動橫加干涉(註一)。梅特涅等主張歐洲各國均有鎮壓各國革命的權利及義務，苟歐洲某國發生革命之際，爲鎮壓之計各國均有干涉的權利與義務。一八二〇年十一月東歐羅巴三國宣言，凡依叛亂手段以圖改變政治組織之國家，即不能享受歐洲列強調協之利益；並其鄰近諸國如因叛亂變更政治組織之結果，以致有危害之虞時，不得已即可使用兵力。此等宣言實近代史中國際法上達干涉原則(Principles of Intervention)的極高峯，至於自俄國大革命後，資本主義國家不惜以種種手段而干涉俄國之社會組織者，實其末流遺裔耳(註二)。

註一　一八三一年倫敦條約承認比利時脫離荷蘭獨立爲中立國。

註二　關於神聖同盟請參考：Naf, Werner, Zur Geschichte der Heiligen Allianz, 1928; Temperley, H. W. V., The Foreign Policy of Canning 1822-1827, 1925; Wesster, C. K., The European Allaince 1815-1825, 1929; Phillips, W. Alison, The Confederation of Europe, a Study of the European Alliance 1813-1823, 1920.

當時對此種干涉行爲獨持反對態度的，厥爲英國。一八二〇年五月，當法蘭西干涉西班牙時，英國乃發表宣言，表示『除非因外國之政變對國內蒙有直接而急迫之侵害時，不能承認外國之干涉爲正當。』同時英國對東歐三國所發表的內政干涉宣言亦力加辯駁。一八二三年，卽維羅納會議(Congross of Verona, 1822)之後，對干涉西班牙，英國名政治家堪寧(Canning)乃大聲疾呼：『同盟國已經團結以反對法國的軍事統治，但亦非爲統治世界或以妄參他國的內政而出此。』氏除堅決反對歐洲警察制外，並聲明英國應主張各國有權選擇其政治制度的自由。』(註一)此種主張在當時神權的反動政治之下，誠不啻一種大逆不道的言論，而此種主張，卽成爲國際法上有名的不干涉的原則。(Principle of Non-intervention)(註二)

然而反動的干涉政策，適足以引起若干國家之不平，結果希臘於一八三〇年獨立(註三)，比利時亦繼之而爲獨立國，於是神聖同盟的威令大有不出都門之勢。迨至一八四八年前後，歐洲多數國家，鑑於專制政治之暴虐，多採用立憲制，已足表明近代民主政治的萌芽。這無疑是對神聖同盟一個很大的打擊。一八五二年拿破崙三世宣言採用民族國家的原則(Principles of Nationality)，於是正統主義始完全毀滅。會近東亂起，國際政治乃開另一形勢。

註一　Temperley, H. W. V., The Foreign Policy of Canning 1822-1827, 1925

註二　國際法大家 Wilson 嘗謂：『因一國有獨立的權利，同時亦必有不干涉的義務，故應嚴厲的禁止其足以限制他國自由之一切行動。』

註三　俄土戰爭結束於一八二九年，土耳其承認希臘獨立，一八三〇年依倫敦議定書承認希臘爲王國。

第三節　門羅主義與國際法

東歐三君主不僅要干涉西班牙本國，並想干涉南美西班牙領的獨立運動，堪寧(Canning)乃與美國共同宣言，以挫干涉政策之氣焰，結果於一八二三年十二月二日由大總統門羅(Monroe)發表一諮文，其中之一部，即成為今日有名之門羅主義(Monroe Doctrine)(註一)。附於總統教書中之門羅主義本文計分兩段，第一略述先時西班牙殖民地之情形，概此問題之發生，由於俄國對於北美西北海岸之要求。一八二一年俄皇發佈勅令，禁止他國人民在北美西北海岸由白令海峽至北緯五十一度之一百意大利里內作航行及捕漁等行動。美國當即提出抗議，國務卿亞當氏於一八二三年照會俄國駐美公使，有謂美國不能不爭回俄國在美洲樹立之領土主權，且今後美洲決不再容許其他歐洲新來國家建設殖民地。因此門羅總統發表其教書如次：

「在討論之中，權益問題發生之由來業已確定，而在辦法之中，權益問題之爭執，亦可終結。此時確為劃定美國權益主要原則之唯一機會。蓋南北美洲依據今日保有及確定獨立之自由情狀，今後歐洲之任何國家，不得視其為將來殖民之目標。」

此即為非殖民的原則(Principle of Non-colinization)。

註一　門羅大總統諮文原文請參閱 Moore, A Digest of International Law, Vol. VI? p. 401ff. American State Papers, Foreign Relations, V., 246ff.

門羅總統教書之另一段，乃依美國南美諸國現狀加以申述，其內容如次：

「在歐洲各國爲其本身事件而發生戰爭時，合衆國從未加入，因其行動實有未合吾人之基本政策。但在吾人之權利被人侵略或受嚴重之威脅時，吾人爲自衛計，不能不準備抵抗。進而爲西半球之全部運動計，吾人不得不立卽聯合美洲各國而爲動原因，又必須使開明公平之旁觀者明瞭眞像。所謂歐洲各國之政治制度與美洲現行制度之形式及內容根本不同……此所以吾人不憚表明合衆國與歐洲國家間之現存關係，而宣佈吾人決不希圖歐陸制度之任何部分移入西半球，以危及吾人之和平與安全。對於歐洲各國現有之任何殖民地及屬地，過去吾人並未干預，今後亦不欲加以干涉。但其已經宣佈獨立，且仍保持其獨立者，吾人雖表慎重之考慮，亦本公正之原則，均已予以承認。歐洲任何國家，如仍欲插足而從事壓迫，或以任何方式圖謀統治時，不論其形式如何，吾人將認其爲對合衆國之不友誼行動……謂歐洲政治制度移入美洲而不危及吾人之安全與幸福者，乃不可能之事實。同理，吾人堅信企圖得佔美洲之野心，不論形式如何，亦定爲同樣不可能之事實。」

此卽非干涉的原則(Principle of Non-intervention)。

關於門羅主義產生之背景與意義，因篇幅關係，不便一一詳述(註一)。要而言之，美國一方面聲明美國之干

註一　關於門羅主義之專門研究，請參考：Moor, The Monroe Doctrine, 1895; Principles of American Diplomacy (1918) p. 197; Beaumarchais, La doctrine de Monroe, 1898; Reddaway, The Monroe Doctrine, 1898; Kraus, Die Monroedoktrin, 1913; Thomas, One Hundred Years of the Monroe Doctrine 1823-1923; List of the References on the Monroe Doctrine (United States, Library of Congress, 1919

涉與歐羅巴之事件，同時亦不承認歐洲諸國在美洲開拓殖民地，以及輸入歐羅巴之政治制度，而干涉美洲事情。這一個宣言和英國之承認南非各國的獨立，對歐洲正統主義的干涉政策，同是予以極大的打擊。因此，五強政治漸次崩壞，爾後國際的協同行動，即所謂歐洲協調（The European Concert），已失其效用。

吾人注意之點，如爲政治的，勿寧爲國際法的；以法律的觀點來看，門羅主義雖經國會事實上之認可，但非立法上的宣言，亦非由條約而制定，所以門羅主義在國際上所發生的效力，並非根據任何國際間的協定，而是單以美國在國際政治上的地位與主張，事實上得到國際間的默認或諒解。例如在一八九九年及一九〇七年美國政府授權締結兩次海牙和約的保留中，曾有下述之規定：『在公約中不得包含要求美國放棄不加入，不干涉及不牽連任何國家之對內行政及對外關係之傳統政策，亦不得包含有撤消美國對純美洲問題之傳統態度的規定。』所以門羅主義非同憲法或國際條約之規定，其權威之來源，乃是根據事實而來的，所以門羅主義並非國際法之一部分，路德（Root）說：『門羅主義之權力，亦非依據國際公法所承認之國家自保權而產生，蓋其確定之時期，要在外力侵略美洲瀕於岌岌可危之時所出。當時美洲之新興國家，尚未有堅強之獨立基礎，共和國之制度，正受舊世界國家之嚴重的威脅。其後情形之變遷，至今門羅主義亦嘗援助爲保持國家安全之原則，事實上門羅主義存在之要義，即在於斯。』可謂語意盡當，至於國際法學者間之爭論，固不可盡持片面之理由，實應由歷史的現實的，法律的，政治的，作種種考量，然後不難得一正確的批判。

第四節　海峽問題與黑海中立

自埃及叛離土耳其帝國，法國對謨罕墨德·阿利予以聲援，而列強則援助土耳其，結果阿利敗北。法國此時大有被擯於歐洲調協以外之勢，會協議海峽條約，法國始得恢復舊有之地位。一八四一之海峽條約，承認列國商船通航之自由，同時土耳其有權封鎖海峽，以阻止外國軍艦通過韃博兩海峽。此種海峽中立之原則，對歐洲列強勢力爭衡之關係，姑作別論，而其成爲國際法上之一新原則，頗有注意的價值。俄國承認黑海中立，且不能浮軍艦於黑海上，及不設要塞於黑海沿岸，多腦河亦中立。茲將海峽問題之經緯，略加闡述。

一四五三年土耳其皇帝慕拉德第二（Murad II 1401-51）攻陷君士坦丁堡，滅亡東羅馬帝國之後，謨罕默德第二（Muhammed II, 1430-81）乃於一四六二年在海峽兩岸建築城堡，一六五九年更建築新城，此後防禦之要塞，逐漸增加。一六九四年土耳其擊破威尼斯艦隊後，其勢愈盛。一七七〇年俄國艦隊在愛爾福頓率領之下，侵入海峽，遭土耳其礟擊。一八〇七年英國海軍通過海峽，到達君士坦丁堡，但於一八〇九年之和約中，英國同意禁止土耳其以外之軍艦通過此海峽之條項。一八八三年之祕密條約，規定俄羅斯與他國交戰中禁止一切外國軍艦通過海峽。一八四一年五國倫敦條約，規定各國商船有在海峽航行之自由，但同時承認土耳其（土耳其本國軍艦除外）有權封鎖韃、博兩海峽之原則。自此以來，東方問題乃織入歐洲的舞臺裏，成爲土、俄、法、奧、英數大強國的中立問題。

第五節　巴黎條約與巴黎宣言

結束克里米亞戰爭（1853-1856）的巴黎會議（一八五六年），使土耳其亦得享受歐羅巴之公法及協調之利益，而承認土耳其爲國際團體之一員。巴黎條約除規定保證土耳其帝國之獨立與領土完整之外，並使黑海中立，多腦河國際自由通航。

巴黎條約完成後，締約諸國從英、法兩國的提議，發布關於海戰公法之宣言書。（一八五六年三月十三日）後世素稱巴黎宣言（一八五六）爲『海戰法之大憲章』其內容構成現國際法之一部(註一)。巴黎宣言之淵源，不能不追溯於十五世紀，蓋當時盛行私船捕獲制，爲害極巨。克里米亞戰爭（一八五四年）中，英、法兩國乃聲明對私船發給捕獲特許證（Lettre de Marque），同時關於處理中立國船舶內之敵貨以及敵國船舶內之中立貨物，在克里米亞戰爭前各國之態度向不一致。如英國先聲明不得沒收中立國船舶內之敵貨；而法國則聲明不得沒收敵船內之中立國貨物。惜乎此項宣言未能施之於戰爭之先，迨至巴黎媾和之後，乃於同年四月十六日發表此有名之巴黎宣言。該宣言共分三要款如下：

一 私船捕獲制應即宣告廢止；

二 揭局外中立國旗幟而搭載敵國貨物不得捕獲，但載有戰時禁制品者，不在此限；

三 爲封鎖有效須有充分拘束力——易言之，即須維有實際防止通入敵國海岸之充分兵力。

美國與巴黎宣言——本宣言中奧、法、英、普、俄、沙丁尼亞及土耳其等七國正式簽字，其他國家除玻里維亞、西

註一 詳見 Bulmerincq,P., Theorie und Codification des Völkerrechts, pp. 65-70

班牙、美國、烏拉圭、委內瑞拉等未加入外，其餘均行加入。其後西班牙又加入一九〇八年宣言，美國在表面贊成此項宣言，但主張在未有健全之海軍以前，不得不依特私船捕獲制，並聲明除在海上私有財產之特免權之原則一致遵行後，美國決不同意取消私船捕獲制，但在南北戰爭及一八九八年西美戰爭開端之時，美國皆宣言僅在戰爭時期接受該項宣言之規定，其後西美戰時西班牙亦未摒棄該宣言中之任何義務，而宣佈與美國採一致行動。

第九章　自巴黎會議至柏林會議

第一節　民族主義與近代國家觀念

在歐洲以言語、人情、風俗相異之民族，爲形成國家之基礎的，乃近三百年史中最重要的事情(註一)。神聖羅馬帝國本想以宗教的力量來抑制各地方民族精神的抬頭，結果適促神聖羅馬帝國之速潰，歐洲乃分成若干以民族精神爲基礎的國家。特別是從法國大革命以來，民權自由之思想，澎湃而起，急速的促進民族的自覺（National ('onsciousness)。從來所謂戰爭，所謂政治，單不過是王侯將相的專有權。自從法國大革命以來，因民主主義之發達，在政治上，法律上的進步，已大有一日千里之勢。拿破崙可謂爲一世英豪，督百萬大兵，鐵蹄踏遍萬里，到處煽動反君思想。其結果乃高漲人民之自覺，概亦時勢耳。拿破崙沒落之後，一時在神聖同盟及梅特涅治下，以君權主義專制主義正統主義爲其旗印，想一舉而殲滅民權主義，自由主義及民族主義。但自梅特涅失脚之後，乃旗印俱熄，各地在抑鬱中之民族運動，有如怒潮之勢，澎湃而來。在西歐，以比利時之獨立，東南歐以希臘之獨立，如星火燎原，幾世紀以來封建帝王的河山，幾乎一朝丕變。史家海士(Hayes)嘗謂：『經梅特涅時代以迄一八四八年民主的思想之高漲，這樣激烈騷動的結果，於是刺激每個國家使之聚精會神以達其民族建國的重大企念。誠然，由

註一　參見 Bryce, The Holly Roman Empire, P.255; Potter, Introduction to the Study of International Organization, Chap. IX.

一八四八——一八七〇年民主主義在繼續的高漲，然比之意德的民族統一大業，由歷史的特徵上觀之，尤渺小乃爾。』（註一）海士此言，誠非過喻之談。

原來，自從一八一五年以來，中歐的政治組織，顯然有很大的變遷。當時，意大利一共有七個國家（註二），德意志則定爲三十九個小邦（註三）。但自拿破崙戰爭以來，民族主義急行高漲，其如意大利志士馬志尼（Giuseppe Mazzini），加里波的（Garibaldi）等舉革命之火炬以圖統一意大利，薩丁王復任加富爾（Cavour）爲相，發揮其外交手腕，終於一八五九年得法之援助與奧戰，奪回倫巴第（Lombardy），繼而略中南諸國，隨告統一。『意大利不過是一個地理上的名詞』（梅特涅語）之這種奇恥大辱，始告雪磬。於是意大利便成爲歐洲政治上一個有力的單位。至於德意志，鐵血宰相俾斯麥以三戰（註四）而統一德意志。觀夫普法戰（一八七一年）後德國在歐洲政局之重要，可見德意志的民族統一，確是歷史上值得特書大書的一件事情。

註一　Haues, Political & Social History of Modern Europe, Vol. II, pp. 149-150

註二　十字軍後，威尼斯熱那亞等都市興，至十五世紀中葉，乃完全脫離神聖羅馬帝國之羈絆，除教皇領地及拿破崙王國外，分建威尼斯共和國米蘭公國，福羅倫及熱那亞共同國。嗣後或爲西班牙所併，或爲德意志所兼。

註三　至十八九世紀間，法王拿破崙席捲意大利，兼意王。維也納會議雖一復舊觀，而威尼斯及北意之地，改隸於奧，意大利之大好山河，幾成爲歷史上強權者的股票。意史參見 E. Martinengo-Cesaresco, Liberation of Italy (1875); Bolton King, History of Italian Unity, (2vols. 1899)

註四　即(一)一八六四年之普丹戰爭，(二)一八六六年之普奧戰爭，(三)一八七〇年之普法戰爭。

自從意德統一以來，歐洲的民族國家（Nation State）的制度完全實現，吾人視西方政治制度為民族國家，民族國家方為國際法發達的眞正基礎。

第二節　華盛頓三原則與陸戰規則

一八六一年在美洲發生南北戰爭（1861-1865），其時歐洲強國多承認南部諸洲為交戰團體。此間英美兩國間，關於交戰團體與戰時中立發生幾多紛爭，其中最有名的，當稱亞拉巴馬號（The Albama）事件。當一八六二年美國南北戰爭之際，美國政府要求英國政府注意為叛黨所建之船亞拉巴馬號（註一）。此船於一八六二年七月未經武裝而駛出利物浦，但甫抵 Azoros 時，另遇由英來船三隻，供給亞號以種種彈藥武器，使亞號完成戰艦的裝備，於是亞號立時將若干美國政府轄管下的商船予以攻擊，受極大之損失。當戰爭結束之後，美國政府乃向英國政府賠償因亞拉巴馬號所受之損失，交涉經數年之久，終於一八七一年五月八日締訂華盛頓條約（註二）。其主要點在將彼等之紛爭付諸仲裁（註三）。此項條約中包括三項原則，以為仲裁人之依據，後人名此為華盛

註一　詳見 Prasier Fodere, La Question de l'Alabama (1872); Geffcken, Die Alabama Frage (1872); Balch, The Alabama Question (1900)

註二　參見 Martens, Nouveau recueil général de traités, XX, p. 698

註三　仲裁人有英、美、巴西、意大利及瑞士各一員，自一八七一年在日內瓦開會達三十二次，結果判決由英國賠償美國一五、五〇〇、〇〇〇圓美金。詳見 Moore, Arbitrations, I, pp. 495-682

頓三原則（The Three Rules of Washington）（註一）其中規定，凡中立國政府須遵守：

（一）在其治權內阻止一切船隻之裝製，武裝及設備，因信此項船隻將從事侵害一國之和平；

（二）禁止允許任何交戰團體利用其港水以爲作戰之根據地，或補充武器軍備以及兵員；

（三）嚴密注意在自國領港內一切人士足以破壞上述之義務。

此項原則，可爲中立法規立一確實之基礎，對國際法有極大之刺激；其如亞拉巴馬號以及特藍號（The Trent）（註二）等許多事件，實促進後世學者研究交戰團體與中立關係者。

南北戰爭之際，使美政府卽注意交戰法規，故開戰不久，卽於一八六三年四月二十四日公佈美國陸軍訓令（Instructions for the Governemnt of Armies of the United States in the Field）。此項訓令由紐約哥倫比亞大學萊勃教授（Prof. Francis Lieber）起草，稱爲世界最初之成文陸戰法規，直至大戰前止，始另換近代法規，然今日視之，猶有極大之價值（註三）。自此以還，各國對戰爭法規，始相繼在國內法上有所規定（註四）。

註一　詳見 Moore, A Digest of International Law, VII. § L330

註二　Trent 事件請參考 Fenwick, International Law, p. 558; Oppenheim, International Law, ii. p. 590, 006

註三　見 The American Journal of International Law, vol. VII. (1913) pp. 453-469 路特（Root）氏之論文。一九一四年發佈新法規，名 United states Rules of Land Warefare.

註四　自一八六三年美國陸軍訓令發表以來，各國相繼制定陸戰法典。如荷蘭公佈於一八七一年，法國一一八七七年；英國塞爾維亞一一八七九年；西班牙一一八八二年；葡萄牙一一八九〇年；意大利一一八九六年；德國最有名之陸戰法典（Kriegbrauch im Landkriege）爲近代之模範陸戰法規。詳見 Holland, Studies in International Law, Chap. IV; Merignhac, Les Lois de la Guerre Continentale, pp. 4ff.

第三節　紅十字條約

日內瓦協約爲一八六四年八月在日內瓦會議所訂之國際協約，學者多譽爲『由國際協定以制定戰時種種慣例最可注意之企圖』（註一），爲實現近代戰爭人道化理想之嚆矢。計參加國有瑞士以次十二國，其目的在規定關於陸戰救護病傷者之規則，其要項爲（一）負傷士兵及罹病士兵（二）軍醫及看護兵（三）病院及其設備等。尤對於衞戍病院及在戰場上之看護，認爲中立，可以白底紅十字（土耳其因非基督教關係，用白底紅半月）之徽章旗幟，以爲表徵。交戰國對於此等人員，不得殺傷。此項協約最初適用於一八六六年之普奧戰役，發現各種缺點，於一八六八年加以改訂，是謂日內瓦協約追加條款，承認紅十字條約之旨趣得適用於海戰，共十五條。其中由第一條至第五條爲補足一八六四年之紅十字條約；第六條以下，規定關於海戰中救護病傷者之規則。此項規約由英、法、奧等十四國簽字。爾後有多數國家加入。一九〇六年七月六日，又簽訂一新日內瓦協約，計有三十五國簽字，於是紅十字之精神，乃播佈於全世界，迨至海牙保和會議，日內瓦協約已確定的適用於海戰（註二）。

註一　Oppenheim, International Law, ii. § 204

註二　見 Garner, International Law, and the World War, p. 13; Martens, La Paix et la Guerre, p. 81; Moynier, Étude sur la Convention de Genève

第四節　盧森堡永久中立之意義

一八六七年五月十一日所締訂之倫敦條約（註一）的第二款規定盧森堡爲永久中立國，此舉不但爲近代政治史中佔有相當的地位，卽在國際法上亦有極大的意義。自歐洲民族主義(Nationalism)生成以來，歐洲諸國，無日不在戰爭之中。其間民族的，宗教的、政治的、經濟的，乃至軍事的因素，亦日趨於錯綜複雜，試以盧森堡一小國之歷史言之，已足見歐洲形勢之一般。當十四世紀時，盧森堡爲一公國，一四七七年屬哈布斯堡王家，一五五五年以降爲西班牙領，屬德意志帝國。西班牙繼承戰爭之結果，歸奧地利統治。法國革命戰爭中（一七九五年）改爲法國領地，幾經移籍後，在一八一五年維也納會議上，始決定盧森堡爲獨立大公國，加入德意志聯邦，荷蘭王兼爲大公。一八三〇年比利時獨立時，一部領土爲比國所奪。一八六六年德意志聯邦崩潰，盧森堡始得於翌年（卽一八六七年）由八國保障下之倫敦條約，成爲永久中立國（註二）。此數世紀來一再爲列強之附屬品的盧森堡，始得自主獨立。

永久中立國之唯一保障，在列強間所訂之條約，如此種政治的情勢，爲其他國家所默認時，該中立國之地位，卽可成爲國際法規之一部（註三）。但由政治的觀點言之，永久中立國爲介乎列強間之小國，在勢力均衡的關係

註一　簽字國計英，奧，比，法，荷，意，普，俄及盧森堡等九國，詳見 Martens, Nouveau recueil génér ral de traités, XVIII, p. 448

註二　參見 Wampach, Le Luxembourg neutre, 1900.

註三　見松原一雄著：現行國際公法卷上頁一〇六（註）

可以發生緩衝地帶的作用，故又可稱為緩衝國（l'état tampon, Buffer State）。總而言之，永久中立國的目的，就在避免戰爭（當然以國境關係為中心）因為永久中立國既負有不作攻擊戰爭之義務，亦不得締結同盟及保障條約，當時此種永久中立國家之產生，乃得減少戰爭之發生，殆無疑問。

第五節 聖彼得堡宣言與陸戰法規

聖彼得堡宣言（Declaration of St. Petersburg）為一八六八年由俄皇招集會議於聖彼得堡，所擬定之宣言。計參加國有歐洲十九國代表，討論關於戰時使用爆炸性彈藥問題。戰爭之目的，原在減弱敵國之兵力，而方今世界文明，戰爭中之一切流弊與痛苦，自應在可能範圍內設法減輕。如各國在戰爭時，以殘害生靈為快事，徒引起超乎戰爭以外的仇視，使戰仇循環不已，且亦背乎人道。所以規定凡具有爆炸性或燃燒性之礮彈，其重量不得超過四百格蘭姆（註一）。會議中各國均行簽字，但英國以陸軍力甚小，而加以反對，遂未能批准（註二）。

第六節 黑海中立與近代條約

一八五六年巴黎媾和條約第二條，規定黑海之中立。原來黑海為一鎖海，韃、博兩海峽雖屬於土耳其，但黑海

註一 詳見 Martens, La Paix et la Guerre, pp. 88; Bordwell, Law of War, p. 88

註二 聖彼得堡宣言雖未批准，但延至一八九九年海牙和會，此項原則終為採用。（海牙陸戰規例第二十三條）

仍不失爲地中海之一部分，理應各國公開，以便航行自由。不過，俄羅斯夙以南下政策爲其國策，欲使黑海成爲俄國的內湖，俄土之紛爭既因此喩喩不休，在地中海感覺利害最切的英國，尤不能高枕無憂，所以纔有一八五一年的克里米亞戰爭，使俄國一敗塗地。但是俄國對南下政策之希望，並未因此而中止，惟有待機而已。會普法戰爭之際（一八七一年十月）各國無暇東顧，俄國以爲好機難再，於是發表宣言，廢棄巴黎條約中關於黑海中立之條款。英國對俄國此舉首先提出抗議，於是各締約國乃招集會議於倫敦（一八七一年），在此會議中，一方面容納俄國的要求，同時以大會名義共同發表一宣言。該宣言大意謂『任何國家，如不得締約國一致的同意，不得免除條約上之義務，或變更條約之條項，是爲國際法上重要原則之一』（註一）。此項原則，本不可非議，但其實效則大成問題，所以許多學者均加以懷疑（註二）。要而言之，國際條約的保障單憑一紙宣言是不夠用的，已由許多事實得到教訓（註三）。

第七節　布魯塞爾宣言

布魯塞爾宣言 (Declaration of Brussel) 爲一八七四年依俄皇亞歷山大二世 (Alexander II) 之提議，

註一　倫敦議定書簽訂於一八七一年三月十三日，詳見 Martens, Nouveam recneil general de traites, XVII, P. 278, 303

註二　見 Oppenheim, International Law, i. p. 963

註三　如在(一)倫敦議定書後，卽一八八六年俄國單方通告各國脫退柏林條約（一八七八）第五九條，除英國加以抗議外，各國均加以默認；(二)奧匈兩國違反一九〇八年柏林條約第二十五條之規定，隨意合併勃赫兩州等，可爲適例。

招集會議於布魯塞爾，以協議除卻關於局外中立及海上戰鬪行爲之項，編纂關於一般戰爭上的國際公法之原則，結果卽發表此項布魯塞爾宣言成爲近代有名之陸戰法規。內容計五十六條，由各參加國簽字。惟當時普法戰爭之後，各國難免挾有異義，同時英國亦明言不欲變更從來戰爭上之權利義務，結果，乃未得批准（註一）。不過英、德、法各國在國內法上均採用此項宣言上之原則，如一八八〇年召開之國際法學會（Institute of International Law），卽引用此項原則。其次在牛津（Oxford）所編纂之陸戰法規（Les Lois de la Guerre sur Terre），共八十六條，將其提要送達各國政府，用資參考（註二）。及至一八九九年之海牙保和會議，布魯塞爾宣言之要旨，均告實現。

註一　Martens, ibid., pp. 91–92

註二　文獻 Annuaire de l'Institut de Droit International, Vol. V, pp. 157–174

第十章　自柏林會議至世界大戰爆發(上)

第一節　柏林會議與國際法

俄土戰爭結果，締結聖斯蒂凡諾條約之後，俄國在巴爾幹半島之勢力，驟然增大。英國為保持地中海至印度的通商路之安全，深感莫大之威脅，乃暗結夙以恨俄侵蝕近東利益之奧地利亞，反對該條約發生效力，並願與土耳其締結防守同盟，以遏制俄羅斯之南進政策。俄國鑒於事態之嚴重，態度遂趨妥協。其後，奧國倡召開國際會議，以公決聖斯蒂凡諾條約，英即附和，德亦勸俄加入。一八七八年六月十三日，德、英、奧、意、俄、土等國代表(註一)，在柏林開會，俾斯麥以所謂『正直的仲裁者』(Der ekrlich Makler)之資格，列為議長。七月十二日各國全權簽訂柏林條約，藉以代替聖斯蒂凡諾條約。其內容之概要如次：

A　關於保加利亞問題之部分

註一　計出席各國代表，德國首相 Bismark，外長 Bulow，駐英大使 Hohenloke，駐土大使 Werther；英國首相 Beaconsfield，外長 Saliabury，駐德大使 Ado Russel，奧國宮相兼外長 Andrassy，駐德大使 Karolyi，駐意大使 Haymerle，意國外長Corti，駐德大使 Haymerke，法國首相 Welddingto，駐德大使 St. Vallier，外部政務局長 Dresprey，俄國首相 Gortschakoff，駐英大使 Schouwaloff，駐德大使 L'Oubril，土耳其土木大臣 Caratheodory Pasha，軍務大臣 Mehemet-Ali，駐德大使 Sadoulah。

（一）保加利亞在土耳其宗主權之下，得爲自治的納貢國，設立基督教之政府，自設民兵，定巴爾幹山脈以北，爲其版圖。

（二）保加利亞公由人民自選，尙須經列國之同意及土耳其政府之認可，歐洲各國現皇族之任何一族，不得選爲保加利亞公（註一）。

（三）土耳其軍隊今後不得屯駐於保加利亞境內。

（四）保加利亞臨時政府，受俄國委員之指導，土國委員及各國領事得輔助俄國委員。若領事間之意見未趨一致，則依多數表決，其多數與俄國委員仍未一致之時，由君士坦丁堡之列國大使會議取決。

B　關於東羅馬尼亞問題之部分：

（一）以巴爾幹山脈以南設立一州，政治、軍事均在土國管理之下，惟行政有自治權。在該地設置基督教行政總督（Christian Governer-General）。

（二）東羅美尼亞之秩序，由該地憲兵維持，不足時由民兵協助。

（三）必要時，行政總督有招集民兵之權，惟須將其情狀及理由報告於土耳其政府及駐君士坦丁堡之各國大使。

（四）行政總督得徵求列強之同意，由土耳其政府任命。

註一　阻止俄國勢力伸長於巴爾幹之條款。

C 關於門塞羅問題之部分：

此三國以承認信教自由及撤廢信教之差別待遇爲條件，而承認其獨立。

D 關於波赫兩州問題之部分：

（一）承認奧國佔領波斯尼亞及赫爾志哥維那之土地及處理其行政（註一）。

（二）奧國得駐兵於哈維巴薩爾（Havi-Pazar），且保留軍事及通商上通路之權利。

E 關於俄土間問題之部分：

（一）土耳其讓與亞洲之一部分地帶於俄國。

（二）俄國宣言巴突作通商的自由港。

（三）賠款問題仍依聖斯蒂凡諾條約之規定。

F 關於其他部分：

（一）確認多腦河自由通航之原則。

（二）確認海峽封鎖之原則。

（三）土耳其領土之內信教自由。

（四）希土國境問題由列國調停而解決之。

註一 此條款殆爲歐洲大戰爆發之一遠因也無疑。

第二節　武裝和平時代之同盟協商

歷史家普通以一八七〇——七一年普法戰爭起至一九一四年世界大戰爆發約半世紀的期間，稱爲『武裝和平』時代(註一)。歐洲表面雖稱平靜，而巴爾幹半島與萊茵方面陰雲低迷，時有打破『武裝和平』之不安狀態。蓋此時代，歐洲一則人口繁殖，物質供給過剩，必須向世界各方面尋找市場，結果引起列強間帝國主義之競爭——殖民地之爭奪戰；一則傳統的民族反感，國境的領土爭奪，軍國主義之鼓吹，煽起熾烈的戰爭之氣燄。其間，政府常運用其外交手段組成同盟或協商，竭力企圖列強間權力之均衡。同時，和平主義者，人道主義者，自由主義者，社會主義者，宗教團體，尤其勞動階級之國際的團結，更致力於和平之呼喚。然而武裝和平之局，終因奧太子之被暗殺而葬送。其間，在歐洲大部分，成爲世界大戰之主要的因素，顯然有共同的三種傾向。

第一爲產業主義，自英國產業革命之巨濤，波及歐洲各國，社會經濟頓起變革，地主階級沒落，資產階級抬頭，結果資本與勞動築成對立的營壘。一方科學日進，文明日啓，工商業及金融亦漸國際化，各國人民在經濟上財政上發生更密切的關聯性。婦女亦被現實性喚起要求男女平權，發生參政權運動。

第二爲勞動運動，勞動者在經濟支配之下，成爲『工銀奴隸』，飢餓與失業，不斷襲來，社會思潮爲改善勞動階級之狀態，便表現三種方式：(一)勞動組合運動；(二)上層政治注意於勞動救濟；(三)社會主義。

註一　占部百太郎著：近代國際政治史頁五九七。

第三爲武裝的國民主義，一般從本身利益之出發點，煽動國民偏狹的愛國心，且以國際關係錯綜，屢起領土爭奪，政府遂擴大軍備，出現軍國主義。

前面所述，爲歐洲武裝和平時代之大勢。其次，進而敍明同盟協商之對立狀態。

柏林會議，俄本期待德國顧念一八七三年三帝聯盟之友誼，予以助力，但結果適得其反，俄遂憤德之袒奧。一八七九年八月德奧會商，成立對俄之二國同盟，約定互相援助(註一)。歐洲二大敵對陣營，遂從此開始。意大利本與奧交惡，於一八六六年與普魯士同盟後，法、意傾軋甚烈，尤以突尼斯問題，幾至開戰。一八八二年五月意大利參加德奧同盟，而成三國同盟(註二)。一八八七年、一八九一年、一九〇二年、一九一二年三國同盟條約四度重訂，直到世界大戰。德國雖與奧結盟，仍欲拉攏俄羅斯，一八八一年六月，德、奧、俄三帝締結三帝聯盟條約，一八八四年重訂(註三)。一八八七年六月有效期間完畢，俄羅斯不欲再繼續三帝聯盟。其後以俾斯麥之斡旋，德俄間成立所謂

註一　一八七九年十月七日德奧同盟條約在維也納簽字，共五條，要爲(一)締約國之一，被俄羅斯攻擊之時，他國須出全力相助，並不得單獨媾和，(二)同盟中之一國，被其他國家攻擊之時，則締盟之他國應嚴守中立，如攻擊國得俄國援助之時，締盟國仍須全力相助，並不得單獨媾和，(三)本約應守祕密，惟因特別妥協，得通知第三者。

註二　一八八二年五月二十日德、奧、意三國在維也納簽訂同盟條約，約文共八條，要爲(一)意大利非因挑釁而被法國攻擊之時，德奧須率全力相助，德國被法國攻擊之時，意大利亦須全力相助。(二)德奧敵國在二國以上，意大利始負援助之義務，(三)同盟條約嚴守祕密。

註三　一八八四年德、奧、俄間重訂之三帝聯盟條約，約定今後三年間，聯盟中任何一國攻擊他國或被他國攻擊之時，締盟國應嚴守中立。

二重保險條約(Reinsurance treaty)(註一)。一八九〇年二重保險條約期限完畢，俄皇亞歷山大三世以德國難於信賴，未再續訂。

自一八八八年以降，俄國外債屢在法國市場銷售，繼以法國軍艦訪俄，終因同懼德、奧、意之聯合，遂於一八九一年兩國締結外交上之協定。一八九二年八月兩國參謀總長之間簽訂軍事協約案，一八九四年一月四日正式換文(註二)。

英國初則傾向於三國同盟，與意大利締結關於地中海之協定，後因南非問題，與德疏遠。其時，英國雖有倡英、美、德三國同盟者，但德國欲坐收俄法與英國對立狀態之利益，不應英國之提議。一九〇三年英王愛德華七世駕

註一 一八八七年德俄間締結一約，共六條，要爲(一)如締約國之一方，對第三國開戰，他方當守好意的中立，但係攻擊法或奧時，則不適用此規定（第一條）(二)德國承認俄國在巴爾幹半島向來的權利，尤其在保加利亞及東羅馬尼亞之特殊權益(第三條)。(三)德俄承認關於博斯普魯斯及韃靼尼爾海峽封鎖的原則，並監視交戰國在領土一部作戰。本條約，大戰後始由德國政府發表，世人稱此爲俾斯麥的二重保險條約。

註二 一八九一年八月二十七日法國外長 Ribot 與俄國大使 Mohrenheim 在巴黎締結同盟條約，要爲(一)兩國以維持共同和平爲目的，(二)一方受侵略時，兩國同取必要的手段。一八九四年一月兩國又結軍事協定，此協定本甚祕密，至一九一八年俄國帝政顛覆，始由法國政府宣佈。全文共七條，要爲(一)若法國受德國或德國援助意國爲攻擊時，俄國應舉全兵力攻擊德國。若俄國受德國或德國援助奧國爲攻擊時，法國應舉全兵力對德宣戰。(二)對德使用兵力，法國出兵一百三十萬人，俄國出兵八十萬人。(三)兩國不得單獨講和。

臨巴黎，備受法人熱烈的歡迎，同年七月法大總統魯伯亦訪問英京，一九〇四年英法遂成立協商（註一）。一九〇六——七年，英俄兩國外交家間，亦屢商協商問題，終於一九〇七年八月三十一日簽訂條約（註二）。英法二國同盟，遂擴大為英、法、俄三國協商。從此，歐洲二大陣營——英、法、俄三國協商與德、奧、意三國同盟——形成尖銳的對立。一九一四年，世界大戰遂從巴爾幹之一角爆發。

至於近東問題，在此時期亦極緊張。青年土耳其黨舉起革命義幟，一九〇八年宣布憲法之際，奧匈帝國正實行合併柏林條約以來所佔領的波斯尼亞及赫爾志哥維那二州，同時保加利亞亦宣言獨立，取消對土耳其之隸屬關係。

意大利對於法國在地中海南岸突尼斯及摩洛哥方面擴張勢力，而要求補償，乃於一九一一年企圖佔領特

註一　該協商分三項文書：第一件為關於埃及和摩洛哥之規定，第二件為協定紐芬蘭之漁業權及改正西非洲方面境界，第三件為劃定英法在暹邏之勢力範圍。其第一件文書為最重要，全文計九條，其概要為：（一）法國承認英國在埃及之地位，不再要求英國限期撤兵，及妨害英國之行動自由；英國也承認法國在摩洛哥之特殊權利，及不妨害其行動自由。（二）英國尊重法國在埃及由條約及習慣所取得的權利。（三）英法政府在埃及和摩洛哥互相尊重通商自由，不得設立差別關稅。（四）兩國為執行其宣言的條款，互為外交援助。

註二　一九〇七年八月三十一日在聖彼得堡簽定英俄協商，文書分三部，共十五條。第一部為關於波斯的規定，將該國劃分三區，以東南為英國勢力範圍，北為俄國勢力範圍，中部為中立區域，英俄共享均等機會；第二部為關於阿富汗之規定，俄國聲明該國在俄國勢力範圍以外，並約定非經英國同意，不和該國發生外交關係。同時英國也承認不變更該國之政治地位及干涉其內政；第三部為關於西藏之規定，承認中國對於西藏之主權，並尊重西藏之領土，不對西藏索取特權及派代表駐拉薩。

里坡里，而與土耳其開戰，終以洛桑條約之簽訂，意大利領有特里坡里。

塞爾維亞、保加利亞、希臘聯成同盟，門的尼格羅也加入戰爭，共同攻擊土耳其，遂起第一次巴爾幹戰爭。一九一三年五月締結倫敦條約，土耳其喪失歐洲部分之大部土地。但巴爾幹戰勝的同盟國間，以領土分配問題，發生紛爭，保加利亞與塞爾維亞開戰，再起第二次巴爾幹戰爭。希臘、羅馬尼亞參戰，土耳其也乘機再動干戈。保加利亞敗北，於一九一三年七月締結布加勒斯特條約。土耳其恢復失地之一部，薩羅尼加及加佛拉歸於希臘版圖，德布爾吉亞割於羅馬尼亞，並在亞得里亞海岸產生新興國家亞爾巴尼亞。第一次及第二次巴爾幹戰爭之結果，德、奧在巴爾幹勢力頗受挫折。歐洲列強在巴爾幹勢力之推移，亦爲世界大戰之重要的因素。

第三節　非洲殖民地化與國際法

歐洲勢力侵入非洲之後，列強均在此所謂落後民族地域競爭經營其殖民地。法國於一八八一年以突尼斯(Turis) 爲保護國，一八八六年又以馬達加斯加（Madagascar）爲保護國，至一八九五年合併之爲殖民地。英國於一八八二年乘阿剌比伯沙(Arabi Pasha)之排外運動而佔領埃及。一八九九年復遣遠征隊克服蘇丹，置於英、埃共管之下。此外，英國又在南非建築勢力，對波爾（Boers）人所開拓的特蘭斯佛爾（Transvaal）設定保護關係。德意志自一八八四年以還，也在非洲開拓殖民地，一八九〇年關於東非問題，與英國成立協定。比利時亦在剛果河流域建造新國家，比王兼攝其君主。

一八八四年十一月在柏林開萬國剛果會議，至一八八五年二月成立最終議定書，其概要如次：

(一)承認剛果自由國爲獨立國，比王勒坡爾二世（Leopord II）兼攝其君主；

(二)剛果河流域定爲中立地帶，商業取門戶開放主義；

(三)對於非洲沿岸地之領土獲得，必須實效的佔有及通告他國；

(四)禁止奴隸買賣。

其後，一八九〇年各國復在布魯塞爾開禁止奴隸會議，會詳訂禁止奴隸買賣之約款。

英國在波爾人開拓的特蘭斯佛爾地方設定保護關係之後，英波人間時起利益衝突，遂發生南非戰爭。一九〇〇年英國宣言特蘭斯佛爾及奧倫治自由國之合併，而波爾人仍繼續抵抗，直至一九〇二年五月布勒特里亞的波爾軍隊締結投降條件書之後，始告平靜。一九〇三年比利時宣佈合併剛果自由國。

一九〇五年三月，德皇威廉二世聞英法協定摩洛哥問題（參閱前節），乃親赴摩洛哥，於三月三十一日在塘吉爾（Tanger）登岸，即對德僑演說，謂德國在摩洛哥有重大的權益，不容他國獨佔，列強應在均等利益之上，尊重摩洛哥之獨立，遂起第一次摩洛哥問題。

一九〇六年一月十六日歐洲列強在西班牙之阿爾吉西拉斯（Algocirás）開國際會議（註一），主要議題爲：(一)警察編成問題；(二)禁止武器輸入規則；(三)改革財政（設立國立銀行及改良稅則）(四)經濟自由與

註一　出席國家，除摩洛哥外，有英、法、德、意、奧、俄、西、美、比、葡、瑞典及荷蘭。

機會均等。會議既開，關於摩洛哥之獨立及其領土保全，與夫經濟自由機會均等，皆公認為既定原則，不加討論。惟以銀行及警察權問題，德法爭執甚烈。後由英國折衷，始決定由法西共管。四月七日簽定條約，凡一百二十三條，其要項如次。

(一)關於警察，摩洛哥政府任用巡警二千人至二千五百人（自回教徒中任用），分配於摩洛哥八港，由瑞士命一總監，及法西兩國教官指揮。

(二)宣言禁止輸入武器。

(三)設立國家銀行，由英、法、德、西國家銀行共同監督。

(四)承認經濟自由與機會均等。

一九一一年七月一日，德國藉口摩洛哥內亂，侵害德國商務安全，派軍艦 Panther 號赴阿格的（Agadir）港，到時始發表『據該地德國商會之要求，派艦前往維持秩序，俟和平恢復，卽行撤退』云。英法深知德國別具野心，強硬反對。斯時，德國以國內發生金融恐慌，乃表示退讓。同年十月十一日和十一月四日簽定二協約。其一關於摩洛哥，卽：

(一)德國承認法國在摩洛哥為軍事的佔領，及為摩洛哥政府主持外交之權利，而法國承認德國在摩洛哥之經濟權益；

(二)法國對於摩洛哥，尊重通商自由主義；

(三)對於摩洛哥之鐵道鑛山及一切實業交通，各國人民有同等權利；

(四)各國人民在摩洛哥有漁業權；

(五)從來條約與本條約有衝突者，一律廢止。

其一關於剛果，即法國割讓法領剛果之一半於德，以作摩洛哥權利之交換。摩洛哥問題，始告終結。

於是，歐洲列強在非洲之開拓與領土權益之爭奪予國際法上以深切之影響者，要有下列各種。

(一)取得領土手續——柏林萬國剛果會議簽定之議定書，約定各國在非洲取得土地，須爲實效的佔有，並通告於其他各國。

(二)分水界主義——爲先佔理論之一，意指先佔海岸之某一部分，即其內地之分水界，亦包含在先佔區域之內。分水界主義(Theory of Waterland)與背後地主義同出一轍，對於小河川雖可適用，如遇有大河川，則此項理論殊難成立(註一)。當日列強在非洲開拓領土，曾倡此主義。

(三)背後地主義——爲列強分割非洲所創之方法，意指先佔一地，至其實際佔領區域應達該佔領地背後之附近區域。一八八三年德國佔領非洲海岸，認爲佔領地之附近與其將來殖民之發展有密切的關係，故主張凡地形上經濟上與佔領地連續之地區，包含在佔領範圍以內，他國不得侵佔。背後地主義(Doctrine of Hinterland)雖在國際法理論上毫無根據之可言，惟視爲帝國主義侵略之邏輯，而此說既倡，不十年間非洲已爲列強分

註一 Westlake, International Law, p. 113; Hershey, The Essentials of International Public Law, p. 189

割殆盡。

(四)保護地——各國在海外殖民所到地方欲領爲己有時，先與該地酋長約爲保護地（Protectorates），置於本國主權之下以防他國佔領事實上不啻爲其國家版圖之一部。英國於一八九〇年以非洲東海岸之桑給巴爾（Zanzibar）爲保護地一八八九年意大利以阿比西尼亞（Abyssinia），爲保護地，及一八九六年阿多瓦一戰敗意軍後，依亞的亞阿巴巴條約（Treaty of Adia Ababa）始解除保護關係。

(五)勢力範圍——一八九〇年至一八九八年，英、德、法、葡、意等國在非洲東部中部規定勢力範圍（Sphere of Influence），締結條約，凡締約國互相承認各所佔有之地理上範圍，不加侵害。勢力範圍有謂爲國際法上認許之權利（註一），然無一定之標準，故在該地之權利，勢力之程度及地理上之範圍，殊難定斷。因此國際法學者主張「欲收未有確實勢力支配之土地爲領有者，勢必限於實際上政治勢力所能及之地方爲止」（註二）。

(六)租借——十九世紀末，歐洲列強在非洲各小邦時有租借土地之事實，此租借之土地稱租借地（Leased territory）。

(七)禁止奴隸買賣——歐人發見美洲新大陸後，常以販賣奴隸爲主要貿易。其後，維也納會議決定禁止買賣奴隸的原則，柏林萬國剛果會議又加以切實規定，一八九〇年之布魯塞爾會議，更爲禁奴而召集。

註一　Lawrence, Principle of International law, *6th ed.*, § 81

註二　Hall, International law, *5th ed.*, pp. 129–131

此外，規定在剛果河流域之門戶開放，剛果之局外中立，摩洛哥之通商自由及機會均等，及法，西在摩洛哥之警察權，均與國際法上有直接影響。

觀此，國際法之適用於歐洲者，今則擴大其地理的範圍而適用於非洲。不僅此也，且以非洲勢力孱弱，被歐洲列強侵蝕，淪爲帝國主義的殖民地。在此條件下所發生的新事實，是否合乎法理，固當別論，而足以影響於國際法之新開展，則可無疑。

第四節　海牙保和會議與國際法

歐洲同盟外交時代，常以國家同盟締訂軍事協約，藉抗外敵；對方亦結合關係國家，造成均衡勢力。於是，各國競相擴張軍備，冀以制勝敵人。然軍備之擴張，勢必形成對內爲增重國民負擔，對外爲誘起國際戰端。學者深感戰禍之悲慘，乃倡和平論（註一）。且因同盟對壘戰機弩張，甚至有擬議訂仲裁裁判，爲解決國與國間所發生之一切紛爭，以避免戰爭之舉（註二）。

俄皇亞歷山大二世已於一八六八年在聖彼得堡召開國際會議，成立禁止使用故意增大負傷者苦痛或致死之兵器的宣言；又爲協議陸戰應行遵守之法規慣例，於一八七四年布魯塞爾之萬國會議時，亞歷山大二世曾

註一　如俄國銀行家布羅克於一八九八年出版將來之戰爭，全部六卷，前三卷評論當日陸上海上的戰用材料；第四第五卷論軍備對於社會經濟的影響；第六卷結論，認戰爭爲國民最大之消耗。俄皇尼古拉二世嘗深夜閱讀，不忍釋手。

註二　一八九五年菲律濱萬國議員聯合會曾擬訂仲裁裁判制案。

以普法戰爭中法兵之爲俘虜而在德國者，達四十二萬，咸因給養不足，苦於饑寒，從而企圖訂成關於將來戰爭上俘虜之待遇，與紅十字條約同樣之國際條約，終爲今日陸戰法規慣例條約之基礎。是則，海牙保和會議由俄皇之動議而召開者，並不足爲異。

初，和平會議本無一定之名稱，因其主要目的在縮減軍備，故當日報章多使用"Disarmement"字句，即所謂武裝解除會議（註一）。

一八九八年八月二十四日，俄國外務大臣奉俄皇之命，對駐劄聖彼得堡之各國使節，送致文書，意謂爲維持一般和平，應減少使國民苦於重荷之過大軍備，是以提議召開萬國會議，討論此嚴肅的問題。

此文書送出，各國政界紛起議論。法國主張先使德國交還亞爾薩斯、洛林二州，然後始能談軍縮；羅馬教皇欲恢復被意大利王國佔奪之領地，要求參加；與英國正在爭議中之特蘭斯佛爾共和國，亦欲向本會議訴其曲直；德國不能同意法國之主張；英國不容會議置喙於特蘭斯佛爾問題；意大利不願與教皇代表並列參加。於是，此所謂和平會議，勢將難產。然以俄皇之名提倡，而竟未獲成功者，實減殺皇帝之威嚴。因此，俄國外務大臣更列其他議題——減少戰爭之危險苦痛及和平解決國際紛爭之條約——俾軍縮案不成立時，仍有其他收穫，以全俄國體面。其第二次致送各國使節之文書（一八九九年二月九日），詳列預定議題，即：

（一）約定在一定期間內，不增加陸海軍現有之常備兵額及其軍費預算。

註一　有賀長雄著：最近三十年外交史上卷頁九八五。

(二)禁止陸海軍使用新式之鎗礮及爆炸物，並不將現在實用的爆炸物，今後使用於鎗礮上。

(三)限制野戰時使用現存猛烈的爆炸物，並禁止從輕氣球上投下射物及爆炸物，或使用之於類似方法。

(四)禁止海戰使用潛行水雷艇及類似的破壞器械，並約定今後不製造備衝撞之軍艦。

(五)依一八六八年追加條項之基礎，將一八六四年之日內瓦條約規程，適用於海戰。

(六)海戰中或其後從事救助海難者之船舶舟艇，概依其名義為中立。

(七)修正一八七四年布魯塞爾會議簽字而尚未批准之戰時法規慣例。

(八)國民間為避免兵力爭鬬，實行斡旋及居中調停，若適於仲裁裁判者，應承諾付諸仲裁為原則，並協議規定利便該手段之使用及適用的慣例。

末後，規定荷蘭首都海牙為開會地點，委託荷蘭政府辦理招請各國之手續。四月六日荷外長照會二十六國(註一)，中南美除墨西哥外，均不應請。各國大抵以現任外長或重要外交官為首席全權，駐劄荷蘭之公使為全權，又派陸海軍將校及國際法學家為專門委員(註二)。

一八九九年五月十八日第一次海牙保和會議開幕，設特別委員，審查軍縮及其他問題。六月二十三日始開

註一　二十六國為中國、德國、美國、奧匈、比利時、丹麥、日本、西班牙、法國、英國、希臘、意大利、盧森堡、墨西哥、門的尼格羅、荷蘭、波斯、葡萄牙、俄國、羅馬尼亞、塞爾維亞、暹羅、瑞典諾威、瑞士、土耳其。

註二　法之盧爾博士，俄之馬丁斯博士，德之史登格爾博士，奧之蘭曼壽博士，日之有賀長雄博士等有名國際法學家，均任各本國之專門委員而出席。

第一次委員會議，比利時首席全權任委員長致詞之後，俄首席全權起而說明俄皇動議召開各國討論軍縮之重大意義，荷蘭全權繼作贊成之演說。旋由俄國陸軍及海軍委員，提出軍備擴張限制案，其內容如次：

甲　關於陸軍的：

(一)五年內，不增加本國現有之常備兵（殖民地軍隊除外）額；

(二)各國律定其常備兵額；

(三)五年間不增加現行陸軍預算金額。

乙　關於海軍的：

(一)約定三年間不增加所定海軍預算總額；

(二)三年內互相通知下列三項；

1　新建造之軍艦總噸數；

2　將校及船員之總人數；

3　支出於船渠及礮臺等軍港關係工事之費用。

六月二十六日繼開會議，或以未奉本國訓令，或則直截表明反對討論之理由（註一）。於是，各部會置審查委員，審查俄國提案。六月三十日開會時，第一部審查委員提出報告如次：

(一)難以律定常備兵額；

(二)國防諸要素，各國以甚大差異之見解而編成，欲以一國際條約拘束，實屬困難。

其次，第二部審查委員提出報告，謂各國預算屬各國議會之職權，締結拘束此預算之條約，殊難成立，委員長除對俄皇表示敬意外，擬不將此報告案加以決議。旋法國全權動議，始決定如下：（一）依第一部委員會之報告，（二）願爲人生物質上及精神上之福利，限制重壓世界之軍事負擔。

軍備縮減既歸失敗，而會議之次要問題，卻得異外之成功。即大會曾通過三條約及三宣言案。

甲　三條約：

(一)和平解決國際紛爭條約案；

(二)關於陸戰法規慣例條約案；

(三)將一八六四年日內瓦條約（紅十字條約）之原則，適用於海戰之條約案。

乙　三宣言：

(一)禁止自輕氣球投下投射物及爆炸物或以類似方法投下之宣言；

註一　德國陸軍委員斯華爾賓荷夫上校於是日演說，直接表明反對俄國委員提倡之軍縮。其意謂德國國民，未嘗如俄國委員所謂之苦於負擔，反而國民生活之富裕，與年而增。義務兵役四年，德人並未感爲重荷，且爲德國獨立隆盛及將來成認爲神聖愛國之義務。其次，謂一般教育問題，服役年數問題，將校及下級士官人數問題，軍隊編成問題，後備年限及人數問題，鐵道聯絡，軍隊配備，要塞數及其位置等問題，均與常備兵數有密切關係，終謂如在國際條約上訂定限制，與國內法衝突，並列舉其他不應成立之理由。

(二)禁止使用以散放使人窒息或毒殺的毒瓦斯為唯一目的之投射物之宣言；

(三)禁止使用射入體內容易開展或平裂之彈丸之宣言。

以上三種條約案，均為往昔國際法史上所未有今成為成文國際法之一部，可謂第一次和會之最大貢獻。關於和平解決國際紛爭條約案，將在次章詳加推論。他若日內瓦條約原則適用於海戰一案，乃二十年來各國所公認之必要，茲既確定為國際法例，誠為成文國際法之一大進步。第三之陸戰法規慣例案，已在一八七四年布魯塞爾宣言釐定雛形，雖未經各國批准，而各國陸軍訓練部隊，及其後之國際戰爭，多依其規例。此外，更決議六條希望如次：

(一)迅速召開特別國際會議，修正現行日內瓦條約；

(二)在最近之國際會議上，應討論中立國之權利義務問題；

(三)各國政府對於新發明之海陸軍用鎗礮，應成立一種協約；

(四)各國政府對於限制陸海軍常備兵額及軍事預算，應講求妥協辦法；

(五)將來國際會議，討論海戰時私人財產之自由（廢止捕獲商船）問題；

(六)將來國際會議決定是否可以海軍力礮擊港口及市邑。

第二次海牙保和會議，亦由俄皇招請，一九〇七年六月十五日在海牙開幕，至十月十八日閉會。參加者四十七國，代表二百二十五名。會議曾修訂第一次海牙和會決定之諸條約，使戰時國際法，獲得長足之進步。結果，成立條約十三，希望宣言八。茲將較重要者，分敍於次；

A　關於陸戰法規慣例

陸戰法規慣例已由一八七四年布魯塞爾宣言粗訂原則，一八九九年第一次海牙保和會議釐定專約，爲成文國際法典復經第二次海牙保和會議修訂，尤臻完善。條約規定，締約國應將附件之陸戰法規慣例條文，訓示陸上各軍（第一條，）以資遵守。如交戰國故意違犯條文之規定，應交賠償，即軍隊中個人之犯法行爲，該國家亦負責任（第三條。）至其陸戰法規慣例條文，計三編，五章共五十六條，對於陸戰應守規例，詳列無遺。

第一編　關於交戰者

甲、交戰者之資格——如何得稱爲交戰者——即戰爭之法規及權利義務所適用之對象，實爲戰時法規之先決問題。本條文規定；（一）有爲部下擔負責任者爲之指揮；（二）使用確定徽章由遠方可資辨別者；（三）公然攜帶武器者；（四）其動作實係遵戰鬬法規慣例者，皆具交戰者之資格。換言之，戰爭之權利義務，不僅適用於軍隊，即國民兵義勇軍之具備上述條件者，亦可適用（第一條。）人民爲急於抵抗迫近之敵軍，未暇按第一條規定而編制，祇須公然攜帶武器且能按照戰鬬法規者，亦以交戰者相待（第二條。）此等人員爲敵捕獲時，享有俘虜待遇之權利（第三條。）

乙、俘虜——俘虜屬於敵國政府之權內，當待以博愛之心，其一身所屬之物，仍爲所有（第四條。）俘虜雖得拘置，而非必要時，不得禁閉（第五條。）同時，政府有給養所管俘虜之義務，其待遇與本國軍同等（第七條，）並不得強迫俘虜宣誓而許以釋放（第十一條。）凡屬從軍人員，如報館記者，隨營販賣，及使役人等，帶有所屬陸軍官署憑照者，當陷入敵手，認為必要拘留時，享有以俘虜相待之權利（第十三條。）戰爭開始之際，各交戰國，或中立國收容交戰者於領土內時，應設立俘虜情報局，處置關於俘虜事項（第十四條。）俘虜有信教之自由，且許參與宗教上之禮拜（第十八條。）將校之為俘虜者，應受與捕獲國同級將校之俸給，該款由其本國政府償還（第十七條。）和約簽訂後，俘虜即送還其本國（第二十條。）

丙、傷者及病者——關於病者與傷者之交戰者之義務，悉按日內瓦條約原則辦理（第二十一條。）

第二編　戰鬬

甲、害敵手段攻圍及礮擊——交戰者除有特別條約所定例禁之外，其特加禁制者：(一)使用毒物與加毒兵器；(二)以欺罔行為殺傷敵人；(三)殺傷乞降敵兵；(四)盡殺無赦；(五)使用徒加無益苦痛之兵器彈丸等；(六)濫用軍旗、國旗、軍用標章、敵兵制服，及紅十字條約記章；(七)任意破壞或沒收敵產；(八)不顧敵國人民之權利或請求等。此外，並不得強迫敵國人民從事敵對其本國之作戰行動（第二十三條。）交戰者可使用奇計（第二十四條。）用欺罔手段則在禁例。而對無防禦之城鎮村落居宅，更不得施以攻擊或礮擊（第二十五條。）指揮官於礮擊前，須設法警告該地方官長（第二十六條。）凡關於宗教、技藝、學術、及慈善事業之建築物，歷史紀念物及病院等，宜注意不因攻圍及礮擊而破壞（第二十七條。）即施以突擊陷落時，亦禁止掠奪（第二十八條。）

乙、間諜——間諜被捕，非行審判，不得處罰（第三十條。）有通知交戰者一方之意思，在他一方作戰地帶內，爲隱密行動，或構虛妄口實，以收集各種情報者，視爲間諜。反之，穿制服之軍人，進入敵軍作戰地帶內者，或公然執行寄送本國軍隊或敵軍書信之軍人及兵員，或乘輕氣球而傳達書信者，皆不得視爲間諜（第二十九條）。

丙、軍使——凡齎此交戰者之命令，欲與被交戰者開議，揭白旗而來者，謂之軍使。軍使及隨從之號手、鼓手、旗手、及繙譯等，均享有不可侵權（第三十二條）。若軍使利用特權，自犯或教唆從事欺罔行爲而其形迹顯確者，則其不可侵權消滅（第三十四條）。

丁、降服規約——降服規約協議時，宜查照軍人名譽上之慣例，協定後應嚴密遵守（第三十五條）。

戊、休戰——交戰者雙方同意中止其作戰行爲，謂之休戰。未訂期限者，得依休戰條件，警告敵軍而再行開戰（第三十六條）。休戰得爲全部休戰或一部休戰（第三十七條）。總之，訂約休戰之一國，有重大違犯規約時，他國得行廢約或於情勢緊急之際立即開戰（第四十條）。

第三編　敵國領土內軍隊之權利

事實上某一地方歸入敵軍權力內，能確立及行使其權力之時，視爲佔領（第四十二條）。佔領者不得強迫其佔領地人民，使供給有關本國軍事利益之報告（第四十四條），或強迫其宣誓臣服（第四十五條），或沒收其私產（第四十六條）。佔領者固得在佔領地內，依現行賦課規則，徵收租稅、賦課金及通行稅（第四十八條），但嚴禁掠奪（第四十七條）。非必要時，不得向市鎮及居民要求現品之徵發及使役（第五十二條）。一切國有動產，得加沒收（第五十三條），惟對於國有之公共建築物、不動產、森林及農田等，僅有用益權（第五十五條）。

至若城鎮鄉財產及宗教慈善事業教育技藝學校等營造物之財產，雖爲國有，亦應與私有財產一律看待。如故意加以損害或毀壞，應按法追究（第五十六條）

B　關於戰爭之開始

法國提出戰爭開始，須先在一定時間通告對方及各中立國之議案，可謂空前盛舉。七月一日第二部委員會討論本案，瑞士荷蘭等國委員，卽加贊同，俄國委員亦甚表欽佩（註一）。英美日三國委員則請訓本國。嗣經九月七日大會，英日二國表示贊意，遂通過戰爭開始條約。其內容爲：締約各國，公認除有預先而明顯之警告，其形式或用有理由之宣戰書或用以宣戰爲條件之最後通牒外，彼此不應開戰（第一條）。戰爭情形之存在，應從速通告各中立國，亦可用電報傳達。惟於中立國接到通告之後，始生效力。若證明中立國已知戰爭情形之存在，則中立國不得以無通告爲藉口（第二條）本條約之效力，限於締約國間發生戰事之時，而締約國之交戰國與締約國之中立國間之交際，本條約有拘束力（第三條）

從此，戰爭開始之時，必先經最後通牒手續；否則卽爲違犯國際法例。

C　關於交戰國軍艦在中立領水應遵守之規則

最初，日本代表在會議提出交戰國軍艦在中立領水應宜遵守之規則，英俄代表繼亦提出同種議案，較日本提案，尤爲詳盡。先由提案國家組織審查會，製成具體案，提交委員會，疊經討論，意見紛雜，至九月十三日始稍告段

註一　俄國委員之表示，卽間接批評日俄戰爭之時，日本關於戰爭開始之不當。

落。初，德俄對于英日提案之二十四小時制，殊不謂然，提出『交戰國軍艦得在中立領水內停泊至積儲煤糧之必要的時間』之修正案，旋經積極辯論，始於十月五日決定『中立國無特別規定外，適用二十四小時制』，且規定妥協條項，十月九日通過海戰時中立國之權利義務條約，計三十三條。其重要之條項如次：交戰國必須尊重中立國主權，並將在中立國領土或領水內，凡構成違犯中立之行為，即為他國所容許者，亦應避免（第一條。）交戰國不得以中立國口岸或領水界內為海戰之根據地，以攻敵人。並不得設立無線電報所或與陸上海上交戰軍交通之各種機關（第五條。）同時，禁止中立國在任何名義或直接間接供給交戰國以軍艦，彈藥或一切軍用材料（第六條。）交戰國軍艦，在中立口岸港灣或領海之內，於戰爭開始後，除中立國法令，有相反之特別規定，並本約所指各情形外，不得停泊逾二十四小時之久（第十二條，）遂確立國際法上二十四小時規則。同時交戰國軍艦，在中立國之一口岸或港灣內，至多不得逾三艘（第十五條。）若兩交戰國軍艦同時在一中立口岸或港灣內，則甲戰國之軍艦開行，與乙戰國軍艦開行，至少須隔二十四小時（第十六條。）而且交戰國軍艦，不得利用中立口岸，港灣及領海界內，為更新或增加其軍需軍械及添補船員之用（第十八條。）交戰國軍艦非因風浪險惡，缺少燃料或船不能航行之故，不得將捕獲船帶至中立口岸。惟被捕船隻，不論有無交戰國軍艦護送，如係帶至中立國口岸港灣看管，以待捕獲審檢所定讞者，中立國可准其入口（第二十三條。）交戰國軍艦在不應停泊之口岸，經中立國之官員知照仍不開行者，中立國得採必要手段，於戰期內，抑留該艦（第二十四條。）

D　關於陸戰時中立國及其人民之權利義務

大會曾通過陸戰時中立國及其人民之權利義務條約，計五章共二十五條，其內容之概要如次：

甲　中立國權利義務：

(一)中立國領土為不可侵犯（第一條。）

(二)交戰國不得將軍隊、彈藥、軍需品等令其通過中立國領土（第二條。）

(三)中立國領土內，不得編成戰鬬軍隊或設募兵處以為交戰者之助（第四條。）

(四)中立國不負人民分散越境前往交戰國供役者之責任（第六條。）

(五)中立國對於侵犯中立之行為，即用兵力抵拒，亦不得視為敵對行為（第十條。）

乙　中立國境留置之交戰者及受傷者；

(一)中立國可於境內收容交戰國軍隊，宜置於距戰場遠處（第十一條。）

(二)中立國應供留置者衣食及人道上必需之接濟，締結和約後，追償其留置各費用（第十二條。）

(三)中立國收容逃亡之俘虜，可聽其自由（第十三條。）

(四)中立國以不得載有戰員戰具為條件，可准交戰軍隊之傷者病者經過其境內（第十四條。）

丙　中立人民；

(一)不參與戰事之國之人民，視為中立人民（第十六條。）

(二)中立人民對交戰者有敵對行為者，或為利於戰者之行為，則不得主張其中立（第十七條。）

（三）凡供給物資或貸款於交戰國之一方，且此供給或貸款者，並不在彼交戰國境內或其佔領之境內居住，而供給之物，亦非來自此等境內者，以及爲警察及民政上效力之事，不得謂爲有利於一交戰國之行爲（第十八條）。

E 關於限制用兵索債

一九〇二年英、德、意三國艦隊，將委內瑞拉諸海口，實行平時封鎖，強迫其履行債務。阿根廷外長德拉哥命其駐劄華盛頓之公使，以書翰發表其禁止一國人民對他國人民因契約上之債權執行，而加以強制力之主張，此即世人所謂的德拉哥主義（Drago Doctrine）。美國基於此主義之原則，提出限制用兵索債條約，經大會接受。其內容要爲：締約各國不得使用兵力向他國索債，但負債國有拒絕仲裁裁判或不照判詞辦理，則爲例外（第一條）。茲所謂仲裁，應照海牙和解國際紛爭條約第四章第三節訴訟法辦理（第二條）。

F 關於礮擊無防禦都市之禁止

美國提出禁止以海軍力礮擊無防禦的都市村落一案，俄、意、荷、西亦相繼提出。其後，由前述五國提一綜合的議案，除適用陸戰法規第二十七條之規定外，實較各國原有提案缺乏完備，故八月八日通過另由特別審查委員會起草之提案。其要點如次：

甲 未設防之口岸城村房屋之轟擊：

（一）禁止以海軍力轟擊未設防之口岸城村房屋。且不得僅因該地方之港口敷設有自動海底觸發水雷之故，卽行轟擊（第一條。）

（二）海陸軍之工作物，陸軍或海軍之建築物，軍械或軍用品之存貯所，以及合於敵國海陸軍使用之工廠，或建造物，及軍艦之泊在口岸者，不在前項禁止之內（第二條。）

（三）海軍所到之處，如向未設防之港灣城市徵取現時必需之糧食或生計品，而遭拒絕時，則於知照轟擊之後，得加礮擊（第三條。）

（四）未設防之口岸城村房屋，不得因徵取現銀稅課不遂之故，而加以轟擊（第四條。）

乙　一般規定：

（一）當轟擊時，對於宗教、美術、技藝、學術及慈善與歷史上之古蹟，暨病院，或病傷者收容所，應盡力保全（第五條。）

（二）海軍司令官於礮擊前，應設法知照地方官（第六條。）

（三）以突擊佔領之城市禁止掠奪（第七條。）

各國對於右案的態度，贊成者有奧、意、等十九國，反對者有英、日、西等五國，德、美、法、俄、等十一國棄權，未參加投票。八月十七日委員會以多數票之同意，通過戰時海軍轟擊條約。法國與日本代表對於港口外埋設水雷亦認爲無防禦一點，附加保留。

G　關於國際捕獲審檢所之設置

國際法上久已希望國際間有一最高捕獲審檢所，以最後決定各國海上捕獲之判決。國際法學者間，對此問題，屢加研究。如一八八七年萬國國際法學會開例會時，通過設立國際審檢所之議案。蓋捕獲之審檢，任交戰國捕獲審檢所之檢定，間或失諸公平，妨害中立國權益。為維護中立國權益，對各國檢定之不服者，有上訴機會，依國際公平之裁判，實為適當且必要的政策。

六月十九日第二次大會，德國提議設置國際捕獲審檢所案，美法兩國贊同，二十二日英國提出十六條之草案，德國提出三十五條之草案。七月四日第一委員會以英德兩案內容差異頗甚，乃選出特別審查委員，基於英德兩案而製成新草案，提交委員會。各國對於本案，異常重視，頗多發抒意見。九月二十一日第六次大會通過國際捕獲審檢所編制條約。計分四章共五十七條。其內容要點如次：

甲　總綱：

(一)捕獲物事件管轄，先由拿捕國之捕獲審檢所執行，其判決應公開宣告，且應通告其有關係之中立當事者或敵國當事者（第二條）。

(二)國立捕獲審檢所之判決，可提出於國際捕獲審檢所者如左（第三條：）

A　捕獲國之檢定，其關係及於中立國及中立人之財產者；

B　該判決關係於敵國財產者，並限於下列各項：

1　裝儎在中立船內之貨物；

2 敵船在中立國領水內爲敵捕獲，而此中立國不以拿捕之舉爲外交上之要求問題時；

3 認捕獲爲違反交戰國現行條約之規定，或拿捕者發布之法令者。

（三）有上訴權者，爲中立國，中立國人民及敵國人民（第四條。）

（四）凡應解決之法律問題，捕獲國與訴訟當事國或訴訟者所屬國間早有條約之規定時。國際捕獲審檢所應按照該條約之規定辦理。如無條約之規定，依國際法之原則。此等一般公認之規則不具，則適用公正與平衡之原則（第七條。）

（五）捕獲經檢定爲有效時，船與貨依捕獲國之法律處置；宣告無效時，應命其交還船與貨。必要時且定賠償之額（第八條。）

乙　組織：

（一）以簽字國選派之審判官及備補審判官組織之。其人須爲海上國際法問題中著名專家，且德望隆重者爲合格（第十條。）

（二）審判官及備補審判官之任期爲六年，期滿得連任（第十一條。）

（三）審判官執行職務時，享有外交官之特權及免除權（第十三條。）

（四）審判官定爲十五人，審判時須有九人之出席，審判官不能出席時，由備補審判官代之（第十四條。）

（五）以簽字國中之德、美、奧、法、英、意、日、俄等八國所派之審判官，常執其職務，其他按表輪流就職（第十五條）

(六)捕獲國有權派一高級海軍士官爲陪審員，但判決時不得發言（第十八條）

丙 訴訟法：

(一)訴訟者應將繕寫之呈文，遞交捕獲國審檢所，或送交國際事務局（第二十八條。）

(二)審判方法，分文訴與口訴（第三十四條）

(三)口訴公開行之，但爲案中之一造政府有要求祕密執行之權利（第三十九條。）

(四)判決應聲明其根據之理由（第四十四條。）

(五)費用由各造自擔，失敗之一造，應加出訴訟費，並按率繳國際審檢所一般經費之用（第四十六條。）

H 關於開戰時敵國商船之地位

戰爭開始之際，在相互主義之下，予敵國商船以一定之恩惠日期，准其出港，不加拿捕，已在十八世紀以前實行（註一）。此時，俄、法、瑞典、荷蘭、均有提案。委員會以瑞典案爲基礎，連續交換意見，復經審查委員會審查，委員會於九月十八日提送大會，二十七日第七次大會通過開戰時敵國商船地位條約。本條約計十一條，其要點如次：

(一)戰前在敵港內交戰國一方之商船，該敵國應即時或經恩惠日期，許其自由出港，且宜給以護照，許其行

註一 一八一二—一四年英美戰爭中，美國高等法院判決在美國領海內之敵國商船及貨物，若無特別之條例，開戰後不得即行拿捕。一八四八年普丹戰時，丹麥海事法庭，判決解放在開戰之日丹麥官憲所扣留之普船。一八五四年克里米亞戰爭中，俄國與英法相互給以敵船六星期之恩惠日期。一八七〇年，普法戰爭，普國對在港及不知戰爭開始而入港之敵船，予以一個月之恩惠日期。日俄戰爭中，日本予俄國停泊日本港灣之商船一星期之恩惠日期。

至所向港或其他指定之港，而船隻在開戰前離最後之出航港，而駛入敵國港口時，並不知開戰之事實者，亦適用本條之規定（第一條）。

(二)商船因不可抗力而不能在前條規定之日期內離港或不許離港者，不得沒收。惟可拘留，不付賠償，以戰後交還之義務，得出償而徵發之（第二條）。

(三)敵國商船在開戰前離其最後之出航港，在公海上遇見之時，並不知開戰之事實者，不得沒收（第三條）。

(四)商船之構造足以證明其可以變作軍艦者，不適用本條約之規定（第五條）。

I　關於修正一八九九年七月二十九日之海牙條約

關於陸戰負傷者之救護，於一八六四年之紅十字條約上已有協定，而海戰之傷病及難船之救護，則無任何規定。一八九九年海牙第一次保和會議，曾締結將紅十字條約原則適用於海戰之條約。然以事屬初創，頗欠完備。本次和會，德法均有此種提案，荷蘭且提出對德案之修正意見。委員會以德案為討論之基礎。七月二日九日，交換意見，並以德法英日奧俄比荷等國代表為審查委員，後加入瑞士中三國代表。結果七月二十日大會通過日內瓦條約原則推行於海戰條約，計二十八條。

J　關於敷設機器水雷

在公海敷設水雷為海戰之手段，乃海牙和會新近的問題。日俄戰時，日戰艦初瀨及八島在旅順口觸俄國埋設之機器自動水雷而沉沒為始，兩國接連以敷設水雷為海戰手段。中立國船舶常遇水雷而爆炸沉沒，遂引起學者之注意。本案歷經討論，自六月二十七日至十月九日在大會通過，開會凡十八次，需時七十五日，終於成立敷設機器自動水雷條約。其要點如次：

(一)敷設不繫維之自動觸發水雷，或水雷離其繫維時，不能無害者，或魚雷不中的時，不能無害者，概爲禁止（第一條。）

(二)不能以遮斷商業上航海之目的，在敵港敵岸，敷設自動觸發水雷（第二條。）

(三)使用繫維自動觸發水雷時，對於和平航海之安全，應盡力預防。當以水雷脫離該國家之監視時，應按軍事上之所許，將危險範圍，用告示通知各船主，且將此公告由外交機關知會各國政府（第三條。）

(四)中立國在其海岸敷設自動觸發水雷時，應守之規定與應採之手段，一如交戰者（第四條。）

(五)交戰終了時，應將所設水雷盡全力移去。交戰國曾在他交戰國沿岸設置繫維自動觸發水雷者，應在戰爭終了時將其地位通告於對方國，且各國應將其領水內之水雷，從速移去（第五條。）

以外，大會尚通過商船改充戰艦條約及海戰時限制捕獲權條約。至於戰時封鎖案與中立船捕獲之破壞案，雖經討論，以各國意見分歧，未獲結果。

第五節　倫敦會議與海戰法規

一九〇七年第二次海牙保和會議，曾規定關於設置國際捕獲審檢所條約，及海陸戰時中立國及其人民之權利義務條約等，其內容之竅要，已於前節論述。然海牙會議，對於戰時封鎖制度之處理，既無結果，而戰時禁制品問題，復未詳訂，以致一遇戰時，不免時有衝突爭執之處。於是，一九〇九年列國以英國之招請，於倫敦開海軍會議（註一），討論海戰法規問題，決議倫敦海軍宣言一件，簡稱倫敦宣言（Declaration of London）。此宣言雖未名為公約或條約，亦未經各國批准，（條約未經批准，即失效力，）然以其規律精詳，皆視為海戰之國際法例。歐戰發生前，即一九〇九年至一九一四年世界各國施行海軍封鎖（註二）及對中立國戰時貿易，皆本倫敦宣言，未嘗稍違。即世界大戰期內，其始各交戰國所公佈之封鎖條例，亦大致根據倫敦宣言（註三）。足證倫敦宣言在國際法上，實佔重要之一頁。

註一　倫敦海軍會議，開於一九〇九年十二月四日至翌年二月二十六日，出席國家計英、美、德、法、俄、意、日、奧、匈、西班牙、荷蘭。

註二　一九一一年九月二十九日意大利宣告並通知封鎖土耳其之利比（Lybie）海岸，一九一二年一月二十四日及四月七日復宣告並通知將土耳其若干口岸封鎖；一九一三年九月南美多明尼加中央政府通知各國使館，為抵制本國革命軍，自將三口岸封鎖。

註三　法國一九一四年十二月十九日及一九一六年一月三十日之政府規令，德國一九一四年之皇令，意國一九一七年三月二十五日之條例，美國一九一七年之律令等，均本倫敦宣言規定。嗣後各交戰國以戰爭擴大之需要，先後改易倫敦宣言之原則及條件。如一九一六年英法兩國宣告廢棄倫敦宣言第十九條，仍用續航例。德國政府於一九一五年二月四日及一九一七年一月三十一日，正式宣告自某日起，將若干戰區及英法意等國沿海岸與所有通商海岸，及地中海與英法海峽，均作封鎖區域，實施無限制潛水艇制，並不再另行通知。英法等國則於一九一五年二月四日及三月一日，十一日，十三日公佈凡自德國口岸開出，及自海外開往德國之一切中立國商船，無論所載貨物是否禁制品，一律改途開往英、法口岸卸下。

倫敦宣言內容，除總則外，計九章，連附則共七十一條。茲將其重要課題，簡要的論列於後。

A 關於戰時封鎖

倫敦宣言未成立以前，各海軍國施行戰時封鎖，認須合乎下述五項條例，始不違反國際法及國際慣例。即：(一)在兩或數有海岸之國家間，發生戰爭情事，苟無國際戰爭，即無中立國可言，亦即無封鎖可言；(二)封鎖須由主管封鎖機關正式宣言；(三)須其地方可被封鎖；(四)須將宣告封鎖之地方以海軍實力封鎖；(五)戰時封鎖須預先正式通知宣告中立各國(註一)。據倫敦宣言，則封鎖之條件較前為略，祇有三項：(一)可行封鎖之地方，宣言第一條『封鎖不可擴張至敵國所領或敵國所佔之海港及沿海岸以外。』第十八條：『封鎖艦隊，不得障礙中立國之海港及其沿海岸。』是則封鎖之地方，限於敵國本國或被敵國所佔領之海港及沿海岸，而中立國之海港及其沿海岸，則不得加以封鎖。(二)實力封鎖，依巴黎宣言，封鎖必具實力，其所謂實力者，即守護此封鎖之兵力，足以防止進入敵岸者（第二條。）而究竟封鎖是否切實，則認為事實上問題（第三條。）(三)須將封鎖宣言(Declaration)並通知(Notification) 封鎖國政府或其海軍司令以其政府名義，將(1)封鎖起始之日；(2)所封鎖海岸之地理界限；(3)許中立船隻出航之期限三者，宣告內外（第九條。）苟封鎖國及以其名義行事之海軍司令，不遵照此應記事項，則其宣言無效，須另作宣言，始生封鎖效力（第十條。）同時，封鎖國應以公文通告各中立

註一 一為封鎖船隊司令對被封鎖地方官廳及各國領事之通知；二為封鎖國對各中立國之外交照會或普通通知；三為特別通知，即由封鎖船隊隨時通知航近封鎖線之各中立國船隻。

國或此等國家駐在封鎖國之代表，另由封鎖艦隊司令官派員通知被封鎖地方官廳及各國駐在領事（第十一條。）至於特別通知，倫敦宣言仍有顧及。如船隻接近一封鎖口岸，而現實上推定上均不知有此封鎖之事者，則封鎖艦隊所屬軍艦之士官，應以封鎖之事，知照該船（第十六條。）其次關於封鎖所發生之效果，則規定封鎖應公平適用（第五條，）即對交戰國敵國及各中立國之船隻，均須一律禁止出入所封鎖之地方。惟對於軍艦，得與以許可，准其入一封鎖港，或入而復出（第六條。）此外，中立船隻遇海難時，經封鎖艦隊司令官之認許，得航入一封鎖地方，且入而復出，但不得卸下或裝載任何貨物（第七條。）再其次。如何為違犯封鎖，法國制度本以現行犯或當場破案為主，英國制度則偏重意思，而可斷定某船有違犯之意，而與捕獲。倫敦宣言則採取折衷辦法。即中立船隻，非在保持封鎖有效之軍艦行動區域內者，不得定為違犯封鎖，而加拿捕（第十七條。）並推翻續航說（Doctrine of continuous voyage）之效力。如謂凡商船不問其將來須續航他處，而當其開往未經封鎖之海港時，不得認為違犯封鎖而加拿捕（第十九條。）對於追捕自海外偷入或自口內逃出之商船，倫敦宣言雖未明為規定，然其第二十條，已加以限制。即船隻之已破壞封鎖而出航，與破壞封鎖而進航者，當封鎖艦隊之軍艦繼續其追捕時，可以拿捕；惟追捕中止或封鎖撤去時，則不得再加拿捕。而對於已拿捕之商船，斷定為違犯封鎖者，得沒收之，其所載貨物亦同。但如能證明其貨物裝載之時，運貨人委實不知且不能知有意違犯封鎖者，貨物得不沒收（第二十一條。）

B　關於戰時禁制品

戰時禁制品，爲戰爭時交戰國禁止中立國人輸送於敵方有助於戰爭需要之物品。凡戰爭期中，中立國商業在理論上固屬自由，而事實上須受交戰國之若干限制。戰時禁制品即其限制之一。惟古代對於戰時禁制品，原無規定。中世紀以降，國際法日漸發達，戰時禁制品，始由國際團體加以注意。其後，歐美各國對於戰時禁制品種類，大都在平時訂有專約。惟各國相互簽訂之條約，條款既異，臨事自多繁困；且近代商務發展，國際經濟生活密切，勢必須一國際規約，以解決戰時中立國商業免受多方危害的問題。海牙兩次和會，對戰時禁制品並無訂定，故倫敦宣言以前，各國實苦無國際法例可循。至於決定戰時禁制品，以(1)該貨物之用途；(2)該貨物之到達地爲標準(註一)者，早經各國公認。十八世紀以還，各交戰國沒收禁制品，類皆照此辦法。倫敦宣言亦準此原則，凡絕對的禁制品，苟證明其所向地爲敵國所佔領之土地及敵國軍隊者，應行拿捕，不問其輸運方法爲直接爲轉載或爲先海運而後繼爲陸運（第三十條）。即其運輸目的地，以貨之所到地爲憑，而不以船之所到地爲定。條件的戰時禁制品，苟證明其所向地爲供給敵國軍隊及政府享用者，應行拿捕（第三十三條），而若此項禁制品，除裝在行向敵國領地佔領地與敵國軍隊所在地之船中，且不在中間之中立港卸下者外，不得拿捕（第三十五條）。是則不以寄往敵國爲準，而以能爲敵國軍隊及政府享用與否爲斷。故不以貨之運達地爲憑，而以船之所到地爲定。凡爲禁制品，

註一　戰時禁制品，必須向敵國運輸者，始爲禁制品，得以捕獲。若中立國與中立國往來之貨物，縱在禁制品名單之列，亦非戰時禁制品，不能捕獲。至寄往敵國之貨，不論直輸或轉運，祇須離岸入海，即可捕獲（見 Travers Twiss 所著戰時禁制品繼續航行論，一八七七年。）若該貨已由中立國轉運，祇須收貨者爲敵國，仍可捕獲（見Bluntschli 所著國際法典第八一三條，及 Gessaner 所著國際法學頁一三七。）

都得沒收（第三十九條。）至於載有禁制品之商船，不問其禁制品之爲絕對的或條件的，可在交戰國之領海中或公海中捕獲之卽使該商船當到敵國境外之口岸中者，亦同樣捕獲之（第三十七條。）船中所載非禁制品，除達禁制品所有人者一倂沒收外，其餘應予保存（第四十二條。）至載運禁制品之商船，以其所載禁制品之價值，重量、體積，或運費已超過船中載貨之半數者，應予沒收（第四十條；）否則，於沒收其禁制品後，恢復其船之自由，聽其他駛。惟船隻在海上遭遇軍艦之時，並未知戰爭之開始，且不知有適用於其載貨之禁制品宣言者，所載禁制品，必須付以賠償，始得沒收（第四十三條。）

倫敦宣言規定絕對的禁制品如次（第二十二條：）

(1)一切武器（狩獵時所用武器包含在內）及其構成品；

(2)各種彈丸、裝藥、藥鋏及其構成品；

(3)特爲供給戰爭使用之火藥及炸藥；

(4)礮架、彈藥車、前車、糧食車、野戰鍛冶器及其構成品；

(5)確爲軍事性質之衣服及用具；

(6)爲軍用之一切馬具；

(7)供給戰爭使用之騎輓獸各獸類；

(8)繫營所用各物及其構成品；

(9)鋼鐵板；

(10)軍艦（船隻亦包含在內）及其構成品；

(11)專爲製造彈藥及陸海軍使用武器之機械及其修理機械。

此外，交戰國若有宣言上述以外之物品，爲絕對的禁制品者，可另發宣言，知照各國（第二十三條。）

其次爲條件的禁制品，倫敦宣言定其種類如次（第二十四條：）

(1)糧食；

(2)適於飼養獸類之芻秣及穀類；

(3)軍用之衣服，衣料及靴鞋；

(4)金銀貨幣及其他金屬紙幣；

(5)可供戰爭用之一切車輛及其構成品；

(6)一切之船舶、舟艇、浮渠及其構成品；

(7)鐵道之固定及運轉材料、並電報、無線電報、電話等各項材料；

(8)輕氣球飛行機及其製作材料，以及附屬物；

(9)燃料及潤滑機械油；

(10)非專供戰爭之火藥及炸藥；

(11)有刺鐵鋼，或其切斷機及架設機；

(12)馬蹄鐵及蹄鐵用材料；

(13)馬鞍及其他馬具；

(14)望遠鏡、雙眼鏡、計時計、各種航海器具。

除前記外，交戰國認爲尚有可供戰爭及平時用之物件，可發宣言，追加於條件的戰時禁制品表中。並知照各國（第二十五條）

除絕對的及條件的禁制品外，倫敦宣言復有不能宣告爲戰時禁制品之規定，即所謂自由品，不能供戰爭用之物也（第二十七條。）其種類如次（第二十八條：）

(1)生棉花、羊毛、絲黃麻、亞麻、苧麻、及其他機織業所用原料及織紗；

(2)造油之種籽，及果實哥浦拉；

(3)橡皮脂膠、漆水、拉克皂莢；

(4)生皮、角骨及象牙；

(5)天然及人造肥料（包含適用於農業之硝酸鹽、及燐酸鹽；）

(6)礦石；

(7)土、黏土、石灰、白堊及石（包含大理石、石板）磚瓦；

（8）磁器及玻璃；

（9）紙及其原料；

（10）肥皂、顏料（包含專供製造用者）及洋漆；

（11）漂白粉、鹼灰、苛性鹼、亞摩尼亞、硫化銅；

（12）農事機器、採鑛機、織物機、及印刷機；

（13）寶石、半寶石、眞珠、及珊瑚；

（14）鐘錶（除計時計）；

（15）流行品、奢侈品；

（16）各種羽毛品；

（17）各種家具、裝飾物品、事務所用具及附屬物。

此外，專供於看護病者傷者使用之物件材料，及船內乘員搭客使用之物件，不得視爲戰時禁制品。但軍事上有緊急必要時，而該供於病者傷者之物件運送方向，又爲敵國領土或敵軍佔領地者，得給以報酬而徵發之（第二十九條。）

C　關於違反中立

倫敦宣言認中立船隻，專以運送補充敵軍人員及傳遞有利於敵之消息，或所有者、傭船者、船主、已知情而運送敵國軍隊之一部，或直接援助敵之行動者，交戰國得將該船隻捕獲沒收，與運禁制品而沒收之商船同等待遇（第四十五條。）惟倘未知開戰之舉，或既知開戰而無機會可以卸去其船客者，則爲例外。若中立船(1)直接參與戰鬬行爲者；(2)受敵國派遣在船上之代理人之監督與命令者；(3)爲敵國賃租者；(4)專從事輸送敵國軍隊及傳遞消息者，得予捕獲沒收，適用敵國商船同等之處分（第四十六條。）

D　關於中立捕獲船之破壞

在原則上，捕獲中立船隻，不得即行破壞，應先拘至設置審檢所之港口，審檢其捕獲是否正當（第四十八條）。但依法捕獲中立船隻致有危及軍艦安全，且害及其所從事之作戰行動計劃者，如理應沒收，即可破壞（第四十九條。）破壞之前，一切人員，應置於安全之地，有關之文件及人員等，可移置於軍艦，以待證明捕獲之是否有效（第五十條。）此種破壞，縱有正當理由，而其捕獲經檢定爲不正當者，則捕獲者對於利害關係人，應給賠償（第五十二條。）而該貨物之所有者，亦有受賠償之權利（第五十三條。）此外，捕獲者於不應沒收船內之應沒收貨物時，得要求船主交出貨物，辦完破壞及其他手續後，應許該船主繼續航行（第五十四條。）

E　關於改懸中立旗

改旗若在航海中或封鎖港內爲之，或未遵行本國國法中所定關於懸掛國旗之權利上之要件，或出售猶保留其買回或取回之權利者，改旗絕對無效。開戰之後，敵船改懸中立旗，固應無效，惟若能證明其並不爲免敵船所不免之結果者，則爲例外（第五十六條。）反之，敵船在戰前改旗者有效，惟能證明其意在避敵船所應受之諸結果者，則爲例外（第五十五條。）

F　關於敵性

船隻視其懸掛之國旗，而定其爲敵性與中立性（第五十七條。）在敵船之貨物，因所有者之爲敵性或中立性而定之，（第五十八條）船雖改懸旗幟，而未到達所向地之前，敵船內之貨物仍保持其敵性（第六十條。）敵船內無法證明爲中立性之貨物，概爲敵貨（第五十九條。）

G　關於軍艦護送

中立船受本國軍艦護送時，免於搜檢，護送軍艦之司令官，應以文書答覆交戰國軍艦司令官之訊問（第六十一條。）交戰國軍艦司令官仍有疑慮之時，應將所疑各點知照，護送軍艦司令官得爲查考，並錄成報告，以一謄本送致交戰國軍艦司令（第六十二條。）

護送軍艦司令官，如發見所護送之船舶有捕獲之正當理由時，得撤回對此船舶之護送。

H　關於搜檢之抵抗及賠償

被搜檢或被命停止之船舶，對行使合法的捕獲權者以強力抵抗之時，得將其船舶沒收，其貨物視同敵貨處置（第六十三條。）

賠償卽對於非法的捕獲而抵補其所受損失之謂。凡被捕獲之船或貨，經捕獲審檢所斷爲無效，或不經審檢而釋放者，其利害關係人有要求賠償之權利，否則須拿捕時有正當之理由（第六十四條。）

倫敦宣言經出席各國全權簽字，約定信守。如第六十六條謂：遇有戰事，其交戰國雙方皆爲本宣言加盟之國者，應盡力維持宣言中一切規定之相互遵守，足見倫敦宣言之重要性也(註一)。

註一　研究倫敦宣言之專門書籍甚多，茲略舉二種，以供參考。

Bentwich, The Declaration of London.

Cohen, The Declaration of London.

第十一章　自柏林會議至世界大戰爆發(下)

第一節　和平解決國際紛爭手段之進步

和平解決國際紛爭之手段，各國相互間早有部分的規定及適用，惟由國際會議正式簽訂條約爲確定之規律者，實始於一八九九年之第一次海牙保和會議會議簽定和平解決國際紛爭條約(Convention for the Pacific settlement of International Disputes)，一九〇七年第二次海牙保和會議加以修正。

從來認爲和平解決國際紛爭方法之斡旋(Good offices)，居中調停(Mediation)，國際調查之審理(Investigation of International Commission of Inquiry)及仲裁裁判(Arbitration)四者(註一)，均明定於海牙條約中，使向無明文規定的外交上之不定手段，俾有國際法例遵循，而構成成文國際法之一部。其效果，對於不定的人事關係，無異設以新的成文法典。

本條約中曾決定和平解決國際紛爭之二大原則，即(一)各國在開戰前，承認有實行和平解決國際紛爭手段之義務；(二)第三國不應袖手旁觀，得設法調處，以促進和平。雖然，在日後之事例上推之，該條約非無缺陷之處，然由國際法史上觀之，實已開一新紀元矣。

註一　有者認爲外交談判(negotiation)，亦爲和平解決國際紛爭之一手段。(Oppenheim, International Law, II. §3,4.)

國際紛爭之形態，大致可分爲政治的紛爭(Political Disputes)與法律的紛爭(Judical Disputes)二種。因此，和平解決紛爭之手段亦從而分爲政治的手段與法律的手段之兩種範疇。

大戰前和平解決國際紛爭之手段
- 政治的手段
  - 斡旋
  - 居中調停
  - 國際審查委員會
- 法律的手段
  - 仲裁裁判

甲　政治的手段

(A)斡旋　斡旋一語，在外交用語中，原有數種意義(註一)。一般言之，卽立於紛爭以外之第三國，爲調處紛爭國之事態，以促成紛爭國相互間有直接談判之機會，或立於紛爭國之間，予以媒介或助言。惟其與居中調停之區別，卽在不參與雙方之談判。

(B)居中調停　居中調停與斡旋之差異，第三國(不限於一國)立於紛爭國之間，其性質雖均爲勸告(Advice)，而居中調停往往由第三國立於指導地位。然其異於干涉者，乃僅以紛爭當事國之友好關係，作成紛爭當事國雙方可以受諾之談判的基礎條件，使雙方能順利進行其和平談判，非帶有『必然』或『裁判』的性質。

註一　斡旋在外交用語上有三種意義：(一)指平時或戰時，某外國使節對駐在國政府而代表第三國政府和人民之利益，(二)使節對駐在國政府，爲本國人民而提出某種要求，如商務損害賠償等，不須外交談判，卽可解決者，(三)指處理國際紛爭之一方法。

一八五六年之巴黎條約，始明文規定斡旋與居中調停之手段。同條約第八條規定：『土耳其與本條約簽字國之一國或數國間，如有威脅國交維持之紛爭時，土耳其或簽字國得於訴諸武力之前，請求其他締約國之居中調停，而盡力避免非常手段。』同條約附屬議定書更以英國全權格蘭倫敦之動議，述明『本全權委員等在各國間發生重大之紛爭時，執行武力之先，限於事情之所許，希望友邦斡旋。』其後，一八八六年二月柏林會議關於剛果之議定書，亦有類似之規定（註一）。海牙和解國際紛爭條約關於此點之規定，尤爲詳盡。計第二條至第八條，均爲規定斡旋及居中調停之條項。其要點如次：

（一）締約國遇有重大紛爭事件，在未用兵之前，應請友邦斡旋或調停（第二條）。

（二）第三國可不待紛爭國之請求自行斟酌形勢出任斡旋或調停。即開戰期內，亦有斡旋調停之權，而紛爭國對第三國之此種施行，不得認爲惡意（第三條）。

（三）但斡旋與調停，祇有勸告性質，並無拘束力（第六條）。

（四）同時允受斡旋與調停之國家，除有特別規定外，不妨害其動員或備戰之舉（第七條）。

（五）除普通調停外，尚規定特別居中調停。即締約國，如遇有重大衝突而危及和局，紛爭國可各舉一國，畀以委任，由所舉國彼此直接商洽以維邦交。此商洽期間不得逾三十日。其間，紛爭國停止直接交涉，由調停

註一　柏林一般議定書第十八條規定『……如在該領土範圍內之重大紛爭，而起諸本議定書之簽字國或將來加盟國間時，該紛爭國相約在訴諸武力之先，得俟一國或數友邦國之居中調停。』

國竭力了結爭端（第八條。）

由是，在國際法規上正式承認斡旋與居中調停爲和平解決國際紛爭之手段。

海牙和約將斡旋與居中調停相提並論，在歐戰前之國際條約或外交文書，亦往往將斡旋與居中調停二者混用。列國政府之交換意件事實上可解爲 good offices（斡旋）者文書上多用 mediation（居中調停。）但國際法學者間，則認二者有別，不可混用。

至於居中調停之實例，在第一次海牙和會以前，除羅馬教皇調停西班牙與德意志之衝突外，尚有一八六六年法皇拿破崙第三爲德奧調停，一八六七年俄奧荷等國爲法普調停，一八八八年西班牙爲意大利及哥倫比亞調停，一八九五年葡萄牙爲英吉利及巴西調停等，不克細舉。

特別居中調停，雖有明文規定，似未實際運用（註一），然其爲日後和解手續(Conciliation)之淵源，亦不無重視之價值在焉。

（C）國際調查委員會　和平解決國際紛爭條約第九條規定：「國際紛爭起於事實上見解之歧異，無關於名譽及重大利益者，締約各國認爲此等事項，倘不克以外交手段妥協時，可審度情形，設國際調查會。依公平之調查，辨清事實，以謀紛爭之解決。」第一次海牙和會訂定此規定以來，國際間間常適用。如日俄戰爭中，英俄兩國發

註一　信夫淳平著國際紛爭與國際聯盟頁三八四。

生之北海事件(The North Sea or Dogger Bank Case)(註一)及意土戰爭中，法國郵船達維尼諾號及小船二艘爲意國水雷艇拿捕或砲擊之事件，均由國際調查委員會解決。

惟依第三十五條規定，報告中以記述事實爲限，絕無公斷判辭之性質。各紛爭國對此報告，有接受及拒絕之自由。是則，北海事件之國際調查委員會，不免有超越當日現行國際上所屬之權限範圍。

於是，第一，國際調查委員會所處決之事項，限於事實上見解差異之紛爭，而不能及於名譽與重大利益，足見此等機關非能普遍審理一切的國際紛爭。第二，國際紛爭之中，多以名譽與重大利益爲基因者，國際調查委員會即無處理此繁重的紛爭事件，其機能之薄弱可知。第三，國際調查委員會並無在審理未終了前，限制紛爭國不得訴諸武力之規定。因此，殊難以防止戰爭行爲之發動。

其後，美國國務卿布里安於一九一三年四月二十四日，在華盛頓招集三十九國外交使節，宣言願與各國締結對於一切國際紛爭，不問其性質如何，應交常設國際委員會審理，在未接審查報告前不得開戰之條約。此即和平促進條約，世稱布里安條約(Bryan Peace Treaties)。同年八月七日與薩爾瓦多，十二月與荷蘭先後簽訂此種條約，及至一九一四年十月，與美國簽約者達三十國。依一九一四年九月十五日簽訂之英美條約，其要點如次：

註一 一九〇四年十月二十一日之夜，俄艦在 Dogger Bank 擊沈英漁船一艘，死傷若干，遂引起兩國爭端。其後經法國勸告，由英俄法奧美五國各派高級海軍將校一名，設國際調查委員會，負調查事件之責任，及申報責任者處罰之意見。一九〇五年二月十五日製成報告書，擬定英國不得要求俄國處罰其責任者，俄國對遭難者賠償六萬五千鎊之意見。本事件因而妥協解決。

（一）一切紛爭，不問其性質如何，若不能依外交手段而處理時，則提交常設國際調查委員會審查，兩締約國約定在未接報告之前，不得宣戰或開戰（第一條）。

（二）國際委員會以五人組織之，即締約國政府自本國人中各選一人，自第三國人中各選一人，其餘一人任爲議長，由兩國協議選定非紛爭國之公民，亦無在紛爭國有寓所者（第二條）。

要之，布里安條約較諸海牙條約爲進步者，一在任何紛爭均須交付國際調查，擴大國際調查機關之機能；一在宣布報告之前，不得開戰。各國在紛爭時期，苟能遵守此條約之規定，當可減少許多戰爭之危機，故布里安條約有"Cooling-off" Treaties之稱。

乙　法律的手段

仲裁裁判，乃以和平方法解決國際紛爭程序之一種。依紛爭國同意約定將其爭端交由兩國選定之裁判官或仲裁委員會，按仲裁程序，聽取兩方之意見，根據文明國家共同遵守之法律，而對爭議加以公正之判決。換言之，「以爭議當事國自己選任之裁判官，而依尊重法律的基礎，以解決該當事國間之爭議爲目的者也」（註一）。國際仲裁與居中調停之別，則因仲裁之性質乃屬於一種法律行爲，其判決有拘束力，而居中調停，並無判決，僅有勸告與建議以幫助爭議解決而已。

仲裁早在古代希臘已已實行，至羅馬時代，以其國民的自負心，與他國紛爭之解決，不願運用仲裁裁判之手

註一　周鯁生著：現代國際法問題頁一三〇。

段。降及教會興盛時代，歷代教皇常任各國之仲裁者(註一)。歐洲春秋戰國時代，互以武力角逐，仲裁遂爲旁落。然局部之國家間，未嘗無利用此手段者，如一二三九年威尼斯與熱那亞之條約，一三二一年英國與布里達尼之條約中，均有仲裁裁判之規定。十九世紀以來，仲裁裁決始顯著發達。據專家估計，一八二〇至一八四〇年僅八件，一八四〇年至一八六〇年爲三十件，一八六〇年至一八八〇年爲四十二件，由一八八〇年至一九〇〇年止，爲九〇件；一九〇一年至一九一四年之十四年間，則竟達二百件(註二)。

另據蕭曼氏之統計，則爲如下(註三)。

一八〇〇——一八五五	六
一八六五——一八九四	三〇
一八九四——一九〇〇	五〇
合計	八六
一九〇五——一九一四	一二三

另據法人菲律德(von Afrod H. Fried)之計算，自一七九四年——一九〇〇年共二一六件(註四)，渥爾夫(L.S. Woolf)則謂自一八一五——一八九九年共二百件(註五)。其數目雖有出入，但足見仲裁裁判在十九世紀異常進步。

十九世紀仲裁裁判之所以日趨發達者，實基於各國人民欲以和平解決紛爭之要求之日益迫切。在仲裁之

註一 教皇亞歷山大六世嘗裁決西班牙與葡萄牙兩國間之國外領土紛爭。

註二 信夫淳平著國際紛爭與國際聯盟頁三二九。

註三 Schuman, ibid., p. 211.

註四 Fried, Handbuck der Friedensbewegung, 2 Aufl, 1911, p. 191.

註五 L. S. Woolf, The International Government, p. 66.

事例上，給仲裁之發達以大影響者，莫甚於一八七一年之阿拉巴馬（Alabama）事件（註一）。阿拉巴馬事件之前，英法間曾發生一八四二年之波爾登捷克封鎖事件（註二）。波爾登捷克事件由普魯士國王之仲裁，僅以法國賠償英船之損害而解決。而阿拉巴馬事件不僅賠償問題，且涉及中立國權利義務之法律問題，及所謂國家威嚴之體面問題。

自第一次海牙和約成立，設置常設仲裁法院（事實上非常設的）以來，到一九〇七年第二次海牙和會之八年間，曾裁決異常複雜之紛爭事件四件，即（一）美墨間要求歸還教會基金事件，（二）英、德、意對委內瑞拉索償而使用兵力封鎖事件，（三）日本外國人居留地家屋稅事件，（四）馬斯加特船舶（Muscat Dhows）法權事件。自第二次海牙和約成立，至歐洲大戰爆發之七年間，曾在常設仲裁法庭處決之重要者，計有十件，即（一）摩洛哥加薩布蘭加德國領事權限事件，（二）瑞典挪威之海面境界事件，（三）英美兩國之北大西洋漁業權事件，（四）奧里諾克（Orinoco）輪船公司事件，（五）英、法間之要求引渡印人薩佛爾加（Savarkar）事件，（六）意大利、秘魯間

註一　美國南北戰爭中，英國製造之汽船 Alabama 號，自利物浦出航，駛至太平洋 Azores 島時，自英國駛來之三艘輸送艦，裝載槍砲彈藥，以充捕獲北軍船舶之用。戰後，美國政府對英要求賠償損失。一八七一年五月付諸由英、美、意、瑞士、巴西五國元首各指定一名之仲裁者裁判，同年十二月在日內瓦開庭，歷經九月，開會三十二次。一八七二年九月裁決英國對美國賠償一五五〇萬元（約三二五萬鎊）。

註二　法國與非洲之民族交戰中，未爲適法之宣言，而封鎖西歐之波爾登捷克港，英國商船蒙受損害，英提出賠償要求，法不應，後由普魯士王裁決。

之卡尼維諾(Canevano)債權要求事件，(七)俄土間要求一八七七年戰爭之損害補償延滯利息事件，(八)意大利軍艦拿捕法國商船加爾丹吉號事件(九)意大利軍艦拿捕法國商船馬洛巴號事件(十)荷蘭葡萄牙兩國間關於特摩爾(Timor)島境界事件(註一)。

至於美洲方面，一八七四年美國衆議院已通過由仲裁裁判而解決一切國際紛爭之決議。一八九〇年兩院聯合會議，重加議決。先是，一八八九年第一次汎美會議，將義務的仲裁裁判列上議事日程，因當時墨西哥與危地馬拉，智利與阿根廷，均因境界問題之紛爭未決，不願義務的提交仲裁，致未成立。一八九七年英美簽訂關於仲裁裁判之一約。分紛爭案件爲二類：(一)不包含領土問題或國家權利問題的案件，付於普通構成之國際仲裁法庭審理；(二)此外之案件，付於由六人成立之特別仲裁法庭審理。特別法庭，由美國大理院或巡回法庭之法官三名，及美國大理院法官或樞密顧問官三名組成。判決須有五人之同意。此條約世稱"Olney-Pauncefote Treaty"，因美國上議院未加批准，致未生效。一九一一年八月英美、美法間，成立總括的仲裁裁判條約。美大總統塔虎脫且在『美國國際紛爭司法的處理協會』之常年大會上，提倡一切國際紛爭。不問爲關於國家名譽或重大利害，均應由仲裁裁判解決云。足徵一般國家對於仲裁解決國際紛爭之重視。總括的仲裁裁判，尤爲進步之產物。其應交付裁判之事件，須具備下述四要素：即(一)紛爭屬於國際的事實；(二)不能依外交手段處理者；(三)基於條約上及其他之權利者在依法律及平衡原則的適用，而得以決定其性質上爲附訟的事件。然而英美，美法之條約以

註一　信夫淳平著國際紛爭與國際聯盟頁四〇一——四〇九。

美國上院加以修正，終成廢案。但各國間多已締結類似的仲裁條約，如一九〇二年阿根廷與智利，一九〇四荷蘭與丹麥，一九〇五年意大利與丹麥，一九〇七年丹麥與葡萄牙，科斯太里加，危地馬拉，洪都拉斯，尼加拉瓜及薩爾瓦多諸國間，及一九〇九年意大利與荷蘭先後所締者，均具總括的仲裁裁判條約之性質。又美國到一九一四年十月，與東西洋各國成立此種條約者達三十國(註一)，除巴拿馬及聖多明各外，均經美國上議院批准。

一九一五年五月，南美之阿根廷，巴西，智利三國間，且成立規定常設國際紛爭審查委員之所謂A.B.C.條約。

前面已簡要論述仲裁裁判之發達，其次再探討海牙和會時代仲裁裁判之內容。

仲裁裁判雖為法律的的手段（國際紛爭中非關於法律條約事項不付之於仲裁），然非謂關於法律條約事項，均當一一付之於仲裁也。法律事項中關於紛爭國之名譽或生存上有重大利害者，不交仲裁。

法律條約事項中，特種事件付之於強制的仲裁裁判(Compulsory arbitration)。換言之，事關法律條約之紛爭，而必須付之於仲裁者，謂之強制的（或義務的）仲裁裁判事項(註二)。其事項之為何，則依特別條約定之。第一次及第二次和會對此義務的仲裁裁判，曾先後討論，德國首加反對，奧、意日隨之，謂義務的仲裁裁判制與國

註一　未和美國締結總括的仲裁裁判條約之國家，美洲僅為墨西哥及哥倫比亞；亞洲僅為日本；歐洲為德，奧，匈，及比利時。

註二　學者所舉義務的仲裁裁判事項，認為左列條約之適用解釋發生紛爭時，則必須付之仲裁裁判。（一）郵政電信條約及電話條約，（二）保護海底電信條約；（三）關於鐵道條約；（四）關於船舶之碰撞條約；（五）保護文學美術條約；（六）關於工業所有權（例如發明特許，製造商標及商號所有權）條約；（七）度量衡條約；（八）扶助貧困病者條約；（九）關於衛生條約；（十）關於民事訴訟條約；（十一）犯罪人引渡條約；（十二）境界條約不關於政治者。

家主權之觀念衝突，且覊肘軍事行動，實爲不當。結果，僅規定第三十八條之內容。

此外，未必須付之於仲裁之事項稱之爲任意的仲裁裁判事項。

於是，國際紛爭事件中之付於仲裁者，有如左表：

- 國際紛爭
  - 政治的事項——不付於仲裁
  - 法律條約事項
    - 1 關於國家名譽生存上重大利害者——不付於仲裁
    - 2 付於義務的仲裁裁判者
    - 3 付於任意的仲裁裁判者

仲裁之國際的規定，始於一八九九年之海牙和會時，英、美、俄各提出仲裁裁判制案，因俄案係根據國際法學會及一八九五年菲律賓開會之萬國議員聯合大會先後起草之國際裁判手續案，故較完善，大會以俄案爲討論基礎，成立和約。該約第十六條規定，凡關於法律性質之爭議事件，認仲裁爲最有效最公平之處決方法。一九〇七年第二次海牙和會，又重申仲裁之綱領，而加以增修。一九〇七年之海牙和約第三十七條規定：國際仲裁之目的，係由各紛爭國選派之審判官，以尊重法律爲本處決各國之紛爭。請求仲裁，即含有服從仲裁判詞之約束。第三十八條規定：凡屬法律性質之問題，如條約之解釋及適用，其不能依外交手段解決者，締約各國共認仲裁爲最有效最公平之法。於是，凡關於上述問題發生爭議時，締約國於情勢所許之範圍內，務宜訴諸仲裁。又第四十條規定，除已訂公約或專約言明訴諸仲裁爲其義務外，締結國得保留締結特別或一般新約之權，以推廣強制仲裁於其認為可以交付仲裁之事件。

常設仲裁法庭之構成，由各締約國選派熟悉公法，名望素著者，最多四人，充裁判官，通知事務局，事務局將其名單知照締約各國。數國得共同選一裁判官，一裁判官得受數國之任命。裁判官任期六年，期滿可連任，出缺則選補之（第四十四條。）締約國遇有爭端，欲訴之於常設法庭者，應於裁判官總名簿上選出裁判官組織審理。非有特別規定，則依下述方法，組織該法庭。紛爭國選定裁判官二人，其中一人可為本國人或由該國選派為裁判官者。此等裁判官更協議選定裁判長一人。苟投票各半，則以雙方協議，公請第三國，代為選派一人為裁判長。如仍有齟齬，可各請一第三國，即由被請之國協議選定裁判長。兩月之內仍不能商妥時，紛爭當事國可於名簿中，除已選者及其國人外，各選二人，用拈鬮之法，定一人為裁判長（第四十五條。）

法庭組織既成，紛爭國應將請求仲裁之意，仲裁契書，及裁判官名銜，知照事務局。仲裁日期由雙方協定。裁判官在外國執行職務時，享有外交官之特權及免除權（第四十六條。）常設法庭駐於海牙（第四十三條。）另置行政評議會，以締約國駐海牙之外交代表及荷蘭外長組織之。

訴訟法大致分為文訴與口訴兩種（第六十三條。）仲裁法庭於解釋仲裁契書，並案中得引用之各項文據，與適用法律上之原則，得自定其權限（第七十三條。）紛爭國應將所有裁判時應用各件，儘數供諸仲裁法庭（第七十五條。）判詞當衆宣讀（第七十九條。）判詞正式宣讀，且知照紛爭國之專員後，即認為確定，不得上訴（第八十一條。）惟紛爭國可於仲裁契書中，保留仲裁判詞可請覆核之權利（第八十三條。）

此外，因法國代表之提議，而規定簡易之訴訟法，卽紛爭國各選派一裁判官，合選一裁判長（第八十七條）。訴訟祇准用筆寫，惟對於紛爭國之專員，或證人及鑑定人等可請其口辯（第九十條）。

第二節　國際立法與國際行政之發達

國際法制主義爲近代國際社會的偉大理想，換言之，以國際間的立法爲統馭國家間之關係，乃文明世界唯一的特徵。自第十九世紀以來，國際立法條約（Law-making treaty,）日漸增加，誠如國際法大家莫爾（John Bassett Mooro）所言：『過去百年間之業蹟，卽在國際關係之統治上最可注意之一事，厥爲國際立法（International legislation）誠大有裨益於國際法之變更與改良也』（見下頁註一）。純然的國際立法，當以一八一五年維也納會議爲嚆矢，其進步極速，茲舉其發達之情形如次：（見下頁註二）

年次	件數	年次	件數	年次	件數	年次	件數
一八六四	九	一八七八	七	一八九一	九	一九〇四	四
一八六五	七	一八七九	一	一八九二	一	一九〇五	五
一八六六	三	一八八〇	六	一八九三	二	一九〇六	一七
一八六七	三	一八八一	二	一八九四	一	一九〇七	二四
一八六八	四	一八八二	二	一八九五	一	一九〇八	三
一八七〇	一	一八八三	三	一八九六	一	一九〇九	三

一八七一	二	一八八四	二	一八九七	一〇	一九一〇	九
一八七二	一	一八八五	一〇	一八九八	二	一九一一	一七
一八七三	三	一八八六	七	一八九九	八	一九一二	九
一八七四	一	一八八七	三	一九〇〇	一	一九一三	七
一八七五	一	一八八八	二	一九〇一	一	一九一四	五
一八七六	一	一八八九	一四	一九〇二	一八	總計	二五七
一八七七	二	一八九〇	三	一九〇三	一		

僅在此半世紀中間立法事件已達二五七之多(註三)，整個十九世紀當然不止此數。在此二百數十件當中，對國際法最有關係的頗爲不少，茲爲參考便利起見，特詳列如後：

(一)維也納最終議定書(一八一五、六、九)

(1)瑞士之永久中立(第一一八條第十一項)

(2)國際河川之自由航行(第一〇八條——一一七條)

(3)廢止黑奴買賣(第一一八條第十五項)

註一　Proceeding of American Society of International Law, 1907, p. 252

註二　Hudson, International Lagislation, vol. 1 (Introduction)

註三　大戰後之立法事件由一九一九年至一九二九年共有二二八件，見 Hudson, ibid., (Introduction)

(4)外交官之種類(第一一八條第十七項)
(二)愛克斯拉沿倍爾會議議定書(一八一八、十一、二十簽字)
(1)外交官之種類(在代理公使之前加入代辦)
(三)倫敦條約(一八三一、十一、十五)
(1)比利時之永久中立
(四)巴黎宣言(一八五六、四、十六)
(1)海戰法規
(五)日內瓦條約(一八六八年八月二十一日成立復經一九〇六年七月六日之改正)——即紅十字條約
(1)凡未加入修正條約之國家間仍適用第一回之紅十字條約
(2)一八六八年日內瓦條約追加條款
(3)日內瓦條約之原則亦適用於海戰
(六)倫敦條約(一八六七年五月十日簽訂)
(1)盧森堡之永久中立(第二條)
(七)聖彼得堡宣言(一八六八年十二月十一日)
(1)禁止使用四百格蘭姆以下之爆發性及燃燒性之射擊物

（八）柏林條約（一八七八年七月十三日）
（1）確立保加利亞門的尼格羅，羅馬尼亞，塞爾維亞之地位
（九）剛果會議議定書（一八八五年二月二十六日）
（1）剛果河流域各國商民之通商自由
（2）同上地域之禁止奴隸買賣
（3）剛果地方之採擇永久中立
（4）剛果河及尼其爾河之自由航行
（5）非洲海岸之先佔
（十）君士坦丁堡條約（一八八八年十月二十九日）
（1）蘇彝士運河之中立及自由商行
（十一）布魯塞爾廢奴議定書（一八九〇年七月二日）
（1）禁止非洲之奴隸買賣
（2）取締非洲之酒精商業
（十二）第一次海牙和平會議之條約及宣言（一八九九年七月二十九日）
（甲）三條約

(1)和平處理國際紛爭條約
(2)關於陸戰法規慣例條約
(3)日內瓦條約之原則適用於海戰
(乙)三宣言
(1)禁止由輕氣球下投射爆擊物之宣言
(2)禁止窒息投射物宣言
(3)禁止達姆彈宣言
(十三)海郝斯佛特條約(一九〇一年十一月十八日)
(1)巴拿馬運河之永久中立等
(十四)第二次海牙和平會議十三條約及一宣言(一九〇七年十月十八日)
(1)和平處理國際紛爭條約
(2)限制收回契約上之債務使用兵力條約
(3)開戰條約
(4)陸戰法規慣例條約
(5)關於陸戰中立國及中立人之權利義務條約

(6)關於開戰時處理敵國商船之條約

(7)商船改裝軍艦條約

(8)關於敷設自動海底水雷條約

(9)關於戰時海軍力礮擊規約

(10)日內瓦條約之原則適用於海戰條約

(11)關於限制海戰中行使捕獲權之條約

(12)設立國際拿捕審檢所條約

(13)關於海戰中中立國之權利義務條約

(14)關於禁止由輕氣球投擲爆裂物之宣言(註一)

(十五)巴黎國際航空條約(一九一九年十月十三日)

平時航空法規

(十六)對德和平條款

關於國際河川

(十七)聖日耳曼條約(一九一九年九月十日)

註一　關於戰後之國際法規,可摘舉如次。(號數接正文)

關於取締兵器彈藥之輸出

（十八）華府海軍條約（一九二一——一九三一年）

（1）限制使用潛水艇及毒瓦斯

（十九）常設國際法庭組織法（一九二〇年）

（二十）日內瓦議定書及羅迦諾公約（一九二四年）相互保障及強制仲裁之原則

（二十一）巴黎非戰公約（一九二八年八月二十七日）

（二十二）倫敦海軍協定（一九三〇年四月二十二日）

自從威斯特發里亞會議（一六四八年）以來，因使館制度之通行，各國間的外交關係，息息相通，以至國際會議簇生，每聚各國代表於一堂，公開談判各國間之公共問題。在國際法上觀之，實屬長足之進步。但自產業革命以來，交通工具之進步，使國際間之距離縮短；且因經濟之繁興，國際關係亦日臻密切。於是類似暫時的國際會議，偶一召集，殊不足應付實際的需要，於是國際行政（International Administration）乃隨之而生（註一）。例如一八〇四之萊茵河航行國際委員會，一八五六年之國際電報聯合，一八七四年之國際郵政聯合，均為一種定期的國際會議，並設有國際事務局（International Bureau）以處理各該國際事務。

國際行政機關之創設，以一八〇四年之萊茵河航行國際委員會為嚆矢，其後六十年間，繼續設有七個機關，

註一　詳見 Hill, International Administration, 1933

由一八六四年至一八九〇年增加十三個；由一八九〇年至大戰前之二十五年間更增加二十三個，其速度不可謂不速（註一）。目下各種國際之一般的行政機關，特別設有國際事務局者，茲摘舉如次（註二）：

名稱	建立年月	地點	名稱	建立年月	地點	名稱	建立年月	地點
國際保護自然顧問委員會	一九一三		管理輸入非洲麻醉品中央國際局	一九一九		國際鐵路運輸中央局	一八九六	
國際關稅公佈國際局	一八九〇		國際商業統計局	一九一三		汎美郵便聯盟國際局	一九一二	
國際電話聯盟局	一八六五		國際郵便聯盟局	一八七四		國際度量衡	一八七五	
中美國際局	一九〇八		國際航空委員會	一九二二		國際病理學命名委員會	一九〇〇	
國際鐵軌統一會議	一八八二		國際家畜病學會議	一九二〇		國際交換處	一八八六	
國際水路局	一九一九		國際農業協會	一九〇五		國際冷藏協會	一九二〇	
國際牢獄委員會	一八八〇		國際公共康健辦事處	一九〇七		美國保護商標國際聯盟辦事處	一九二七	
常設仲裁法庭	一八九九		國際保護工藝品聯合辦事處	一八八五				

註一　P. B. Potter, An Introduction to the Study of International Organization, pp. 272-273

註二　引自大英百科辭書"International Bureau"條。

第十二章　世界大戰與國際法

第一節　世界大戰之爆發

自從普法戰爭以來，歷經三十年的武裝和平，乃竟在 Serajevo 事件一彈之下，爆發成歷史空前慘酷無倫的世界大戰。在戰前嚴陣以待的兩大帝國主義的壁壘，先後應塞爾維亞的對奧宣戰而開始行動。德國為要求俄國停止動員而戰爭遂作，法國為俄國之同盟國，有應援義務（Casus foederis），德國亦對法國開戰。德國為從速克服法國起見，乃經 Gemmenich 橫貫比利時而攻巴黎。英國以一八三九年有擔保比利時永久中立之義務，遂亦對德宣戰。日本與英國有同盟關係，亦在遠東太平洋加入戰團。不久，兩集團的與國先後加入戰爭，計其宣戰時日如次：

開戰國家	宣戰年月日	開戰國家	宣戰年月日
奧匈—德	一九一四·七·二八 八·一	德　俄	一九一四·八·三
德　法	一九一四·八·四	德　比	一九一四·八·四
英　德	一九一四·八·六	奧匈—俄	一九一四·八·六
塞　德	一九一四·八·七	孟　奧匈	一九一四·八·九
孟　德	一九一四·八·一二	法　奧匈	

英—奧匈	一九一四·八·一二	日—德	一九一四·八·二三
奧匈—日	一九一四·八·二七	奧匈—比	一九一四·八·二八
俄—土	一九一四·一一·三	法—土	一九一四·一一·五
比—土	一九一四·一一·六	塞—土	一九一四·一一·六
意—奧匈	一九一四·一二·二	聖馬利諾—奧匈	一九一五·五·二三
意—土	一九一五·六·三	保—塞	一九一五·八·二一
俄—保	一九一五·一〇·一四	法—保	一九一五·一〇·一八
英—比	一九一五·一〇·一八	意—保	一九一五·一〇·一九
德—葡	一九一六·三·九	奧匈—葡	一九一六·三·一五
羅—奧匈	一九一六·八·二七	意—德	一九一六·八·二八
德—羅	一九一六·八·二八	土—羅	一九一六·八·二八
保—羅	一九一六·九·一	美—德	一九一六·九·一
巴拿馬—德	一九一七·四·六	古巴—德	一九一七·四·七
巴西—德	一九一七·一〇·二六	希臘—保	一九一七·七·二
希臘—奧匈	一九一七·七·二	希臘—土	一九一七·七·二
暹羅—奧匈	一九一七·七·二三	暹羅—德	一九一七·七·二三
利比亞—德	一九一七·八·四	中國—德	一九一七·八·一四
中國—奧匈	一九一七·八·一四	美國—奧匈	一九一七·一二·七

希臘 德	一九一七・六・二	巴拿馬——奧匈	一九一七・一二・一〇
古巴——奧匈	一九一八・一二・一六	厄瓜多爾－德	一九一八・四・二一
尼加拉瓜——奧匈	一九一八・五・六	尼加拉瓜－德	一九一八・五・六
里加 德	一九一八・五・二四	海地 德	一九一八・七・一七
宏都拉斯 德	一九一八・七・一九		

（註一）

綜計與德國宣戰以及斷絕外交關係的共有二十七國，損失二千七百餘億萬金圓，喪亡三千萬人。此一場亘古未有之大戰，對於國際法的影響，該如何重大，當不難想像。

古時在德國陸軍中有一句格言"Kriegsraison geht vor Kriegsmanier"（即『戰時變法前於戰時常法』）簡單扼要說，卽在戰爭之前，無所謂法律。這種思想根本固爲謬誤，但在事實上，戰爭本是一種暴力行爲，要暴力行爲遵守法律，不啻一件滑稽難能的事情。豈意這種悲慘事實，卻在此次大戰中完全實驗出來，使令過去幾世紀由人類慘痛血史中所建築的幾多國際法規，殆已破壞無餘。同時，使許多國際法學者，對於國際法的權威，根本發生懷疑。（註二）

世界大戰中所發生的國際法問題，實不止一端，本篇所述者，乃採其犖犖大者，普通情形不在論述之列。

註一 U. S. A. Official Bulletin of Nov., 7, 1918

註二 參閱信夫淳平著國際政治之綱紀及連鎖。

第二節　比利時中立之破壞與戰數說

一八三九年十一月十五日之倫敦條約，由奧、法、英、德、俄五國承認比利時爲一獨立永久中立國(註一)。並於一八三九年另訂條約由上述簽字國保證之(註二)。當普法戰爭（一八七一）之際，英國恐交戰國有侵害比利時永久中立之危險，希望交戰國能尊重比利時之中立，結果乃分別締訂同樣之條約(註三)。故在普法戰爭中交戰國均能尊重比利時之永久中立，比利時亦特嚴正中立之態度，縱過境運輸傷兵亦所不許(註四)。當一九一四年大戰甫開，英國外相格瑞爵氏(Sir Edward Grey)卽分別向德法兩國政府質詢是否能確實保證比利時之永久中立，法國大使立刻答以保證，而德國大使則含混其辭，以必需請訓，方能作答。一九一四年八月二日據德國政府得到確實可靠之情報，謂法軍將假道 Givet, Nanuer 進軍至 Meuse 之線，乃急發出最後通牒與比利時，要求假道出兵先機制人(註五)，比利時對此嚴詞駁辯(註六)，不期八月四日朝，德軍已橫過比國邊境，比利時

註一　Stowell, The Diplomacy of the War of 1914, p. 380

註二　Nertslet, The Map of Europe by Treaty, Vol. II, pp. 994-997
Fuehr, Neutrality of Beligium, pp. 199

註三　英普之保證條約，締結於 1897 八月九日，英法則後此二日，文見 Hertslet, ibid., Vol. III, pp. 1866-1885, 1886-1888

註四　Dumas, Droit de passage en Temps de Guerre, (Revue Gén. de Droit int. Pub. 1909) p. 25

註五　Diplomatic Correspondence Respecting the War (Belgian Gov.) no. 12, pp. 18-19

註六　The Case of Belgium, p. 7

中立既經破壞，英國旋卽向德國宣戰。

關於中立問題，學者多有所論述（註一），其間最引人注意的，厥爲德國流的「戰數說」(Military Necessity, Kriegsraison)（註二）。德國對其侵入比利時一舉，常極力加以辯護。彼等之基本理由則謂『當生死問題之前，德國爲自衞自保(Self-preservation)起見，乃不得不先機制人』（註三），在不得已之前，無所謂條約與國際法，故當生死問題之前，條約直紙屑(Scrap of paper)耳（註四）。"Necessity knows no law"，戰爭的目的惟在取得勝利，爲達成此目的，縱卽平素認爲不可饒恕的手段，亦得視爲正當；至於一切平時的條約，均與宣戰同時消滅（註五）。

戈諾氏在其大著國際法與世界戰爭一書中，曾博引一般學者對戰數說之議論，氏並作簡單之批評云：

『觀此許多批評之理論中，在相當範圍內，非不可作法律上的辯護。就是說，一交戰國如因株守戰時法規，有招破滅之虞時，縱卽忽視戰時法規，亦屬正當。雖然，德國之學者，常將其所謂「戰時常法」(Kriegsmanier)與「戰時變法」(Kriegsraison)間的區別，魚目混珠，反將例外視爲一般的原則。他們將所謂自衞與單純之

註一 詳見 Garner Inter. Law and the World war, p. 183-217

註二 戰數說，亦有譯作軍事必要主義，或戰時變法。

註三 德外部之辯護詞見 English White Book, no. 157 (1914)

註四 Schoenborn, Deutschland und der Weltkrieg, p. 532

註五 Holtzendorf, Handbuch des Völkerrecht IV, §§65-6

作戰上的利益和便宜混爲一談，並且設定一種廣泛而且不適當的原則——如遵守戰時公法而違到作戰之目的時，即可不必遵守。」

氏又謂『由此戰時變法所起之問題，並非戰時法規之完備與否，或某項條款是否合適的問題，祇爲一種必要(Necessity)而已。此種「必要」並不是戰爭上的必要，而是勝力上之必要，於是便將戰時常法的權威，剝奪無餘。』事實上，這種理論推論的結果，便成爲軍事作戰利益的至上主義，適與古諺"Omnialicere quæ necessaria ad finem belli"不期而然，必須否認國際法。(Westlake, International Law Vol. II., p. 116)誠如De Visscher所言：無限制的適用戰時變法，不僅反乎平日促成海牙保和會議之一般的精神，且爲明白否認陸戰法規慣例條約第二十二條「交戰者並無限制的選擇害敵手段的權利」之規定，可謂至言明論矣。』(註一)

戰數說之爲人類所不恥，可盡於戈諾之批評中，惟苟吾人冷靜觀察，所謂中立問題之本身，已發生搖動。蘇俄國際法學家科羅文(Korovine)嘗指摘謂：交戰國雙方嚴守同一法律的法度態度，而絕對不關與戰爭這種古典的概念除少數例外，在今日之戰爭中，幾僅爲一束具文而已。其原因並非出乎各政府的惡意乃至陰謀，實則從戰爭自身的規模與經營，中立的觀念已被破壞無餘(註二)，可謂中肯之談。

註一　Garner, International Law and the World War, Vol. II, pp. 196–197

註二　米村正一譯：過渡期國際法頁二五〇——二五一。

關於陸戰，以德國侵害比利時之永久中立，倍受輿論之交難。其後，英德兩國艦隊之行動，屢有違反國際法規之處，彼時當美國仍守中立之際，曾對英德兩國作種種交涉，以期擁護美國在戰時中立國的權益（註一）。

在戰時最主要的問題，當爲航行自由與戰時禁制品二項。英國在第二次海牙保和會議時，極力主張廢止戰時禁制品，因爲英國是殖民帝國，一切原料須由海外供給，苟戰時禁制品限制過嚴，勢與英國不利；但一至世界大戰，因英國厲行封鎖北海政策，反主張增加戰時禁制品之數目，即將當時附條件之禁制品，亦視爲絕對禁制品。海上臨檢，亦不依常規，時有將中立國船舶，強迫開駛臨檢港。英國並常以復仇（Reiiation）或報復（Reprisals）之名義，將國際法上所禁止之行爲，恆加諸敵國，同時亦時有以同名義，侵害中立人之權利。一九一五年二月上旬，德國被英國海軍封鎖，食糧大起慌恐，德國爲報復此種違反國際法之妨礙中立國商業的政策，乃宣言凡在『戰爭區域』(kriegs-gebeit)，圍繞英國之海面上，遇有敵國商船，即毫無顧慮而加以破擊（註二）。因此，直使中立國人民不得搭乘交戰國之船舶，並時有將中立國船舶，誤認爲敵船之危險，是以航行於『戰爭區域』即認爲種冒險行爲，此爲德國第一次無限制的潛水艦戰爭。美國政府對德國之主張，出以強硬抗議，而主張美國人及美國船，

註一　American Journal of International Law, (1915) Special Supplement, p. 7

註二　American Journal of International Law, XI, (1917) Special Supplement, pp. 330-335

或美人乘交戰國之船舶，均有航海大洋之權利。英國與其他聯合國對德國的不法措置，實行報復，於三月一日起，禁止一切貨物由德國出入，凡可推定其爲運往敵地或載運敵國生產物之船舶，均迫令不得駛至同盟國港口(註一)。德國受此次之封鎖後，物資因長年戰爭之結果，已告枯竭，德國爲圖最後之爭扎起見，乃於一九一七年二月上旬，再度施行無限制的潛水艇政策。結果，美國起而對德宣戰，德國隨告戰敗。

第四節　空戰問題

在世界大戰中，除潛水戰而外，其最驚人的新戰術，當屬空戰(Aerial Warefare)。空戰不單使戰爭的性質一變，即對於交戰國及中立國的許多問題，亦發生極重大的影響。世人知道，在一世紀以前曾經發明汽球(balloon)用以觀察測量運輸及逃難的工具(註二)。傳聞一七九四年法軍曾在 Maubeuge, Fleurus 等處，使用輕汽球，以觀察奧軍之行動；一八一二年俄軍亦用過汽球，向法軍陣線拋擲炸彈。一八七〇年普法戰爭之時，巴黎被圍，法儒剛白達(Gambetta)曾駕氣球由巴黎飛出。至上世紀末年爆性輕動機(moteurs à explosion)發現，實爲航空機製造之一大革命。後來美國發明有 dirigeables（自動氣球）德國有徐柏林(Graf Zeppelin)伯爵發明有名之徐柏林氣艇，此項工具不久即成爲戰爭之武器。

註一　London Gazette, Feb. 21, 1917

註二　普法戰爭中，法國曾利用氣球，見 Bonfils, Droit International, p. 858

一九一四年八月二十五日有名的空中怪物——徐柏林飛船，出現於 Antwerp，擲下數枚炸彈，死傷多人（註一），從此同盟國及協約國方面競相利用空中作戰。於是因飛機技術之發達，戰鬬方法因之日精月異，飛機飛船不但可以在陣地作戰，且可飛至後方根據地，破壞其軍需工業地帶；爆擊大都市，以搖動人心；抛擲各種燃燒彈，毒菌毒氣彈藥作大量殺傷。當大戰之前，國際法中對陸海戰雖有相當規例，對於空戰法規則全付缺如。有之，不過第一次海牙保和會議時規定以五年為期禁止由輕汽船拋擲投射物爆炸物。迨至第二次會議時，航空術雖較為發達，亦單止於將期限延長，並未作何新的規定。惟海牙陸戰法規第二十五條規定禁止用任何手段礮擊無防禦都市，所以大戰中能視為與空戰以覊束的法規，亦僅此而已（註二）。

第四海牙協約附屬書第二十二條乃至第二十八號在規定害敵手段之正當與否，對於由航空機投彈以及潛水艦等之特別協約加以補充。不過從世界大戰的經驗來看，從來一切的限制，不僅不夠應用，而且甚不安定。科羅文謂：許多新戰術的濫用與戰爭的慘虐性，乃為法律的規範與近代技術要求的一種宿命的分裂之結果（註三）。蓋不從戰爭之原因根本下手而單限制戰爭技術方面，無異捨本求末，科羅文教授之言，頗足玩味也。

註一　松原一雄：現行國際法下卷頁七五六——七五七。

註二　參閱本書第十四章第三節。

註三　米村正一譯過渡期國際法頁二三四。

第五節　戰時禁制品與海洋自由

關於捕獲問題，本有一九〇九年的倫敦宣言，惜乎在大戰之前，並未得各國批准，理論上當然沒有嚴格的實施力。德國在開戰之初，曾經聲明，如果各國遵守倫敦宣言，德國亦當奉行無違；不過法、英、俄三國均主張須修正數點，方能遵行，美國則主張倫敦宣言之規定為不可分的，欲保留其一部而祇實行他一部分為事實法理所不許，其後鑑於聯合國之態度，乃宣言美國單基於國際法及國際條約認定其權利與義務，與倫敦宣言毫無關係云(註一)。

大戰中之所謂戰時禁制品問題，實為擴大戰爭之一重大因素，亦表明近代戰爭性質不斷在變革中之一實證。英國政府於一九一四年八月四日第一次發佈禁制品名單，除飛行一項改列為絕對的禁制品(Absolute contraband)外，餘皆按倫敦宣言。不一月（九月二十一日）又加入橡皮、生皮、熟皮，列為相對的禁制品(Conditional contraband)；十月二十九日發佈第三次禁制品令，將從前在倫敦宣言列為自由物品及相對的禁制品者，多改列為絕對的禁制品；十二月二十三日更追加若干項。翌年三月十一日又將粗羊毛、最劣之棉紗、蓖麻油、地蠟、阿莫尼亞等絕少用於戰爭目的之物者，亦列入絕對禁制品之內。其次如食料米麥之類，亦於一九一五年二月宣布列於絕對的禁制品。於是除了一部分與生活無大關係的裝飾品及奢侈品而外，殆無一非禁制品(註二)

註一　立作太郎：平時國際法論頁九六。

註二　Garner, International Law and the World War, ii, pp. 585–587

至於法國，以海上國的大英帝國之馬首是瞻，到一九一五年一月二日，法國的禁制品幾乎和英國一致(註一)。迨至一九一六年七月英法兩國乃完全否認倫敦宣言的效力，並且將相對的禁制品亦加入繼續航行(Continuos Voyage)(註二)之內。

戰時禁制品目之增加，必然的(一)影響中立國在戰時的通商貿易，(二)阻礙中立國戰時的航海自由。即所謂"Freedom of Sea"的問題(註三)，隨之而興。因海洋自由論之高倡，於是進而有廢止海上拿捕(註四)，戰時禁制品，以及封鎖之主張。要而言之，此次世界大戰之海戰中，經濟色彩日益濃厚，使戰爭之本質發生極大之變革，此種變革之基本意義，實為社會組織上之一大矛盾現象。所以大戰以前的海上法規，除一部分人道主義的消極規定尚勉強執行外，其他率與法規背道而馳；一紙法規之不能限制戰爭手段——特別是帝國主義的戰爭已由此次戰爭加以證實。

第六節　世界大戰之教訓

戈納在其名著國際法與世界大戰一書中曾經說過：

註一　Garner, ibid., p. 288

註二　Garner, ibid., p. 295

註三　在大戰中的海洋自由論有三種(一)為德國之主張，意在打破英國之海上權；(二)為威爾遜大總統所主張者；(三)為英法[illegible]德國之主張者。詳見松原一雄著現行國際法下卷二頁七四二——七四四。

註四　Liszt, Das Völkerrecht, p. 185

「上一次的世界大戰，是包含世界上大多數國家，用最新的工具，並採取最新式的方法——類似這種情形，無論在那種觀點上看，與歷來的戰爭決不相同。因此各國間所賴以規律戰爭行為的種種法規上發現種種缺陷，這當然是不可避免的；甚至於國際法整個的體系，亦根本發生極巨烈的動搖。同時，這次大戰對於交戰國及中立國雙方面之法律，可以完全看出何者應取或何者應捨的許多分歧的觀點；交戰國與中立國間關於各自權利的種種糾紛，亦多暴露出來。」

氏更繼續指出：

「第一，因戰爭劇烈，從前各國間所承認的許多法規，至此在一些特別新的情形下已不適合，不合邏輯及不能實用了。第二，此次戰爭指出現存的法規並不全璧，因為這些法規對於種種不同的新動作，新工具，無所致用。要而言之，在成立這種法規的當時，他們還未能豫想到會有這種情勢與環境。」（註一）

戈納氏的論調雖然如此，但他對於國際法的發展與改造，並不悲觀。他以為經這次慘痛的經驗、教訓，一定使國際法有相當的進益。當然，古典的，在軍國主義資本主義舊殼中的國際法，無疑已為礮火毀滅，而新的國際法，卻在社會經濟政治的再組織的過程中，辯證的演進。所以在大戰不久，便有許多改造的呼聲，例如國際法權威者勞特教授(J. de Louter, Prof. of the University of Utrecht)曾著國際法之危機(La Crise du Droit International)(註二)一文，論點極為精彩。氏謂：「現存之國際法團體，毫無疑義已被破壞無餘；如國際關係的舊組織

註一　Garner, ibid., ii, p. 452

註二　載 Revue Générale de Droit International Public (Jan.-Feb.1919)

著然，且已證明不適合於阻止戰爭之爆發以及約束暴力了。現在正彷彿病人在經過病理的危險期一樣，需要將其基礎及內容完全加以改造。經此改造後，國際法的內容，必須擴大範圍，足以統治一切國際商業、交通、財政、交易、衛生等等事項。在此新法律的基礎上必須主張正義，以維持國際之法的秩序；在此秩序中當然要尊重民族自決主義，否認征服的權利，如非經住民之同意，不得割讓土地，商業自由，航海自由，以及禁止締結秘密條約等等。

前述勞特氏主張的要點，顯然在建設一個 League of State 解除一切國際紛爭的內在原因。美國著名學者布里斯(Bryce)在一九一五年嘗大聲疾呼舉行國際會議，以從新更正陸海戰的法規及條例，且要將國際法上所應禁止的行為的細目，詳細加以裁列。對於違反國，必須加以適當的制裁(註一)。綜觀各意，以為這次世界大戰對國際法與世人的教訓，要有四點：

(一)防止戰爭的違法莫若根本防止戰爭之發生，所以一方面要根本解除戰爭的原因，極力設法和平解決國際紛爭；

(二)以為促進國際和平，必須設立國際的聯合機關，

(三)對於違反國際法的國家，由國際機關以集團的力量，加以嚴厲的制裁，庶幾可防止於事先，而懲膺於事後。

註一 Bryce, Outlook for International Law (Proceeding of the American Society of International Law, 1915)

(四)舉行國際會議，改善國際法制度，並統一國際法，卽以編纂國際法典，爲國際行爲之準則。

這種思想，是當時民主主義思潮必然的產物，亦可視爲當時國際法思想的主潮。

第十三章　世界大戰後之國際法（上）

第一節　凡爾賽和約與國際法

世界大戰末期，美國大總統威爾遜發表所謂和平綱領十四條，呼籲和平。旋德軍以最後之攻擊失利，中歐情勢日蹙，遂請求在和平綱領的基礎上，進行媾和談判。於一九一八年十一月十一日成立休戰（註一）。一九一九年一月十八日聯合軍方面各國代表開會於巴黎，繼在凡爾賽宮簽訂凡爾賽和約（註二）。

凡爾賽和約可分為兩部：一為國際聯盟盟約，一為對德條約。我們立於國際法史上之觀點，盟約實具有劃時代的意義，其內容至關重要。盟約計二十六條，前文揭示『締約各國，今為增進國際協同行事，並保持萬國之和平及安寧起見，特允擔承消弭戰爭之義務。規定各國公開平允榮譽之邦交，確立國際法之意旨，為各國政府間行動之正軌，並維持公道及民族團體間彼此待遇之際恪遵之義務。』顯已認定國際法為各國政府行動之原則。其次，規定國際聯盟組織，約定縮減軍備，設立國際法庭，並尊重聯盟各國之領土保全及現在政治的獨立，以及擁護被

註一　事先，保加利亞，土耳其，奧地利亞已與聯合軍締結休戰條約。

註二　一九一九年六月二十八日凡爾賽和約簽字於凡爾賽宮。其後同年九月十日對奧媾和條約簽於聖日爾曼；同年十一月對保加利亞媾和條約，簽於紐依；一九二〇年八月對土耳其媾和條約簽於塞威爾，以凱瑪爾之反對，至一九二三年七月，另結洛桑條約。

侵略之盟員國。又紛爭有影響於國交斷絕之虞時，盟員國須付諸裁判或提交理事會審查，非俟判決或審查報告後屆滿三個月，不得訴之戰爭。若盟員國違反此規定義務，而遽行開戰者，得視爲對所有聯盟之其他盟員有戰爭行爲。其他盟員即擔任立刻與之斷絕各種商業上或財政上之關係，並得由理事會促盟員國各出陸海空之實力，組成軍隊，以達保護盟約之目的。對於一聯盟國與一非聯盟國或兩國均非盟國之間發生爭議時，亦得進行處理。凡聯盟國所締結之各項條約及國際協定，須向國聯登記，否則不生效力。若業已不適用之條約，或繼續不已則將危害世界和平之國際狀態，得忠告盟員國重加考慮。而盟員國間所訂與盟約抵觸之義務或諒解則均行廢止。再其次，規定委任統治制度，適用於前德國之海外殖民地及土耳其在大戰中所喪失之土地。末後，規定設置國際勞工局，並處理人道主義立場之國際福利事業。

國際聯盟依盟約規定，由參加國家組成，所在地定爲瑞士之日內瓦 (Geneva)。聯盟設有四項機關：(一)大會 (Assembly)，(二)理事會 (Council)，(三)秘書處 (Secretariat)，(四)常設國際法庭 (Permanent Court of International Justice)。大會至少每年開會一次，凡盟員國均有派代表出席之權。

然則國際聯盟的地位究竟如何？乃歷來國際法學家所應解決的問題。國際法自國聯成立之後，已爲一大變革，以至產生所謂『新的國際法』(註一)。或謂從來之所謂國際團體，乃『無組織的國際團體』(unorganiz-

註一　Williams, Chapters on Current International Law and the League of Nations, p. 70; Harley, The League of Nations and the New International Law, 1921.

ed family of nations)，今則爲『有組織的國際團體』(organized family of nations)(註一)。而其國際關係，不賴乎從來的勢力均衡(Balance of Power)主義，而代以聯盟各國共同維持國際和平之責任的制度(註二)。總之，聯盟規約所定『確立國際法的原則，爲規律各國政府間行動之正軌』及『促進國際協力，且完成各國間的安寧和平』乃國際聯盟之目的和任務。因國際聯盟之成立及發達，世界得免除戰爭及暴力的支配，以至於受國際法的支配，也許能實現所謂國際法治主義(註三)。

學者論述國際聯盟之性質，曾有下列數說，即：

(一)國際聯盟是否爲『超國家』(Super-state)？

(二)國際聯盟是否爲從來的國家聯合 (Confederation, Staatenbund)？

(三)國際聯盟是否類似從來的同盟？

(四)國際聯盟是否爲特殊組織？

(五)國際聯盟有否國際人格？

第一說，以國際聯盟不是『超國家，』幾爲實際家政治家所公認，而多數學者也表贊同。參加聯盟盟約之起

註一　Oppenheim, International Law, i, pp. 320-321

註二　松原一雄著：國際聯盟與國際法（載日本國際法外交雜誌第二九卷第七號。）

註三　松原一雄著：國際聯盟與國際法（載日本國際法外交雜誌第二十九卷第七號。）

草的拉爾諾德會謂：無土地，人民與國權的聯盟，不能說是國家，尤其不能說是超國家(註一)。第二說，德國學者中，有將國際聯盟視爲國家聯合之一種(註二)。如許金格以國際聯盟類似一八一五——六六年的德意志聯邦，認國際聯盟有國際人格。然而事實上，國際聯盟不是一個支配聯盟各國的世界國家。或謂國際聯盟爲『特殊的聯邦』或『特殊的國際人格者』(註三)。至於類似同盟之說，殊難解釋聯盟之性質。因爲同盟以某種場合對他國之防禦或攻擊，卽以厲行戰爭爲目的；反之，聯盟爲排斥戰爭，以國際協力，共同維持國際和平爲最大目標。拉爾諾德倡第四說，認國際聯盟爲多數國家所構成的，類似 Association, Syndicat 及 Cooperation 之特殊組織(註四)。換言之，國聯非權利的主體，非人格者，而是條約關係。

統觀盟約二十六條，條文中許多規定聯盟『各國』的義務(Obligation of Membership in the League)等文字，故盟約爲聯盟各國間的國際法規(條約)，規律各國間之行爲的準則。聯盟的利益，爲聯盟各國之共同利益；聯盟的意思(will)，爲聯盟各國之共同意志。同樣，聯盟的行動，爲聯盟各國之共同行動，而聯盟大會或理事會，爲聯盟各國之共同動作的機關。茲引證下面的文章(註五)，藉以說明國際聯盟之性質。

註一　Larnaude, Conferences sur la Societe des Nations, Paris.
註二　Schneking-Wehberg, Die Satzung des völkerbundes,2 aulf.f.; Liszt, Völkerrecht ss.392-393; Verdros, S. Verfassung, s. 111.
註三　Oppenheim, International law; Cf. Sukiennicki,
註四　Larnaude, La Societe des Nations, PP. 4-5
註五　The league of Nations: Its constitution and Organization, 1923; Information Sec. p. 6, edited in Buell, International Relations, Rev. ed., p. 694

"It is note a separate organization existing spart from and above the states of which it is composed. It is international, not supernational.……The League is, in fact, a body of states working together on a common basis, seeking to promote their common interests in one co-operative effort for the purpose of which they have voluntary agreed beforehand to observe certain rules of conduct, and, in the natural interest, to limit their freedom of action in certain directions."

聯盟之成立，對於國際司法，國際行政及國際立法，已有莫大貢獻，乃為不容否認之事實。雖然其趨勢與表現的現實行為，離其理想——所謂國際法治主義。尚為遼遠，但不能不說它已踏入有組織的國際團體之途徑上（註一）。就盟約之成立，一般之見解言之，對國際法的新貢獻，至為重大（註二），其如：

1 確定國際聯盟為各國間之聯合機關；

2 確定國際法為各國政府間行動之正軌，並着手編纂國際法典；

3 國家獨立權之保障；

4 國家戰爭權之限制，即承認不訴諸戰爭之義務；

註一 Garner, Recent Developments in International Law, p. 643

註二 參閱周鯁生著現代國際法問題第一篇國際聯盟與國際法。

5 嚴正中立觀念之變遷；

6 國際制裁及維護被侵略者；

7 擴大和平解決國際紛爭之手段；

8 新設委任統治制度；

9 軍備裁減；

10 祕密諒解條約及協定之廢止；

11 勞工及其他各種福利衞生事業之國際的處理；

12 各國公平邦交，於組織的民族間之交涉上維持正義，及尊重條約。

凡爾賽和約除第一編國際聯盟規約撮要記述於前外，尚有（1）德國境界，（2）歐洲政治條項，（3）德國國外的權利與利益，（4）陸海空軍條項，（5）俘虜及坟墓，（6）制裁，（7）賠償，（8）財政條項，（9）經濟條項，（10）航空，（11）鐵道港灣，（12）勞工，（13）保障，（14）雜則等十四編，計共四百四十條。其中與國際法有深刻之關係者，如比利時永久中立之廢止（第三十一條）；盧森堡永久中立之廢止（第四十條）；在薩爾河流域設置代表國聯的施政委員會（第四十九條附屬書十六及二十一）；承認亞爾薩斯及洛林二州自一九一八年十一月十一日休戰條約簽字後復歸於法國主權之下（第五一條）；以但澤市為自由市，置於國聯保護之下，使波蘭政府處理該市之外交關係（第一〇二——一〇四條）；德國放棄國外之權益（第一〇八條）；德國放棄海外之領土（第一一九條）；德國承認英國在埃及法國在摩洛哥之保護權及放棄上述地方之治外法權（第四二條及一四七條）德國與中國所締結關於山東省協定條約而取得的權利及特權之全部，尤其膠州灣租界地，鐵道，鑛山及海底電線，讓與日本（第一五六條）；關於俘虜，抑留人民及墳墓之規定（第一四——二二六條）；認德皇威廉第二爲違反國際道義褻瀆條約之神聖犯重大罪惡，應行追訴（第二二七條）；在同盟及聯合國之法庭，裁判德國違反交戰法規者（第二二八——二二九條）；德國及其同盟國應負因其攻擊戰爭而加諸同盟及聯合國政府及國民所受一切損失與損害之責任（第二三一條）；德國對交戰期間內因其海陸空軍之攻擊以致同盟及聯合國普通人民及其財產所受之一切損害應行賠償（第二三二條）；德國若故意不履行賠償義務之場合，同盟及聯合國，得執行有效之措置（關於賠償第二附屬書十八）；無海岸之同盟國或聯合國之船舶，在其版圖內之某一定地帶，承認被登錄的揭揚之國旗（第二七三條）；凡爾賽條約中若非有特別之規定，則具有經濟上或專門事項性質的數國間之條約，尤其限於記載在凡爾賽條約中者，自凡爾賽條約實施之時起，可施用德國與此等條約當事國的同盟及聯合國之間（第二八二——二九五條）；屬於同盟及聯合國之新舊領土或保護國內之德國人民或其管理的公司之財產，權利及利益得有留置及清算之權利（第二九〇條B項）；承認敵人間之契約，當事者中有二人爲敵人之時，即爲無效的原則（第二九九條A項）；一切國民，財產，船舶在國際河川完全爲均等待遇（第三三二——三三三條）；設置多腦河及其他的各種國際委員會（第三四六——七條）；萊茵河東岸設定非武裝地帶（第四二——四四條），以及關於佔領萊茵河西岸領土與萊茵河東岸科羅尼，科布倫志，馬因斯及科倫（Cologne, Coblenz,

Mayence, Koln)之橋頭地域之規定等。

大戰和約尚有二大特徵，便是新興國家之獨立與少數民族保護問題。凡爾賽和約的結果，歐洲大體適用民族主義或被治者自決主義(the principle of self-determination)而分配領土。以塞爾維亞爲中心而構成南斯拉夫（前亦稱 Sercroat-Slovene）之外，尚有捷克斯拉夫，波蘭，愛沙尼亞，拉脫維亞，立陶宛及芬蘭等國，都是大戰後的新興國家。至於奧匈之君合國(real union)，則告崩潰而相互獨立。

此外，在對奧地利亞之聖日耳曼條約，對匈牙利之特里安諾條約，對保加利亞之紐依條約，規定各該國家負責保護少數民族之義務。而波蘭，南斯拉夫，捷克斯拉夫，羅馬尼亞及希臘等國家和同盟及聯合國之間也有規定保護少數民族問題之條約。統觀凡爾賽條約之表裏，其距吾人之理想雖尙遼遠；但比之柏林公會，巴黎公會時之精神，則顯然有進步之處。

第二節　華盛頓會議與戰時法規

美國自西美戰爭之後，領有菲律濱羣島，乃宣布門戶開放政策，伸勢於太平洋西岸。迨至日本戰勝俄羅斯，英日同盟雖已喪失其目標，而仍然繼續存在，美國頗有不安於席之感。因此，一面反對英日同盟，一面擴張海軍，建設太平洋一帶之海軍根據地。其後歐戰爆發，日本進佔山東，強迫中國承認二十一條件，間接無異否認美國在遠東大陸之一切權益。巴黎和會復在凡爾賽條約中規定日本繼承德國權益之山東條款，尤使美國朝野人士，大感不安。旋美日移民問題緊張，英國輿論盛倡取消英日同盟，藉免美日萬一發生戰端之時，致被捲入旋渦。同時，戰後英國亟待美國之經濟的援助，藉以恢復繁榮。又因戰後一般自由主義的和平思想漸次抬頭，所謂反對軍備擴張以減輕國民負擔之主張，爲戰後國際聯盟及其他和平機關所日常期待而努力的目標。因此等情勢之要求，美國遂有召開華盛頓會議之舉。

一九二一年三月代表共和黨之美國大總統哈定(Harding)就職之時，一面宣言反對國際聯盟及凡爾賽和約，一面又主張組織一『國際聯合』(Association of Nations)(註一)。七月八日美國國務卿許士(Hughes)奉總統之訓示，向英、意、法、日四國政府探詢其是否願意參加討論軍備限制問題的會議。美國政府基於召集之動機，且聲明限制軍備問題與太平洋及遠東問題保有密切的關聯，故對於有關於遠東利益之一切問題，亦應在討論之列。以此，中國亦被召與會。英、法、意均表欣然贊同，日本雖聲明在議題中不能牽入僅關涉某特定國家間之問題或既成的事實，終亦參與會議(註二)。

八月十一日美政府向英、法、意、日發出正式招請狀之後，對太平洋及遠東有利益關係之中國，比利時，荷蘭及

註一 周鯁生著：國際政治概論頁四五。

註二 關於贊成華盛頓會議的美、英、法、意、日等國內政及外交上之理由，請參照：Leslie Buell, The Washington, Part. 1. & Chapter v.; Leon Archimband, La Conference de Washington, Chapter.1; Survey on International Affairs, 1920–1923.

葡萄牙，亦送致赴會之召請狀，但限於參加關於太平洋及遠東問題之討論（註一）。十一月十二日正式開會，英、美、法、意、日五國討論海軍限制問題，而太平洋及遠東問題，則爲中、英、美、法、意、日、比、荷、葡九國會議。

國務卿許士會擬定華盛頓會議的臨時議題，於九月中通告被招請各國（註二），依據布恩爾之見解（註三），則該會議之目的，要有下述四點：

（一）陸海軍之限制；　（二）英日同盟條約之廢止；

（三）太平洋羣島問題之解決；　（四）日本帝國主義在中國及西伯利亞勢力之抑制。

觀此會議之結果，布恩爾的見解，固足以說明美國召開會議之原來的意圖，而對於國際法上之二三問題已獲相當的成功，亦爲事實。

華盛頓會議於一九二二年二月六日開最後一次大會，宣告閉幕。會期歷八十餘日，前後開大會七次，訂有重要條約七種：（一）五國海軍限制條約，（二）五國潛水艇及毒器條約，（三）四國太平洋協約及其追加協定，（四）九

註一　關於美國招開華盛頓會議之招請狀，與俄國招開第一次海牙會議之首次招請狀，頗有類似之點。請參照 Record, Conference on the Limitation of Armanent, pp. 4–9; Naval War College, International Law Docunments, Conference on the Limitation of Armament, pp. 1–3

註二　Record, Conference on the Limitation of Armament, P. 10; Naval War College, U.S.A.: International Law Documents, Conference on the Limitation of Armement, p. 5

註三　Buell.L., The Washington Conference, p. 150

國遠東公約，(五)九國關於中國關稅條約，(六)中日解決山東懸案協約，(七)美日關於耶普島協約。此外，尚通過議決案十二種(註一)。前將特別有關國際法的問題，縷列如次：

A 關於設置戰時法規委員會

一九二二年二月四日華盛頓會議第六次大會通過設置戰時法規委員會一案，由英、美、法、意、日五國於華盛頓會議閉會後三個月以內各任命代表兩名，構成法律家委員會，審議次列問題(註二)。

1 國際法現行之原則，自一九〇七年海牙會議以來由於採用新式戰爭手段及其發展所產生之新式攻擊與防禦方法，是否有充分之規定：

2 若其不然，則其結果現行規則之如何變更，應否採之作為國際法之一部。

委員會關於國際法與陸戰海戰及空中戰，得徵求專門家之助力及其意見，並應將結果，報告於參加該委員會之各國。

然而英國提議，限制該委員會之權限。結果，對於業經本會議各國所採擇之潛水艇，毒瓦斯及化學製品之使

註一 五國海軍限制條約及四國太平洋協約及其追加協定，於一九二三年八月在華盛頓交換批准書後，即生效力。九國遠東公約，及九國關於中國關稅條約，因法國藉口中法間『金佛郎案』未解決，延不批准，至一九二五年八月全部批准書交換完畢，始生效力。五國潛水艇及毒氣條約，因法國不加批准，迄未生效。中日解決山東懸案協約，及美日關於耶普島協約，則各於一九二二年六月二日中交換批准書後，發生效力。

註二 Record, Conference on the Limitation of Armament, pp. 814-817

用規則及其宣言，不再在該委員會審查或報告之列，僅限於航空機及無線電報問題。

一九二二年十二月，由英、美、法、意、日及荷蘭等國代表構成的戰時國際法規修正委員會，集議於海牙，採擇包含六十二條的戰時航空法規及十二條的戰時無線電通信法規，報告於委員會之各國(註一)。

B 關於禁止使用毒瓦斯問題

毒瓦斯分科委員會以(一)毒瓦斯對於敵人為非常有利之武器，故無論攻守，約定不使用毒瓦斯，但遵守此約定的國家，易為不遵守此約定的敵國所突襲；(二)炸彈亦與毒瓦斯同樣毀傷人體，故難肯定何國為最先違反戰時法規；(三)不能禁止或取締新毒瓦斯之發明；(四)關於禁止毒瓦斯使用之規定，事實上殊難確保其遵守等理由，提議僅對都市及其他非戰鬥員之大集團禁止使用毒瓦斯之攻擊方為妥當(註二)，是為代表英、美、法三國之意見；日意則主張絕對的禁止。及第十六次大會，主席許士披露該委員會報告之時，並宣布希望禁止毒瓦斯使用的美國專門委員會之報告及美國海軍將校會議之報告(註三)。其次，美國代表路德以凡爾賽條約第一七一條之規定及其他和平條件關於本項之規定為基礎，提出關於潛水艇及禁止毒瓦斯使用之決議案，為大會採擇(註四)。其中關於毒瓦斯之條約綱要如次：

註一 參閱 B Moore, International Law and Some Current Illusions and the Other Essays.

註二 Record, Conference on the Limitation of Armament, pp. 728-730.

註三 ibid., pp. 730-736

註四 ibid., p. 738

凡用窒息的，有毒及類似之瓦斯液體物質，或將其考案使用於戰爭之事，俱為文明世界輿論所非難。且該使用之禁止，復經文明各國多數為當事者之諸條約中所宣言。故茲將該項禁止，作為各國民之良心及實行均有拘束力之國際法的一部。且為使其普遍承認起見，締約國對該項禁止宣言同意。在其相互間，約定以此拘束之，並勸導其他各文明國加入。

C 關於潛水艇之條約

第十次軍備限制總委員會開會之時，美國代表路德提出下述三項決議案：即第一，關於商船之拿捕，臨檢搜索及破壞等現行國際法之原則，當然也適用於潛水艇；第二，將來戰時中禁止使用潛水艇危害商船（拿捕，攻擊及破壞）；第三，違犯前述之戰時法規者，視為海賊行為而加以處罰（註一）。先後經四度在總委員會繼續審議之結果，對路德案略加修正後通過。本條約與戰時禁止使用毒瓦斯的決議案合為一個條約（註二）。

潛水艇之條約在保護戰時海上之中立人及非戰鬬員之生命，為欲使文明國所採用之諸規則更為有效，將此等諸規則中之揭示於左者，宣言認其為國際法中確立之一部。

（一）凡商船，當其捕拿之先，為決定其性質，應命其停泊而服從臨檢或搜索。凡商船，非在警告之後拒絕臨檢

註一 Record, Conference on the Limitation of Armaments, pp. 594-599

註二 法意不欲允諾路德案，擬將之提交法律家委員會審議，為美國極力拒絕。偶然由英國委員介紹法國加斯登克斯中校承認德國潛水艇戰之論文，遂遭物議，法國為否認該論文，終於贊同路德之提案 (R. L. Buell, The Washington Conference, p. 223)

及搜索者，或非在拿捕之後不遵所命進航者，不得加以攻擊。凡商船，非先將其船員及乘客，移於安全地位之後，不得破壞。

（二）交戰國之潛水艇，無論在任何情勢之下，必須遵守前項一般的規則。若潛水艇遵照此項規則，不能捕獲商船之時，在現行國際法，則要求該艇停止攻擊及拿捕，而使該商船無障礙進航。

同時，規定締約國，勸導其他各國，同意前面所揭示之確定法規。而且締約國為確保其履行所宣言之現行法之人道的規則，對於侵犯商船之攻擊與其拿捕及破壞的規定者，不問其有無長官之命令，皆認為侵犯戰時法規，可照海賊行為審理及處罰之。且違犯者，在某國之法律區域內發見之時，即受該國文武官憲之審理。又為將禁止使用潛水艇為破壞通商者之件，作為國際法之一部，而使一般承認起見，締約國相互間承認今後該項禁止有拘束力，且勸導其他各國加入本協定（註一）。

其後，倫敦海軍會議，重加討論潛水艇使用法規問題，對於華盛頓條約，有重要的修正。其修正的要點如次：

（一）潛水艇對於商船的行動，依從與水上艦同一之國際法的規例（第一項第一號）。

（二）刪除華盛頓條約之拿捕及攻擊的規定，僅對破壞特設詳章。

1　凡商船不應正當的停船臨檢及搜索之時，得攻擊或破壞之，而對於該船乘客及船員，無須事先移於

註一　關於華盛頓會議所決定潛水艇及禁止毒瓦斯使用之條約的批判，請參閱立作太郎著華府會議與戰時國際法（載日本國際法外交雜誌第二十一卷第四號。）

安全的地位。（祇對一旦被捕拿之後，不遵從所指定之航線時，究應如何，卻無規定。）

2 除右述之場合外，非將乘客，船員及船舶文件置於安全之場所，不得沉沒商船或使其不能航海（華盛頓條約僅訂『破壞』二字，倫敦條約改爲『沉沒或不能航海』，意義比較顯明。）

3 前述之場合，非接近陸地或靠近其他船舶，商船之小艇，不認爲安全之場所（華盛頓條約全無此條規定，實爲重要的修正之一。）

（三）締約國之間，允諾前述規定爲國際法之確立的原則（第二二條一項），更要求其他一切國家表示同意此規定（第二項）。（註一）

要之，關於使用潛水艇之國際法規，自華盛頓會議確立之後，經倫敦會議，已有重大的變更。

D 關於遠東問題

中國代表出席華盛頓會議，曾提出十項原則（註二），作爲決定關涉中國諸問題的規準。後改由美國代表另提出四原則成爲『路德決議案』(The Root Resolutions)，於十二月十日第四次大會通過。其後復加詳訂，於一九二二年二月六日爲英、美、法、意、日、比、荷、葡及中國九國簽字之一條約(The Treaty Relating to Principles and Policies to be followed in Matters concerning China)，即一般所謂遠東九國公約 (Nine Powers

註一 詳見橫田喜三郎著倫敦會議與潛水艇使用法規（載日本國際法外交雜誌第二十九卷第二十六號。）

註二 參閱周守一著華盛頓會議小史。

Treaty）該約第一條規定（一）尊重中國主權獨立及領土與行政之完整；（二）予中國以最好機會，俾得自行發展，並維持一有力及安定之政府；（三）用全力維持各國在中國之工商業機會均等主義；（四）各國不得利用現狀，謀取特別權利或特殊利益，致妨害友邦人民在中國之權利，並不得為有害於友邦人民安全之行動。另由中日兩國代表簽訂中日解決山東懸案協約（一九二二年二月四日）。

於是，華盛頓會議之結果在國際政治方面，如海軍限制之訂定，四國條約代替英日同盟，維持太平洋上之均勢，中國主權之獨立以及工商業機會均等主義，均有相當的成功。而在國際法上也確定將禁止使用潛水艇為破壞通商者之件，禁止使用窒息的有毒及類似之瓦斯液體物質，或將其考案應用於戰爭之事，作為國際法之一部，並設置戰時法規委員會，以審議空戰法規問題。學者有謂在巴黎和會以後，關係最重大而最有成績之國際會議，可謂一九二一年至一九二二年之華盛頓會議（註一），似非過言。

第三節　海牙常設國際法庭與國際法

以和平方法解決國際爭議之具體組織計劃，始於一八九九年海牙保和會議之常設仲裁法庭（註二）已如前述。然此常設仲裁法庭，有下列數缺點：

註一　周鯁生著國際政治概論頁四五。

註二　參閱本書第十一章第一節和平解決國際紛爭手段之進步。

(一)仲裁法庭雖云常設，但祇有一仲裁裁判官名簿，無常川在職之裁判官，故遇事常遲延莫決；

(二)仲裁係出於自願，對方國是否必有應訴之義務，尚不能得國際間之一致的承認，有待於強制的仲裁之發達；

(三)縱令對方國出而應訴，然其是否必須服從裁決，殊無明文訂定。換言之，其拘束力尚甚薄弱；

(四)仲裁為準司法(Quasi-Judicial)方法，裁判官臨時由當事國指任，他們缺乏司法精神，常自居於外交家調停人之地位，其解決爭議，不免偏重於政治的和解，而漠視法理的根據；

(五)裁判官不繼續判理同類事件，隨事異人，判決常不一致，殊難構成良好的國際判例，以資國際法之發達；

(六)仲裁法庭每次由爭議當事國臨時重新組織，費用浩大，阻礙國際裁判制度之推行。

因此，一九〇七年第二次海牙保和會議注意上述各項，如法庭組織，裁判及程序問題，已完成一項草案，但以法官選任方法之爭，致計劃僅止於理想(註一)。

歐戰期中，國際聯盟運動勃興，國際司法機關之創設，乃常佔聯盟計劃之重要部分(註二)。巴黎和會結果，國聯盟約第十四條，即預定此項國際司法機關之設立。

註一　美國代表之原案，定裁判官為十七人，英、美、法、德、意、奧、俄、日八國各任一人，任職十二年；其他九判官，則以此外國家所任命之判官輪流充任。二三流國家，認有傷國家平等原則，竭力反對。會中提議他種之任命方法，亦未獲一致贊成，法庭組織案缺此要項，不能成立。(見 Lemon, La Seconds Conference de la Paix, p. 189 et Suiv.)

註二　見周鯁生著：現代國際法問題頁五四。

第十四條　理事會應籌設常設國際法庭（Permanent Court of International Justice）之計劃，交本聯盟之各盟員採用。凡各造提出屬於國際性質之爭議，或任何問題，該法院有裁判之權。該法院對於理事會及大會委交審查之爭議事件或其他問題，亦得發表意見。

然當時參與和會之代表，多為著名政治家，雖痛感過去仲裁制度之缺陷，而因缺乏法律的興趣，故僅定上述第十四條之簡單條文（註一）。其具體組織，仍委諸理事會隨後立案。於是一九二〇年二月倫敦開第二次聯盟理事會，議決任命著名國際法學家十二名，組織委員會，起草法庭組織案（註二）。同年六月十五日該委員會開會於海牙之和平宮，七月二十四日閉會，歷經三十三次會議，成立常設國際法庭組織草案（Avant-Projot pour l'institution de la cour Permanente de justice international），全文計六十二條，報告於理事會。同年十月理事會開會於布魯塞爾，修正後提出於日內瓦國聯第一次大會，再經審議修正，於十二月十三日之大會通過，是為常設國際法庭組織法（Statut de la cour Permanent de Justice international）。大會並決定以議定書形式，提交盟員各國承認。及批准國家已達法數，聯盟秘書長乃着手法庭之組織。一九二一年國聯第二次大會在日內瓦開會之時，選出法定人數之法官。一九二二年二月十五日常設國際法庭於海牙宣告成立。

註一　參見信夫淳平著國際紛爭與國際聯盟頁五九四。

註二　十二著名國際法學家為 Adatci（安達日本），Altamira（西班牙），Bevilagna（巴西後出 Fernandez 代），Descamps（比利時），Hagerup（挪威），Lapradelle（法國），Loder（荷蘭），Philimore（英國），Ricci-Busatt（意大利），Root（美國）。

（一）組織　常設國際法庭組織法計六十四條(外附一議定書)，分爲三章。第一章規定法庭之組織，第二章規定法庭之權限，第三章規定法庭之訴審程序。

常設國際法庭之法官，須德高望重，且在各國堪任最高司法官或著名國際法學家之資格(第二條)。依一九二〇年之組織法，法庭定法官十一人，備補法官四人，但國聯大會可將其增至法官十五人，備補法官六人（第三條。）法官任期九年，連選得連任(第十三條)。法官互相選出庭長及副庭長，任期三年(第二十一條)，法庭之所在地爲海牙(第二十二條)，每年自六月十五日起開庭一次，至所有案件判決終了爲止(第二十三條)。除別有明文規定外，審判時須全數出庭，十一法官不能全出庭時，由備補法官出庭補充，至少法官九人亦可開庭（第二十五條。）

法官在執行職務之時，享有外交官之特權及免除權。

此外，尚有特別法庭之組織。一、爲處理凡爾賽和約規定之勞工爭議案件，及其他和約與此相關之部份，以法官五人組成，任期三年，另任專門技術家四人爲陪審官，以襄助其審判(第二十六條)。二、爲處理凡爾賽和約規定之交通運輸事件，其組織與第一種特別法庭大致相同(第二十七條)。三、爲由法庭每年任命三法官組成之小法庭，依當事國之請求，得以簡便手續迅速審判案件(第二十九條)。

（二）權限　常設國際法庭之權限，一、爲對於審判事件之判決的權限，一、爲國聯盟約第十四條所載『對於國聯大會或理事會所諮詢的一切紛爭或問題得提出意見』之權限。前者又可分爲一般的與特殊的。

組織法草案第三十四條原訂定賦與法庭強制的裁判權，後經理事會與大會修訂，採用折中辦法，即原則上規定爭議當事者雙方合意為法庭受理爭議之條件，而依當事者之預先表示願意得行使強制的裁判權。

法庭之裁判權，載於組織法第三十六條，規定包括一切經雙方當事者提出之案件，及現行約章上規定之事宜。而（一）約章之解釋；（二）一切國際法上的問題；（三）違反國際義務之事實存在問題；（四）對於違反國際義務應予賠償之性質及程度，則無須特別協定，承認法庭有當然的強制裁判權（註一）。

於是，（一）爭議當事國自由合意以其爭議提交法庭審理者；（二）依據一般強制仲裁條約，當事國以其條約上之爭議提出法庭者；（三）依據含有仲裁條款之條約，當事國提出其爭議於法庭者；（四）爭議當事國向法庭請求解決法律性質之爭議者，均為法庭之一般的權限。少數民族保護條款而產生之法律上及事實上的問題（聖日耳曼條約第六十九條），關於勞工規定之解釋及基於該規定而締結條約之解釋（凡爾賽條約第四二三條），及判定基爾運河條約之違反與解釋（凡爾賽條約第三八六條），則為法庭之特殊的權限。

至於法庭訴訟之當事者，依組織法第三十四條，為（一）聯盟會員國；（二）非聯盟會員國而記名於盟約附件

註一　受諾組織法第三十六條之強制裁判權的國家，一九二八年有十六國，一九二九年有十九國，一九三〇年達三十四國（新受諾者為南非聯邦、亞爾巴尼亞、奧地利亞、巴西、英國、加拿大、印度、愛爾蘭自由國、拉脫維亞、盧森堡、新西蘭、薩爾瓦多、暹羅、南斯拉夫、立陶宛。）一九三一年達三十七國（新受諾者為法國、意大利、羅馬尼亞。）一九三二年達四十國（新受諾者為哥倫比亞、希臘、波斯。）一九三三年達四十二國（新受諾者為多米尼加、巴拉圭。惟本年屆期者，有德意志和阿比西尼亞，德重諾五年，阿未重諾，故實際為四十一國。）

者（如美國，危瓜多爾）或有特別條約之規定者（第三十五條）；（三）一般或臨時為承認法庭之管轄，約定以充分之誠意厲行判決，且對服從判決之國家不從事戰爭者（第三五條）。

法庭適用之法律，規定於第三八條，即（一）一般的或特殊的國際協約，其由爭議國認為已成法規者；（二）國際慣例之已經實際變為法律者；（三）一般法律原則已為各文明國所承認者；（四）判例及法學家意見之足資解決法律問題者；（五）爭議國同意以正義（ex aequo et bono）為裁判之標準。

（三）訴審程序　爭議當事國將爭議訴諸國際法庭者，應派代表出庭，並可聘用顧問及律師為助手（第四二條）。審訊之程序，先交換告訴狀及反訴狀，必要時交換答辯書，凡證人，專家，當事國代表及其顧問律師等，均須出庭以備口頭質詢（第四三條）。一般審判，以公開為原則（第四八條），但法庭討論案卷時，不能公開，討論事項，亦當祕密（第五四條）。法庭可信託任何私人，團體，委員會，或他種機關，任調查或發抒專家意見（第五一條）。法庭公用語為英法文，但得應當事國之請求，改用他種語言（第三九條）。判決以出席法官多數之同意表決，正反同數時，取決於庭長。法庭之判決，為最後之判斷，除（一）對判決書之意義及範圍發生爭執時之請求解釋；（二）判決後發見新事實，足以推翻原案，而請求改判之兩種情形，得重加審查外，無上訴之規定（第六十條）。如一國自認於某項爭議事件，己身有法律性質之利益，將受判決之影響時，得請求法庭許其以第三方法之資格加入（第六十二條）。屬於當事國國籍之法官，開庭時保持出席權，如果法官中無屬於當事國一方之國籍者，該當事國可指定其備補法官充任；如亦無備補法官之時，則選定本國籍之其他人物，雙方同時處於此種情形之際，彼此賦有臨時指定一本國籍法官之權利(第三條)。

(四)效力　常設國際法庭雖然訂定如此嚴密之組織，但若無拘束爭議當事國服從其判決的國際約束，仍將等於虛設。因此，國聯盟約第十三條第四項『聯盟會員國約定彼此以完全誠意實行所發表之裁決或判決，並對實行裁決或判決之會員國，不得從事戰爭；設有未能實行此項裁決或判決者，理事會應擬辦法，使生效力』。若違反此項規定而從事戰爭者，則基於盟約第十六條，實施制裁，即為法庭判決之拘束力的規定。

觀此，常設國際法庭之設立，對國際司法制度，顯為一長足之進步，在和平運動史上，開一新紀元。但常設國際法庭尚未成為一健全的國際司法機關，亦為一不容諱言的事實(註一)。而且國際法庭組織，事屬創舉，自難完全適應於事實上非常便利執行事務的要求。一九三〇年為法庭法官全部改選之期，在經驗上體驗法庭組織法之缺陷各點，必須於此時期以前修正。因此，一九二八年九月二十日國聯第九次大會通過一決議案，着理事會審查組織法，提出修正案。理事會遵此決議，於同年十二月任命法律專家十人組織委員會，負責審查並製成修正案。

一九二九年三月十一日起，法律專家委員會在日內瓦開會，除討論法庭組織法之修正外，並審議美國加入法庭問題。十九日閉會，結果製成報告，附擬定的修正案，提交理事會。六月十二日經理事會通過，九月四日組織法當事國會議在日內瓦開會，到會者達四十五國，審議理事會所提法律專家委員會擬訂修正案之後，略加修正通過。

註一　參閱周鯁生著：現代國際法問題頁七二。

新議定書於一九三〇年九月一日起發生效力，截至同年三月十四日止簽字者達五十二國（美國於一九二九年十二月九日簽字。）

組織法條文加以修正者，爲第三、第四、第八、第十三、第十四、第十五、第十六、第十七、第二十三、第二十五、第二十六、第二十七、第二十九、第三十一、第三十二、第三十五、第三十九及第四十條，並新增一章（第四章）包含第六十五至第六十八四個新條文（註一）。

常設國際法庭審判的事務，實出一九二〇年規定組織法的法律專家委員會意料之外，每年一次開庭，殊不能應付事務之審理，故必須臨時開庭。如一九二二年至一九二八年之七年間，臨時開庭有八次，反多於常庭次數。因此，組織法第二十三條修正爲法庭除在司法休假期外，宜常川開庭，法官除在請假中或因疾病或其他重大理由不能到職外，應準備常川到庭服務。從此國際法庭始在事實上確定其常設的性質。

因臨時開庭次數日多，備補法官之事務不減於正任法官，一九二〇年組織法所規定其職務上的差別，事實上已經消失。新議定書乃修正爲一切被任爲國際法庭法官者，均須完全負責其所受任之職務，打破正式及備補的特殊制度。法庭僅由法官十五人組成，同時在有關涉於備補法官之條項（如第八、第十五、第十六、第十七、第二十五、第三十一及第三十二條，）均加修正。於是法官不但不能充政治的行政的職務，且不得從事任何具有職業性質的職務（第十六條）。開庭採輪流制，惟出庭法官人數至少須十一人（第二十五條）。新組織法既然規定不兼

註一 見 The Monthly Summary of the League of Nations, Oct, 15*th*, 1920, pp. 322-325

職的條件，則對法官之給俸待遇，亦當有修正。第三十二條即修正爲法官不論執務時期如何，每年受領一定之俸給。

其次關於法庭諮詢的職權，也有重要的修正。新增之第四章，即爲諮詢之規定。於是，組織法第三十六條第一項（註一），亦適用於諮詢的事件，同時既往的判例，又具有成文法的效力。從此，如美國等國家素來對法庭諮詢的職權所懷之疑慮，因而消除，美國遂允加入並締訂加入法庭之兩種議定書。

其他各條的修正，多爲適應事實上之要求，僅將組織法條文加以充實和整理而已。

常設國際法庭在國際法史上，無疑的佔有重要的地位。其組織之日漸臻於完善，不難在日後成爲實質的完全的國際司法機關，而充分發揮其『執法』的機能。綜觀國際法庭成立以來對於各種國際爭議之判例，不僅使既存之國際法實地施用，且在其判例中創造許多從前未有或未嘗確定的國際慣例，而成爲新的成文國際法之一部。如西里西亞少數民族之入學問題，德奧關稅聯合事件，波蘭軍艦駛入但澤港及停泊事件，米美爾領域規程之解釋事件，女子夜間勞動條約之解釋事件，希臘土耳其住民交換事件，土耳其伊拉克之國境糾紛事件，多腦河歐洲委員會權能之解釋事件，少數者國籍與國聯之保障事件，突尼斯摩洛哥之國籍法事件，格林蘭東部海岸主權之歸屬事件，塞爾維亞國債支付事件，奧斯喀琴事件，法希燈塔事件及大廈谷紛爭事件等，或爲決判或爲意見，均可謂已相當發揮國際法之權威。截至一九三五年四月六日止，判決的國際爭議案件，計六十四號，提出意見者

註一　依第三十六條第一項，法庭的管轄權，包括一切由各方當事國提出之案件，並現行條約上特別規定之事件。

十八號（一九三〇年八月二十六日止）（註一）。

於是，常設國際法庭之收穫——國際司法——與國際立法（註二）同時並進，已促進國際法發達之新的趨勢。

第四節　日內瓦議定書與國際法

國際聯盟負有消弭戰爭及維持和平的任務，其手段首在裁減各國軍備。盟約第八條明白規定國聯關於軍備之工作，其如擬定軍縮計劃，監督私營軍火製造及交換軍備報告等……國聯為執行上述任務，乃設立一常設軍事委員會，網羅世界著名的政治，經濟及社會問題的專家，組織臨時混合委員會（Temporary Mixed Commission），協同軍事委員會草擬裁軍計劃。

混合委員會研究的結論，認為軍備與安全有密切關係，各國無安全之保障，即無軍縮之決心。一九二二年第三屆國聯大會各國代表對此原則雖予承認，但關於安全保障問題，卻分為一般的或局部的兩派。一九二三年第四屆國聯大會採擇一折衷案，即所謂互助條約（Treaty of Mutual Assistance）。

然而，互助條約雖經國聯大會通過，至一九二四年第五屆國聯大會開幕之時，仍不能得多數國家之批准。在

註一　詳見橫田喜三郎著：常設國際司法裁判所判例研究；摘要見本書附錄。

註二　參閱本書第十四章第一節國際法典編纂問題。

此情況之下，英國代表主張代以單純的強制仲裁。法國代表則提出『仲裁』『安全』與『軍縮』爲三位一體之對案。結果大會融洽兩案決定以一般強制仲裁司法解決及防衛侵略的相互保障之制度爲實現軍縮之手段，是爲和平解決國際紛爭議定書 (Protocal for the Pacific Settlement of International Disputes)，簡稱日內瓦議定書 (Geneva Protocal)。

日內瓦議定書除前文外，計二十一條。茲簡要論列如次：

前文敍明和平安全與國際社會之連帶關係，確認侵略的戰爭爲一種國際犯罪。國聯盟員國應依盟約規定，和平解決國際紛爭，並縮減軍備至最低限度，以實現國聯盟約第八條。議定書第一條，規定賦與國聯大會及理事會，依本議定書之規定，有行使一切權利與一切義務之權能。第二條，締約國發生爭議，不論在任何情形之下，除非抵抗侵略，或得國聯大會或理事會之同意，不准訴諸戰爭。第三條，對於常設國際法庭組織法第三六條第二項所包含之事項，承認該法庭之法權屬於強制的性質。締結國間所發生之任何法律的問題，強制的交付裁判。第四條爲補充國聯盟約第十五條之規定，凡屬政治性質的爭議，不能交付司法解決或仲裁裁判之時，則應提送理事會審議。若理事會不獲解決之時，依當事一造之請求，由兩造之合意，組織仲裁委員會處理。至於仲裁委員之人數人選，權限，及仲裁程序，未能在國聯限定之期間內妥協，理事會得代爲遴選仲裁委員及委員長。仲裁委員會可依一造之請求，經理事會之仲介，請常設國際法庭對本案法律上爭點，貢獻意見，法庭應即開庭。如爭議國無一要求仲裁，理事會即再度審查，提出報告，經全會一致(除當事國外)通過，且經當事一造接受之解決方案，不得再行提出。

反之，理事會除當事國外，不獲一致通過之時，應將爭議提交仲裁，理事會自行決定仲裁委員會之組織，權限及程序。司法解決或仲裁裁判與理事會通過之解決方案有同等效力。理事會得全力促使不服上述諒解的爭議國，履行其遵從義務，並得根據國聯盟約第十三條末項之規定使其發生效力。如爭議國之一造公然訴諸戰事之時，則引用國聯盟約第十六條所定之制裁。

第五條當事之一造提出該項爭議或爭議之一部，依國際法完全屬於爭議國之國內問題，仲裁委員應經理事會之仲介，徵詢常設國際法庭之意見，此意見對仲裁者有拘束力若意見爲肯定的，則仲裁委員應於判決中正式宣告。卽使經認爲國內問題，理事會或大會仍可審查該爭議事態（註一）。

第七條締約之兩國或兩國以上之國家間發生爭議，應將爭議交付和平解決程序，不得擴張海陸空軍兵力，或經濟工業動員及其他類似性質之行動。理事會對於違反上述諒解之控訴，得進行審議或調查。對於審議或調查之結果，確定爲違反規定者，理事會卽要求違約國停止違約之行動。不聽，則宣告其破壞盟約或本議定書之罪狀，且決定應付之手段，惟須三分之二以上多數之同意。第八條約定禁止對他國爲構成侵略威脅之行爲。第九條設立非武裝地帶，以防止侵略行爲爲目的，此同意設立武裝地帶，由理事會組織臨時或常設的監督機關。

註一　原案第五條爲紛爭交付仲裁委員之時，若當事之一造主張紛爭或紛爭之一部，依國際法完全爲爭議國國內之管轄事項而發生者，仲裁委員僅止於宣告紛爭爲國內問題。據此規定，日美間所發生之移民問題，美國可主張爲國內管轄事項，日本則不能再提仲裁，若日本竟因此爭議而對美開戰，則世界將視日本爲侵略國。因此日本代表堅持反對意見，始加修訂。

第十條確定侵略國之定義如下：

(一)違反聯盟盟約或本議定書所議定的約束而發動戰爭之國家；

(二)違反非武裝地帶規則而發動戰爭之國家；

(三)爭議國不依盟約第十三條及第十五條之規定，及本議定書所補充之程序，而拒絕將爭議交付和平解決，或拒絕理事會全會一致之勸告，不將爭議委託司法解決或仲裁裁判，或即使經認爲依國際法乃屬於國內主權問題，而不遵從者；

(四)在本議定書第七條所定手續之進行中，違反理事會決定的臨時措置之國家；

若理事會不能決定侵略國之場合，應立命交戰國停戰，必要時得以三分之二多數決定停戰條件，且監視其履行。交戰國拒絕接受停戰命令或違反停戰之規定者，均得視爲侵略國。

理事會應要求締約國對上述之侵略國施用議定書第十一條所規定之制裁。承受上述要求之締約國，可行使交戰權。

第十一條爲關於制裁之規定。其內容要不外爲盟約第十六條第一項及第二項之解釋。理事會要求對侵略國實施制裁之時，締約國應在地理上之地位及其軍備之程序上，以抵抗侵略行爲。且同心戮力，對被攻擊或受威脅之國家，應予以援助，如原料品軍需品之供給，信用之溝通，運輸及通過之便利等。爲此種目的，締約國在其勢力範圍內相互採取一致的步驟，以維護被攻擊或受威脅國家海陸交通之安全。同時在第十二條規定進一步辦法，理事會爲使上述制裁益加確實起見，應經由適當之機關草擬以下計劃：

(一)對侵略國執行經濟財政制裁之行動計劃；

(二)被攻擊國與援助被攻擊國諸國間之經濟上及財政上的合作計劃。

理事會將此等計劃通知國聯會員國及其他締約國。

制裁難免實力之行動，因此第十三條規定依盟約第十六條及本議定書第十一條必要加諸武力制裁之時，理事會得決定締約國出動海陸空軍之武力。惟締約國預先與被侵略國訂立相互援助協定，此協定曾經國聯祕書處登記及公布者，當理事會要求施行本議定書第十條末項所載制裁之時，得予以海陸軍之援助。停止制裁之適用，及恢復平時狀態，皆屬理事會職權（第十四條）。

締約國爲援助被侵略國家，出動海陸軍兵力，其全部費用，個人——平民或軍人——所受的一切損害，以及因雙方作戰而產生的所有物質上之損失，將如何補償？第十五條卽爲答覆此問題之規定。明訂應由侵略國依其能力所許範圍內負擔之。但侵略國領土之完整及政治之獨立，依盟約第十條，不因施行制裁而受影響。

聯盟國與非聯盟國間發生爭議之時，可請其服從本議定書締結國所接受之義務，俾使爭議交付和平解決。若該國悍然拒絕，對締約之一國訴諸戰爭，則適用盟約第十六條所定經濟的及武力的制裁（第十六條）。

第十七條規定一九二五年六月十五日在日內瓦開軍縮會議，理事會應草擬一裁減及限制軍備之一般的計劃。倘截至一九二五年五月一日止，過半數之常任理事國及其他十個盟員國未能予以批准之時，國聯祕書長應即與理事會討論是否取消召集，或僅將會議延期，以待足法定標準後再開。

關於本議定書之解釋的爭議，應提交國際法庭解決（第二十條）。最後的第二十一條，乃規定批准之手續。

日內瓦議定書經各國代表簽字，但其後英國勞動黨內閣崩潰，統一黨政府成立，情勢爲之一變。因制裁之實行，須多賴英國海軍，尤其履行封鎖，不免違反英國之利益，且以關於『國內問題』之修訂，與所謂白澳洲主義之原則矛盾，其自治殖民地如加拿大等，亦表示反對。故英外長張伯倫在一九二五年三月第三十三次理事會席上，要求延期決定議定書問題，結果乃被否決。

日內瓦議定書雖成廢案，而其內容之充實，似已相當彌補國聯盟約的缺陷。其對於國際法之影響，亦頗不小。例如：

（一）確定侵略戰爭爲一種國際犯罪。

（二）不問法律的或政治的爭議，完全付諸司法解決，仲裁裁決或理事會審查，不得訴諸戰爭，且履行強制的裁判。

（三）仲裁安全與軍縮爲不可分的關係之確定，並約定相互援助。

（四）非武裝之中立地帶，置於聯盟監督之下，成立新中立區域，如博斯普魯斯、韃靼尼爾海峽之兩岸，及土耳其、希臘、保加利亞間所設特拉斯非武裝中立地帶，都是基於議定書的原則。

（五）侵略國之確定。

(六)國際制裁之新確定。

(七)確定侵略國應負爭議進行中一切損失及損害之賠償責任。

(八)確定侵略國仍保持國聯盟約第十條所訂領土完整與政治獨立之權利。

(九)非聯盟國或非締約國亦受議定書之限制，擴大其適用的範圍。

(十)重訂軍縮計劃。

第五節　羅迦諾公約與國際法

凡爾賽和約締結之時，法國爲本國之安全保障問題，欲在萊茵河左岸製造一緩衝國家，以作屏障。因遭英美反對，乃代以英法，美法之二重保障條約。嗣因美國上議院拒絕美法間條約之批准，致英法條約亦不發生效力。於是，法國之安全保障問題，成爲懸案。

當時一部分政治家以爲欲圖歐洲政界的安定，必先使法國在國防上不有被威脅或攻擊之感覺。因此，一九二二年一月英國致法國一備忘錄，提議結一條約，若德國對法國加以直接挑撥的攻擊，則英國出動海陸空軍援助法國，又德國違反凡爾賽條約所定關於萊茵河左岸的條款，或出以違背軍備限制條約的行動之時，英法間立即交換意見，採取適當的措置。適白里安內閣不久崩潰，普恩加賚(Pouencare)出而組閣，對英提出修正案，即主張英法兩國在對等的資格上，互相保障國境之安全，而其保障並須適用於德國攻擊波蘭，捷克斯拉夫等東歐問題。兩國以認識未見盡同，安全保障問題遂又擱置。

其後，國聯會克盡莫大的心力，欲解決此種問題。直至日內瓦議定書告成，規定相互援助，強制裁判，以及對侵略國實施制裁等手段，始有稍爲積極的安全辦法。又遇英內閣更迭，外長張伯倫反對採用，多數國家亦未加以批准，致成廢案。究竟法國的安全保障問題是不能長此遷延不決，否則欲實現軍縮計劃，將無異緣木求魚。因此，英、法、比間有進而締結防禦同盟之勢。果爾，德國當然陷於不利，然欲組止同盟之成立，必須除去法國不安之疑慮。

先是，德國於一九二二年十二月經美國國務卿許士（Hughes）之中介，對法提議締結一約，明定兩國三十年內不從事戰爭，而戰爭之可否，則依人民投票決定，美國立於保障地位。法國加以拒絕，認國聯之保障勝於提案之保障。一九二三年五月，德國對英、法、意、美、比、日等六國，提出賠償解決方案，尤其對法提締結和平解決國際紛爭之條約，要求在其保障之下，法國撤退魯爾（Rhur）駐軍，法國等亦不表示何等的考慮。及一九二四年夏，賠款問題解決，不幸和平議定書又告無效，致法國仍主張德國軍事的監督及維持萊茵河左岸中立區域之秩序爲聯盟之義務。並謂安全問題，當然也包含在內。

一九二五年一月三十日，德國總理繼法國總理赫里歐之後，表示德國亦考慮安全問題，必要時願締結局部的和平條約，漸次擴大，以答覆法國總理之聲明。一九二五年二月九日德國對英法兩國發出一通牒，發表關於安全保障之具體意見。依據此提案，則英、法、德、意間締結條約，維持萊茵河沿岸現狀，同時締約國約定不論任何問題，決不訴諸戰爭，及保障來因蘭德非武裝地帶等。英法接此提案，其認德國有加入國聯之必要，祇對於安全保障範圍。意見稍左。

其後，潘如威(Painlevé)組閣，白里安復任外長。一九二五年六月八日白里安與張伯倫協議之結果，對於(一)德國企圖由西部國境侵入之時，英國援助法國，以擊退德國；(二)安全保障範圍限於西部國境；(三)在聯盟規約容許之範圍內，法國得有援助波蘭及捷克斯拉夫諸國之自由；(四)凡爾賽條約中關於萊茵左岸的條項，加以各種解釋之場合；(五)英國在一般上不因其而受拘束這五點，意見已趨一致。

六月十六日法國代表聯合國之意見答覆德國，其要點如次：

(一)德國必須加入聯盟；

(二)基於提案的條約，不能修訂凡爾賽和約或變更其他諸條約；

(三)締結萊茵國境之安全保障條約；

(四)仲裁裁判條約，不僅適用於國境保障問題，且適用於其他任何紛爭之解決；

(五)德國與萊茵國境無關係之波蘭及捷克斯拉夫締結仲裁裁判條約；

(六)以上各項各締結安全保障條約，應爲不可分之一體。

於是，一九二五年十月五日英、法、德、意、比、波、捷等國代表集議於瑞士的羅迦諾，六日訂定羅迦諾公約(Locarno Pact)。

羅迦諾公約由下列各種構成：

(一)羅迦諾會議最終議定書；
(二)德、比、法、英、意間相互安全保障條約；
(三)德比間仲裁裁判條約；
(四)德法間仲裁裁判條約；
(五)德波間仲裁裁判條約；
(六)德捷間仲裁裁判條約；
(七)關於國聯盟約第十六條的對德共同聲明書；
(八)法波間條約；
(九)法捷間條約。

羅迦諾會議之目的，在避免戰爭的導因，企圖和平解決任何的紛爭。右述各條約之成立，誠可緩和當日緊張之情緒，並對於政治經濟問題也頗多貢獻。各條約中之最重要者，莫甚於德、比、法、英、意五國間所謂萊茵安全保障條約。該條約首先以德、比、法國境為不可侵犯，又保障凡爾賽條約規定之萊茵河左岸非武裝地帶（第一條。）締約國皆不出以相互攻擊侵入或戰爭行為，但對他國之攻擊行使正當防衛權及依國聯盟約或國聯大會或理事會之決議者不在此限（第二條。）對於理事會認定為違反條約，或為攻擊侵略之國家，締約國得出以武力之膺懲；若情勢緊迫之時，各締約國得行必要之措置，援助被攻擊之國家（第四條。）德比或德法間所發生之一切紛爭，概依和平解決，如爲權利問題，歸司法解決（Judical Settlement），其他問題提交和解委員會（Commission of Conciliation）或國聯理事會處理（第三條。）拒絕將紛爭付之和平解決，或不服從司法的決定者，與第四條之場合同（第五條。）

要之，萊茵安全保障條約——五國條約，德國承認凡爾賽條約劃定之德國西部境界之確定，並約定不相侵犯，又誓將一切紛爭，付之和平解決，使比法頓釋從來對德之一切疑懼，改善德國之政治的經濟的外交的環境；法比亦約定履行其義務，並由第三國之英意保證條約之履行，

仲裁裁判條約，已如前述，計有四種。條項內容幾爲同一，僅採用各別國家條約之形式。其內容之要點如次：

(一)締約國不能依外交手段而解決之一切法律問題，提交仲裁裁判或國際司法裁判；

(二)締約國以同意設置和解委員會，進行事件之和解；

(三)爭議之目的，如屬於締約國一方的國內管轄之時，在國內法庭解決，

(四)和解委員會不能解決之事件，提交國際法庭審判或海牙仲裁裁判；

(五)法律上不能解決之事件，及對和解委員會之決定不獲同意之事件，提交聯盟理事會處理；

(六)和解委員會，國際法庭，或理事會受理事件之時，立即對當事國執行臨時之措置，當事國不得有妨礙解決機關執行解決之任何行動。

此外，法波，法捷兩條約中，規定因他國違反羅迦諾條約而遭遇武力攻擊之場合，締約國之一方，基於盟約第

十六條，立即出以援助。即使在聯盟未獲一致之決定，締約國一方被攻擊之時，他方亦得加以援助。

於是，歐洲和平保障之協定成立，關係各國既釋其過去所懷被侵略被攻擊之憂懼，對軍縮及其他問題，自可獲得局部之效果。德國亦由是而加入國聯，任常任理事，躋於歐洲一等國之列，恢復其戰後淪落之國際地位。

第六節　非戰公約與國際法

一九二七年六月法國外長白里安（Briand），對美國國務卿凱洛(Kellog)提出非戰條約案，美國考慮約半年之後，於同年十二月答覆法國政府。從此兩國往返磋商。依據一九二八年一月十一日美國致法國通牒中附載之法國提案，乃由下述兩條構成，即；

(一)締約國各以法國人民及美國人民之名，嚴肅聲明否認戰爭，並在相互關係上，不藉戰爭為國策之手段。

(二)各種紛爭，不問其性質及原因如何，凡發生在美法兩國之間者，概依和平手段解決之。

美國對右述提案，原則上固極同意，然美國更欲擴大締約之範圍，不僅與法國，且與英、德、意、日等列強締結所謂多邊的條約，以避免美法同盟之形式，並主張排斥一切戰爭。因此，美法間發生二點的差異：(一)法國主張美法二國間締結非戰條約，美國則主張締結多邊的非戰條約；(二)法國雖排斥侵略戰爭，而因負國聯盟約及羅迦諾公約之義務，對該盟約及公約所認定之正當防衛的防禦戰爭，自不能抹殺。美國則認為戰爭都是對他國的攻擊，殊難以區別何為侵略戰爭或防禦戰爭，故應排除一切的戰爭。

美國回答法國表示贊同締結非戰條約之時，並對法國提議締結新仲裁裁判條約。蓋因一九〇八年二月十日簽字的仲裁裁判條約，將於一九二八年二月二七日滿期。於是兩國先行談判仲裁裁判條約之續訂，以前次條約爲基礎，新增布里安條約之和解制度，並將關於非戰之原則載於前文。於一九二八年二月六日在華盛頓簽字。美法間新仲裁裁判條約，前文明記『熱誠希望兩國在相互關係之上，表示排斥戰爭爲國策之手段，且依和平處理國際紛爭的國際協定之完成，促進永遠毀滅世界各國間戰爭可能性之時機的範例』正文上約定兩國之國際紛爭，不問其性質如何，若不能依尋常外交手段解決，或不提交於有權限的裁判所裁判之時，乃交付常設國際委員會審查，並應俟其報告（第一條。）若締約國一方對他方爲權利的要求之一切國際紛爭，可付託海牙常設仲裁裁判所或其他有權限的裁判所處理（第二條。）惟不適用於下列三項：（一）國內管轄事項；（二）對第三國利益有關聯的事項；（三）關於門羅主義之維持及包含門羅主義之事項。

由是，非戰條約雖尚未簽訂，而美法間新仲裁裁判條約已明定希望非戰的原則及促進和平手段。

其間，哥倫比亞大學校長巴特拉發表同大學教授勺特威爾 (James J. Shotwell) 及張伯倫 (John. F. Chamberlain) 起草的美國與某國間之永久和平條約案 (Draft Treaty of Permament Peace Between the United States of America and....)（註一）第一部爲否認戰爭，卽美國和某國約定在任何場合，不攻擊或侵略他方，且不對之訴諸戰爭；第二部爲仲裁及調停，卽一切紛爭除國際法上屬於國內管轄事項以外，均提交仲

註一　關於勺特威爾案之檢討，詳見信夫淳平著不戰條約論頁一五三——一八九，原文載該書附錄第二號。

裁裁判，司法解決或調停；第三部爲批准手續。

勺特威爾案比較美法間新仲裁裁判條約更爲切實，在正式的約文中，規定非戰條項。然而，實際上被人目爲非戰精神之總匯者，還是英、美、德、法、意、日間簽訂及其他各國簽字的非戰公約。

正如前述，美法間談判簽訂非戰公約，雖有兩點見解之差異，而原則上大致相同。一九二八年四月十三日凱洛本美法間討論之基礎，正式邀請英、意、德、日四國與美法共訂非戰公約。於是，談判乃進於一新階段。

四月二十日法外長白里安向其他五國政府提出另一草案，所保留的意見要有：（一）非經世界所有國家之簽字，不生效力；（二）保留爲『正當防禦』(Legitimate Self-defence)從事戰爭之權利；（三）如有簽約國破壞約束，其他簽約國對此違約國自然解除約束；（四）公約不得妨害法國在國際聯盟、羅迦諾公約及其各中立條約下之既存義務。二十八日凱洛對美國國際法學會演說，說明美國態度及公約之性質與其法律的效果（註一）。

德國無條件接受公約提案，英國除反對法國所主張『非世界所有國家之簽字，不生效力』之條件外，並提出保留意見：（一）爲自衛而開戰之權利不受影響；（二）對於破壞非戰公約之締約國，非戰公約即終止效力，以保障國聯盟約及羅迦諾公約之制裁方法；（三）不適用於某外交的勢力範圍（註二）。

意大利及日本接受凱洛之招請，英屬各自治殖民地亦被邀請參加八月二十七日（一九二八年）英、美、法、

註一　見周鯁生著國際政治概論頁一〇一——一〇三。

註二　英國之所謂某外交的範圍之保留，即主張在埃及等地域實行不列顛門羅主義(British Monroe Doctrine)參閱 Shotwell, ibid., pp. 200-206; Strupp, ibid., p. 49.

意、德、日、加拿大、澳大利亞、新西蘭、南非聯邦、愛爾蘭自由國、印度、及羅迦諾公約國之比利時、波蘭、捷克斯拉夫共十五國在巴黎簽定非戰公約(Multilateral Treaty for the Renunciation of War)，同時並由美國政府通知中國等四十八國（俄由法通知）邀請加入。

非戰公約的內容甚爲簡單，正文僅三條。締約國各以本國人民之名，宣言爲國際間爭議之解決，不訴諸戰爭，並在相互關係上，廢棄戰爭爲國策之手段（第一條。）其次對於締約國間所發生之任何紛爭，不問其性質或原因之如何，概依和平手段解決（第二條。）最後一條，不過是規定憲法機關批准條件及聲明允許其他國家加入而已(註一)。

非戰公約締結之結果，雖然其政治功效，已爲野心之強國所破壞，而在其法律的性質上，總算是確立促進和平及否認戰爭（某幾點保留外之戰爭）之規範，增加一種國際主義精神的勢力。

第七節　互不侵略條約侵略國定義條約與國際法

考歷來國際和平之破壞，原因固極複雜，而侵略國野心一念之差，實爲其主要的原因之一。而且在國際法上，或國際條約中，對於何爲侵略 (aggression) 何爲侵略的戰爭 (aggressive War)，或何爲侵略國的定義 (The defination of aggressor)，殊乏明文規定。故野心的侵略國，常假自衛權之行使，而從事干涉他國主權

註一　非戰公約條文，見本書附錄。

之戰爭，公法上既未明訂侵略者的定義，自難確定其破壞國際和平之責任。

戰後各國人民痛感戰禍之慘酷，咸抱厭戰心理，而竭力維護和平。因此，廢棄戰爭或確定侵略國的定義，同爲最近國際法上之中心問題。

在國際條約上消極的訂定抵抗侵略者的辦法，始於國聯盟約。該盟約第十條規定。

「凡聯盟盟員擔任尊重並保持本聯盟全體各盟員之領土完整及現有之政治獨立，以防外國之侵犯。如遇此種侵犯或此種侵犯之任何威脅或危險時，理事會應籌履行此項義務之辦法。」

此條文中雖有『侵犯』或『侵略』(aggression)一詞，而對於何爲侵略或侵犯的行爲，則並未言及。

一九二三年國聯第四次大會採擇一種互助條約，進一步訂定侵略的戰爭爲國際的犯罪（第一條）同時戰爭發生之後，理事會應於四天之內，決定何國爲侵略的對象(Object of aggression)，而得享受條約上其他簽字國援助之權利（第四條）。雖然，此條文較盟約確切，但對於何爲侵略國，仍無訂定，尚待理事會之商決。因此，與其謂爲法律的，毋寧謂爲政治的。

一九二四年九月，國聯第五次大會採擇和平解決國際紛爭議定書（即日內瓦議定書），前文中仍首先規定以侵略爲目的之戰爭爲一種國際犯罪。其第十條，確定犯下列情形者，概爲侵略國(註一)。

(一)拒絕將爭議提交和平解決者；

註一　參考本章第四節日內瓦議定書與國際法。

(二)不接受仲裁之判決，或理事會全體同意之勸告者；

(三)從法庭或仲裁之判決內承認彼此兩交戰國之紛爭案，按照國際公法，係專屬此一國法權所主管之問題而不遵從者；

(四)在爭議審議中，違反理事會所訂之臨時辦法者。

如在各條之範圍內，發生戰端，理事會不能於短期內決定某國為侵略國；則應令交戰國先行停戰，並規定停戰條件，交戰國如拒絕停戰或違反停戰條件者，即認為侵略國。

『日內瓦議定書明白確定侵略國的定義，在國際法上確為一種新紀元的重要文件。不幸時值英國內閣更迭，拒絕簽字，議定書遂未發生效力。『然其規定的嚴密，在世界輿論方面所得的注意，都足使他成為國聯盟約後最足紀念的文獻』』(註一)。

一九二五年十月，羅迦諾公約成立(註二)，其附件甲(Annexe A)第二條有謂：德國、比國及法國相互約定各不從事攻擊(attack)或侵犯(invasion)且在任何場合，不得從事戰爭。繼謂除有重大的(flagrant)侵犯外，必須理事會決定有侵略之事實時，始可容許自衞的戰爭。

羅迦諾公約雖未明定侵略國之定義，而對於侵犯或攻擊，則顯已加以禁止，同時限制自衞權之行使，亦可謂

註一 梁鋆立著侵略國界說的研究（載最近國際法上幾個重要問題頁十六。）

註二 參閱本章第五節羅迦諾公約與國際法。

有片面的進步。

一九二七年九月十九日，國聯大會曾通過一決議案，認定：（一）禁止一切侵略的戰爭；（二）使用各種方法以解決國家間之一切爭議，並宣告國聯盟員均有遵行上列兩原則之義務。接續指派一仲裁及安全委員會（Committee on Arbitration and Security），由波蘭代表提出一不侵略條約草案，旋被擱置。

一九二八年該委員會提出三項報告，一為對盟約第十、十一、十六條的研究，認為預先下一嚴正的標準，以確定將來的侵略國，在現實情形之下，恐無實際效果（註一）。次關安全問題之報告，則謂授權理事會在交戰國兩方軍事進行中，卽下停戰命令，如有一交戰國，不遵此項命令者，由理事會投票以三分二之多數，宣告其為侵略國（註二）。

一九二八年八月非戰公約簽字，明文規定反對以戰爭為施行國策之手段，但對於侵略國，並未提到一語。且關於國家自衛權之行使，如凱洛所謂『在如何情形之下，需要自衛，只有當事國可以決定，』尤使野心家皆可藉『自衛權』之假面具，而掩飾其侵略行為（註三）。

註一 Rutgers Report, League of Nations Document, 1928, IX, 3.

註二 Politis Report, Document, 1928, 3.

註三 日本掀動九一八事變，佔領東北，卽假藉自衛權（right of self-defence）之行使，一九三二年十一月，日本代表國在理事會竟援引凱洛之言中辯『自衛權不受外界之限制』（Observations of the Japanese Governement, on the Report on the Commission of Inquiry Official No. c. 775. m/396. 1932, vii., R. 23）雖然，史汀生已於同年八月闡明自衛權之意義，謂『其界限有無數先例為之明白確定，苟有一國憑藉自衛權之假面具以掩飾其帝國主義的政策者，無不立卽被揭破眞相』，（America Journal of International law, Jan., 1933, p. 48）顯已暗示日本在滿洲之武力行使，非屬於自衛權之活動，而具有侵略的政策。

在各國公約上尚未具體擬定侵略國定義之時，蘇聯已自一九二五年十二月起，先後與十個國家締結互不侵略條約如下：

(一)蘇聯與土耳其締結巴黎條約（一九二五・十二・十七）

(二)蘇聯與德意志締結柏林條約（一九二六・四・二十四）

(三)蘇聯與阿富汗締結巴克曼條約（一九二六・八・三十一）

(四)蘇聯與立陶宛締結莫斯科條約（一九二六・九・二八）

(五)蘇聯與波斯締結莫斯科條約（一九二七・十・一）

(六)蘇聯芬蘭互不侵略條約（一九三二・一・二一）

(七)蘇聯波蘭互不侵略條約（一九三二・一・二五）

(八)蘇聯拉脫維亞互不侵略條約（一九三二・二・五）

(九)蘇聯愛沙尼亞互不侵略條約（一九三二・五・四）

(十)蘇聯法蘭西互不侵略條約（一九三二・一一・九）

蘇聯與前列各國所締結互不侵略條約之內容大要如次：

(一)締約國間約定互不侵略；

(二)締約國一方受第三國攻擊時，他方應維持中立；

(三)締約國一方不得加入為對締約國他方施以政治經濟或財政的壓迫而有第三國間所組織之聯合協定；

(四)締約國間發生之爭端，不能依普通外交手段解決時，即協定和平的處理方法（由締約國委員組織混合調停委員會，或成立第三國參加之仲裁裁判所）

(五)兩締約國不得干涉內政，並不得有宣傳之行為；

(六)蘇聯如攻擊加入國際聯盟之國家，其他加入國際聯盟之國家，有依據盟約第十六條第十七條參加對蘇聯協同制裁之必要。此項參加制裁之義務，並不抵觸不侵略條約之中立義務。

此種互不侵略條約之締結，在局部的消極的規定不相互侵犯，對國際和平不無相當貢獻，如確定締約國間政治及經濟的中立義務，及不干涉內政之義務，顯然可以遏制相互間侵略之動機及其口實。

蘇聯外交人民委員長李特維諾夫 (Litvinoff) 經與各國締結互不侵略條約之後，對於分清『侵略』與『自衛』之界限，曾提出一具體之確定侵略國定義草案於國際裁軍會議總委員會 (Seneral Commission)。草案分為三部：第一部列舉構成侵略國之積極條件，即在任何國際紛爭，有最先干犯所定情形之一者，為侵略國。第二部指出常被藉以避免『侵略』之名義的各種情形，規定不論任何政治上軍事上以及經濟上的理由，或被侵略國內資源的開發，或某種權益的取得，或所謂投資與特殊利益，或否認具備所謂近代國家之組成者，皆不得用以證明在前部所確定的侵略行為之正當。第三部則為緊急處分，規定遇有一國宣布軍隊總動員令，或以大軍集中邊境之時，受威脅之國家，應採用外交或他種手段，使國際紛爭得以和平解決；不過該國家在不侵入他國境界之限度內，亦可採用同種性質的軍事行動。

李氏之提案，實較過去各種關於侵略的規定，更爲詳備具體。仲裁及安全委員會審查李氏提案之後，於五月二十四日提出報告如次：

第一條列舉下述情形之一，得視爲侵略國：

1 宣戰；

2 不經宣戰用武裝軍隊侵入他國領土；

3 以陸海空軍向他國領土或船艦或空軍進攻；

4 在他國海岸或港口設置海軍封鎖；

5 輔助侵犯他國的武裝部隊。

第二條明定政治上，軍事上或其他理由，不得引爲第一條所定侵略行爲之藉口或辯護。第三條聲明本約爲裁軍公約之一部(註一)。

然此種確定侵略者之規定，終因強大國家之不願簽訂而陷於流產，在國際政治或國際法之歷史上，實爲一種憾事。

註一 Report of the Commission on Security Questions, League of Nations Document conf. D/C.G./108

其後，李特維諾夫乘世界經濟會議各國代表雲集倫敦之際，先後與阿富汗、愛沙尼亞、拉脫維亞、波斯、波蘭、羅馬尼亞、土耳其、南斯拉夫、捷克斯拉夫、立陶宛、芬蘭等國簽訂多邊的侵略國定義公約（Treaties of the Defination of Aggressor）（註一）。

該公約前文聲明爲求普遍安全計，必須嚴格訂定侵略行爲意義，以消弭種種對侵略行爲之寬縱；並爲保持各該國領土之不可侵犯，援用嚴格規定侵略行爲之法規。第一條規定締約國間在相互關係上，承認侵略國之定義（根據軍縮會議中蘇聯之提案）第二條規定無論何國如首先發生下述各項行動之一者，卽爲侵略國。

1 首先宣戰者；

2 不宣戰而用武力侵佔他國領土者；

3 不宣戰而以陸海空軍攻擊他國之軍隊船艦及航空機者；

4 以海軍封鎖他國海岸或港口者；

5 援助本國境內侵犯他國領土之武裝團體或拒絕被侵略國之請求，採取適合各項可能步驟，以斷絕該項武裝團體之援助與保護者。

第三條聲明對於前條規定之侵略行爲，不能作爲政治上經濟上及其他性質之考慮以寬容或解釋其爲合法行動。同時附帶聲明下列各點，不得引爲侵略行爲之口實或辯護。

註一　一九三三年七月於倫敦蘇聯大使館簽訂，至一九三五年十月二十三日捷克斯拉夫政府，始將此約全文正式公布。

1 任何國家之國內情况，如其政治經濟或社會之統治，及所謂行政上之缺陷，由罷工，革命或反革命運動，或內亂所引起之紛亂。

2 任何國家之國際行爲，如對他國或其人民之物質或道德上之權利或利益，所施破壞或恐嚇之行動。

3 外交或經濟關係之破壞。

4 經濟或財政上之絕交。

5 各國間由財政及其他義務所引起之衝突。

6 第二條所列各種具體行動外之邊疆事件。

於是，蘇聯與各締約國間所簽訂之侵略國定義條約，正式確定某種行爲卽構成爲侵略國家，其效果及影響實非淺顯。最低限度，此種強國干涉弱國固嘗認爲合法之理由的侵略行爲，已不能存在於締約國之間（註一）。

註一 嚴繼光著蘇聯與規定侵略國定義之公約（載民族第一卷第八期）

第十四章 世界大戰後之國際法(下)

第一節 國際法典編纂問題

綜觀國際法之發達沿革，現行國際法的基礎，泰半由歐洲諸國間的國際慣例所發達之法則而成立的，其本體是一種不成文的習慣法；至於成文的國際法，反成爲補充的法則(註一)。不過，習慣法即在國內法上對於社會急激的變遷，均不能適於順應；其餘國際法，自世界大戰爆發以來，已經充分暴露習慣法之弱點。故自大戰以還，率以編纂成文的國際法典爲急務(註二)。

所謂『國際法典編纂』(Codification of International Law)的運動，不自今日始。早在十八世紀末葉，英國大哲功利學派的大師邊沁(Bentham)已經首倡此種思想。而法國大革命時代，曾在國民公會(The Convention)決議起草有名的國家權利宣言(Declaration of Rights of Nations)——(一七八九年)(註三)。自是以來，國際的立法條約(Law making treaties, Conventions normatives)雖歷有建設，但觀於既存的

註一 見日本國際法外交雜誌第二十八卷第二號國際聯盟與國際法庭編纂，山田三良博士作。

註二 關於編纂國際法典可否之意見，請參考松原一雄著現行國際法上卷頁六二六以下。

註三 共二十一條，一七九五年提出，但被公會否決，參閱 Redslob, R., Die Staats-theorien der franzosischen Nationalversammlung, 1912; Burke, E., Reflections on the French Revolution, 1910.

國際法規之有欠明確，且有許多不備之點，所以各國對於編纂國際法典的運動，急進不息。其如美國學者李鮑(Lieber 一八六三年）意大利學者佛爾（Fiore 一八九〇年）乃各自試編國際法典，瑞士學者 Bluntschli（一八六八年。）

一八七三年在比國 Gheut 創立之國際法學會(Institut de Droit international)，曾於一八八〇年編纂一部陸戰法典 (Manuel des Lois de la Guerresur Terre)，供獻各國採納；一九一三年又編成海戰法典(Manuel de la Guerre maritime)，亦頗得各國之贊許。除此私人及學會的編纂等事而外，各國間亦多有所涉獵。例如在海牙開過五六次釐定國際私法的國際會議，對於婚姻法曾有相當的效果。至於國際公法的部分，如一八六八年之聖彼得堡會議；一八七四年之布魯塞爾會議；一八九九及一九〇七年之海牙會議；一九〇八年之倫敦海法會議；以及一九一九年的巴黎和會，均可謂為最大的國際立法會議。在美洲方面，如一九〇六年之汎美會議，決議設立法學專家委員會，起草國際公法及私法之法典，以備提出日後的會議。一九二八年第六次會議卒提出十二項法案(註二)，對於國際法之法典化，有極大的影響，自不待論。

雖然，綜觀過去的立法事業，除片斷的對於戰時法規的部分有相當之成績外，其他部分雖未盡付缺如，亦寥不足觀。至於對於整個的國際法有何全幅的改造或編纂者，實以一九三〇年在國聯指導下所開的海牙會議為第一次，此在國際法歷史上實開一新紀元。

註一　見泉哲博士著評汎美國際法典草案（載日本國際法外交雜誌第二十六卷第二號。）

國聯對於國際法典編纂之準備，始於一九二〇年前後。當時在海牙爲起草國際法庭組織法之法學專家會議，會於同年七月二十三日決議，認爲爲促進國際法之進步起見有召集定期國際會議之必要。其要旨：（一）將從來國際法上之規則，特別是最近受戰爭影響之部分，加以明確規定；（二）對戰爭中或戰後隨事情之變質者，必須將該部份加以修正訂補；（三）調整種種意見及主義上之不同；（四）釐定從來國際法上尙未充分之規定，如國際司法上必要之規則等（註一）。此項提案在一九二〇年十月二十七日之聯盟理事會討論，但未引起充分之注意；同年十二月十九日該提案於國聯大會，Sir Robert Cecil 公言『目下尙未達編纂國際法典之好機』的情形之下而葬送矣（註二）。

國聯正式決議編纂國際法典，則自第五次國聯大會始（一九二四年）。該會依瑞典代表瓦丹堡（Baron Marks von Wurtemberg）之提議，決定以漸進的方法從事編纂國際法，大會於九月二十二日以滿場一致之決議，設立專門委員會從事下列之準備工作：

（一）就國際法題目中最適於依國際協約規定且最易實現之問題，列一名單；

（二）將此名單經由國聯秘書處送致各國政府徵求意見，然後加以審查；

（三）研究之結果將已經充分成熟之問題（The question which are sufficiently ripe），及準備將來

註一 League of Nations Assembly, Dec. No. 44, p. 119.

註二 Journal of the First Assembly of the League of Nations, Dec. 19, 1920.

開會議解決此等問題應採之程序，報告於理事會，如認爲必要，則召集國際會議（註一）。

一九二四年十二月，聯盟理事會依第五次大會之決議，乃從事任命國際法專家，組成國際法典編纂委員會（Committee for the Progresive Codification of Inter.Law）。專家均爲代表世界文化系統，各種法律系別之威權學者（註二），該委員會由一九二五年四月開始工作，最初選定十一個題目，交由小委員會審查（註三）。這十一個題目是：

（一）國籍

（二）領海

（三）外交官之特權及免除

（四）從事通商之政府所有船舶

註一　League of Nations Official Journal, Feb. 1925, pp. 120-121.

註二　專家共十七人：計開（一）瑞典 Hammars Kjöld（議長）（二）意大利 Diena（副議長）（三）中國王寵惠（四）英國 Brierly（五）法國 Fromageot（六）荷蘭 Dr. Bernard C. J. Loder（七）葡萄牙 Dr. Vilhena Berbosa de Magalhaes（八）捷克 Dr. Adelbert Mastuy（九）日本松田道一（法博）（十）沙爾瓦多 Dr. J. Gustavo Guerrero（十一）波蘭 M. Simon Rundstion（十二）德國 Water Schücking（十三）比利時 Charles de Visscher（十四）阿根廷 Dr. José Leon Suarez（十五）美國 George W. Wickersham（十六）西班牙 Botella（十七）回教法專家（時尚未決定）

註三　Monthly Summary of the League of Nation, Dec. 1924 p. 271.

(五)犯罪人之引渡
(六)國家之責任
(七)國際會議及締結條約之手續
(八)海賊(註一)
(九)時效
(十)國富之採取
(十一)國外犯罪

以上十一題目，經第二次會議（一九二六年一月十二日至二十九日），祇選出七個題目，認爲有國際諒解之可能，就此作成詳細的質問表——送達各國政府，徵求意見。該七題目爲：

(一)國籍
(二)領海
(三)外交官之特權及免稅
(四)國家之責任
(五)國際會議及締結條約之手續

註一　此項由我國代表王寵惠博士擔任研究。

(六)海賊

(七)國富之採取。(註一)

其餘四項則俟第三次會議研究。

第三次會議(一九二七年三月二十二日至四月二日),委員會基於小委員會之報告,又提出四個新問題計:

(一)關於刑事事件之裁判上及裁判外之行爲之通信;

(二)領事在法律上之地位及職務;

(三)外交官種類之修正;

(四)對國家訴訟之國際法庭的權限。

此外,又接受三個問題的報告(report),但經詮議之結果,已置於考慮之外,這三個問題是:

(一)最惠國條款;

(二)外國公司法人資格之承認;

(三)對商工公司之國籍及外交上之保護。

因爲上述三題,末兩者是屬於國際私法的範圍,在荷蘭召集的國際私法會議中,已列入議題之內。

第一次國際法典編纂會議,參加者共四十八國,百二十餘代表(註二),包含多數在國際法上的威權學者。此

註一　見一九二六年七月美國國際法雜誌之 Special Supplyment.

註二　Monthly Summary of the League of Nations March, April, 1930.

次會議之議題是限定國籍(Nationality)領水(Territorial waters),及國家責任(Responsibility of States)三個題目,茲略述其結果如次:

(一)國籍——此議題歸第一委員審查,其主要目的在解決『重複國籍』(Double nationality)及『無國籍』(Statelessness)等問題。但是,世界各國對國籍之立法,均各採自己之主張,如有者採血統主義(jus sanguinis),有者採出生地主義(jus soli);在政治上更有所謂移民輸入國(immigration states)與移民輸出國(emigration states)之衝突,所以有幾多專家認為無法將重複國籍及無國籍之事實根本打消,而止於『亡羊補牢』加以救濟而已。經過多次研究討論之結果,最後通過四種約章:(一)關於國籍法衝突問題之協約(Convention on certian question relating to the conflict of nationality laws);(二)關於重複國籍場合之兵役義務之議定書(Protocal relating to military obligations in certian cases of double nationality);(三)關於無國籍場合之議定書(Protocal relating to a certain case of statelessness);(四)關於無國籍之特殊議定書(Special protocal relating to statelessness)。除此之外,會議還通過八個建議或希望,載入最後議定書之內(註一),此為此次會議之最大收穫。

(二)領海——其主要問題是領海的限度如何劃定?沿岸國對其領海之權力具何性質?經審議之結果,祗作

註一　詳見周鯁生著國際公法之新發展頁三四六以下。

成一個報告及三種附件(Annexes):(一)領海之法律的地位(The legal status of terretorial sea);(二)Report of sub committee No. II;(三)Extract from the provisional minutes of the thirteeth meeting held on thursday, Apr.3, 1930 此項問題之重大有逾國籍問題者遠甚，而所得之結果僅止於幾點有限的問題(註一)。

(二)國家的責任——關於國家對於外人生命財產損害的責任問題，各國之意見，完全分歧，以致無法成立協定之可能，可謂全歸失敗(註二)。

綜觀第一次國際法會議之成績，以國聯五六年之準備及四十餘國之協力，而結果僅僅如此，難免令人失望。但在國際法編纂問題的本身，實無可疵議。所差者，則在今日的國際政治制度上，根本有若干內在的矛盾之存在，未可過於期待其成就而已。

當前必要之國際立法事業，不止一端，據日本學者立作太郎氏之意見，曾舉出二十六項，茲錄供參考：

(一)國家之基本權利義務，尤以獨立權，平等權及自衞權爲最重要；

(二)國家之責任——關於對外人之損害賠償問題；

(三)干涉問題；

註一　詳見周鯁生著：國際公法之新發展頁三五一以下。

註二　關於國家責任問題請參考楊振先氏論文，載民族雜誌第三卷第五期。

(四)國家承認及政府承認問題；

(五)領海之界限及其屬權範圍問題；

(六)領空問題；

(七)領土之割讓效果，特別關於權利義務之繼承範圍及居民之國籍移轉關係；

(八)國際法上之時效問題；

(九)外交使節之特權及國際會議委員之特權問題；

(十)領事之特權問題；

(十一)軍艦及其他公船之地位；

(十二)駐在外國軍隊之地位；

(十三)關於條約效力問題；

(十四)最惠國條款之解釋問題；

(十五)公海中一國軍艦對外國商船可行之處置問題；

(十六)海上衝突之裁判管轄及法律問題；

(十七)關於國際行政之規定；

(十八)引渡犯人問題；

(十九)國際犯罪之協力鎮壓問題;

(二十)平時之間諜問題;

(二十一)歸化及移住問題;

(二十二)一國居留外人之兵役問題;

(二十三)本國保護在外僑民問題;

(二十四)國際經濟援助問題(如原料航路);

(二十五)平時復仇問題;

(二十六)平時封鎖問題。

第二節 戰爭權之限制問題

戰爭權卽國際法上所謂交戰國的權利(belligerent rights),亦爲從事戰爭之權(the right to make war)。

所謂『戰爭』一語,在法律上究竟具有何種意義,換言之國際法上戰爭的概念如何,實有先行研究之必要。格老秀斯以『戰爭爲人與人用武力解決他們紛爭之情狀』(註一),福熙以『戰爭爲一種狀態,與國際社會的

註一 Bellum est status per vin certantium qua tales sunt,/ De jure ac Pacis.

常態——和平——相反，惟此種狀態之最終目的，仍爲和平』(註一)，奥本海則謂『戰爭乃兩個或兩個以上的國家使用軍隊之鬬爭，以互相克服而任意要求戰勝者之條件爲目的』(註二)。摩爾則認爲一國對他國用武力，如復仇(Reprisals)等強迫手段，而未成戰爭之狀態者，可謂有戰爭行爲而無戰爭狀態。若兩國彼此宣戰，雖無使用武力，戰爭亦卽存在。蓋『戰爭一名詞，不是指單純的使用武力，而是一種法律情形之存在，參戰者可以武力去爭取權利。』他方面戰爭爆發之時，第三國卽當履行中立國之義務，故摩氏認此種區別，至爲重要(註三)。

戰爭爲原始社會以來一種事實上的行爲形態，其概念隨時代之推移而異，然無法理的限制，則自古皆然。其行爲構成之結果無非爭城而戰，殺人盈城；爭地而戰，殺人盈野。及主權的國家成立，則國際社會已認戰爭爲國家固有之權利(註四)。雖然此固有的權利，漸因國際文明之進步而受法理限制矣。戰爭既爲一種事實上的形態，既爲國家擁護權利而解決爭議之一種程序，則此國家間重要的行爲，自然構成國際法的內容。換言之，國際法爲(一)緩和戰爭行爲手段的殘酷性；(二)確定戰爭在法律上的效果；(三)規定交戰國之地位及其與中立國的關係(註五)，乃在法理上慣例上規律戰爭之行爲。於是國際法學中有所謂『戰時國際法』之稱，專門探討國際法所允許在戰爭程序中如何爲合法，如何爲違法，以作戰爭行爲之準則。雖然，德國國際法學家徐金(Waltersc-

註一　Fauchille, Traité de Droit International public, tome II. § 1000.

註二　Oppenheim, International Law, Vol.II, p. 69-71.

註三　Moore, A Digest of International Law, Vol. VII. p. 153-154.

註四　參閱 Lawrence, Principles of International Law, P. 328.

註五　Howard-Ellis, The Origin, Structure and working of the League of Nations, p. 338.

hucking)主張戰爭應爲國際法所不許，而國際聯盟之編纂國際法典委員會於一九三四年第一次會議時，亦一致決定不討論戰時國際法規，打破傳統的國際法之觀念(註一)。然而即使現在，歷史的車輪似未轉到天下大同的階段，戰爭之不可避免，仍爲必然的趨勢。因此，國際法學之任務，仍應考究如何遏制此純粹事實上之行爲的戰爭，減少其爆發之可能性；又如何使在戰爭過程中之交戰者，能充分的尊重國際道德及法理。

戰爭行爲的結果，常摧毀人類多年苦心經營之文物，故非戰心理與時代之推移同時增進。但以國家之存在，戰爭的因素無從解消，徒然非戰，不啻夢囈。於是，學者間常創特殊方案，直接間接限制戰爭權之行使，藉以維持國際和平。此種企圖，由來已早。如十七世紀之克爾塞 (Emeric Cruce, Le Nouvean Cynée, cu Dis:ours d' Etat représentant les occasions et moyens d'établir une Paix général et la liberté du commerce par tout le Monde, 1926)，格老秀斯(Grotius, De jure belli ac pacis, 1625)，亨利四世(Henri VI, Grand Design, 1638)，威廉(William Penn, Essay towards the Present and Future Peace of Europe 1693)，十八世紀的聖比爾 (Abhé de Saint Pierre, Project pour rendre la Perpétuelle en Europe, 1713)，邊沁 (Bentham, Principles of International Law, 1789)，及康德(Kant, Zum ewigen Frieden, 1795)，均各有其和平計劃或戰時法規，欲藉以遏制及減少戰爭之罪惡行爲。

而且，國家在戰爭之開始，不許驟然攻擊他國，事先必須使者往返之談判或予以警告，自希臘宗盟會議以還，

註一　周鯁編著：新國際公法下册頁一——二。

已漸為公認之事實，國際法學家更肯定以此原則為正當(註一)。一九〇七年海牙條約中訂有關於戰爭之開始條約，始在普遍的國際條約上正式確定戰爭開始前之法定手續。依據該約第一條，國家與國家間非先以宣戰書（附具理由）或最後通牒（附條件的宣戰）作為明白的警告，不得開始戰鬬行為。從此，國家雖仍然保存戰爭權，而在其行使上卻受一種限制。若某一國家不履行此法定手續（雖然事實上許多國家並未尊重海牙條約）則構成其戰爭行為負違犯國際法之責任。此外，尚訂有限制用兵索債條約，予戰爭權以實質的限制。即國家在他國未拒絕提交仲裁或不服仲裁之前，不得用武力為本國人民索債。換言之，國家為本國人民向他國索債時，非先經仲裁程序，不得開戰(註二)。其次有一九一三年——一四年之布里安條約（Bryan Peace Treaties），規定國家的戰爭權，非經過和解手續，不得行使(註三)。

歐洲大戰給與國際組織一種新發展，世界上大多數國家共同遵守的國際聯盟盟約，曾訂定盟員國不訴諸戰爭之義務(註四)。即盟員國間發生爭議不得以尋常外交手段解決而有決裂之虞時，不得逕行訴以戰爭手段，須先將爭議提交仲裁或司法的解決或聯盟理事會審議，候仲裁或司法判決或理事會報告提出三個月後，纔得開始戰爭。於是盟員國須依盟約規定之程序，其戰爭權至少在爭議提交後九個月內受條約義務上之限制(註五)。

註一　Lawrence, ibid., P. 323.

註二　參閱本書第十章第四節。

註三　參閱本書第十一章第一節。

註四　列於盟約第十第十二第十三及第十五條，參閱本書第十三章第一節。

註五　參閱周鯁生著國際公法之新發展頁二五六。

同時，對於服從仲裁，或司法判決，或理事會一致（爭議當事國除外）通過之報告的當事國，不得從事戰爭。盟員國如違反上述規定而從事戰爭之時，便是非法的戰爭(Illegal war)。此種非法的戰爭，即當受盟約第十六條所規定的經濟上以及軍事上之制裁。

國際聯盟盟約並未否定戰爭，僅在某期間內限制國家的戰爭權而已。事實上，二十世紀初期，國際間所存在的因素，常使學者認為戰爭為國際現象上一種不可避免的事實，難受法律的控制（註一）。然而學者間亦有認為聯盟盟約未完全廢除戰爭，仍能從事合法的戰爭(legal war)，殊為一種缺陷的（註二）。

究竟因為歐洲大戰慘酷的情景，尚未湮沒於人心，學者，政治家及外交家都竭力在要求軍縮與安全保障，因而產生一九二三年的互助條約草案及一九二四年的日內瓦議定書（註三）。如互助條約草案，確定侵略的戰爭(aggressive war)為一種國際犯罪，日內瓦議定書且禁止負盟約義務以外的一切侵略的戰爭，以及厲行強制仲裁。於是，國家的戰爭權，更受莫大程度的限制。

互助條約草案及日內瓦議定書雖明定侵略的戰爭及確定侵略國之準則，但究竟何為侵略國，尚須經過理事會的審議，故容易偏於政治形態而缺乏法律的精神；但國家自動的戰爭，已很不容易想到尚有合法的（註四）。

註一 Clyde Eagleton, The Attempt to Define Aggression, P. 387.

註二 Revue général de Droit International Public, 1934. No. I, p. 40-47.

註三 參閱本書第十三章第四節。

註四 周鯁生著：國際公法之新發展頁二六三。

限制一般國家的戰爭權之互助條約草案及日內瓦議定書，雖未克正式簽訂，而限制歐洲局部國家戰爭權之行使的羅迦諾公約則於一九二五年成立(註一)。德法及德比間相互約定，非因正當防禦，或依盟約第十六條，或依國聯決議，彼此決不施行攻擊或侵入對方領土或開戰。於是，歐洲外交關係最緊張的德、法、比三國，已接受不出以侵略而行使戰爭權的限制。

其次，一九二七年七月十九日國聯大會通過禁止一切侵略的戰爭之決議，但此僅爲宣言性質，無法律的拘束力(註二)。越年成立非戰公約(註三)，始在一般的範圍聲明廢棄戰爭爲國策之工具。非戰公約固以主要各國簽訂而發生法律上的效力，但公約之本身，似偏重於『國際道德』而缺乏『法的實質』，如對於違約國並無規定任何制裁其違反行爲之條項，且以行使由國家自己決定之自衛權戰爭不受影響的保留，實已減低公約上許多的效能。蓋每一國家在肆行侵略之時，即可假藉『自衛權』的招牌而掩飾其攻擊的行爲(註四)。如美國有人主張自衛權包含美國在中國及南美諸國用兵干涉之權利，英國主張包含帝國之防衛，蘇聯對於英國不適用於某外交勢力範圍的保留，雖然聲明不承認，而滿洲邊境中俄發生武力衝突，對第三者美法之勸告時，則主張自衛權。

註一　參閱本書第十三章第五節。

註二　周鯁生著國際公法之新發展頁二六五。

註三　參閱本書第十三章第六節。

註四　參閱 Shotwell, ibid., pp. 209-210.

他方面，國聯盟約及非戰公約並未明文限制戰爭以外的強迫手段，國家在未將爭議訴諸和平解決之前，即採行無異於戰爭或結果變成戰爭的強迫手段，如 Pacific blockade, represals, and intervention or other 是否為合法，殊難定論。如一九二三年意大利以該國軍官數人在希臘領土被害，派軍艦砲擊並佔領希臘的科爾夫(Corfu)，但意大利並不認為戰爭行為。巴黎大使會議(Conference of Ambassadors)判令希臘賠款，意軍從科爾夫撤退。當時法律專家委員會(Committee of Jurists)答覆聯盟理事會之諮詢，亦未確定此問題。國際法學家之意見也不一致。赫爾希(Hershey)認強迫手段為不合法；奧本海(Oppenheim)則否，以採行強迫手段，即使涉及武力的使用，亦在許可之列。布勒里(Brierly)以為強迫手段之是否合法，乃在強迫手段之性質如何；福熙(Fauchille)認為此種手段含有危害和平的因素，聯盟盟約既規定訴諸和平方法之程序，強迫手段自無必要，徐金(Schucking)與威鮑格(Wehberg)則認為使用法律的經濟的或財政的性質之手段固可，若佔領土地及平時封鎖等，非先經和平解決程序，不問在任何情狀之下，均非所許。

聯盟盟約及非戰公約遭遇最嚴重之實驗的時機，莫若一九三〇年日本侵略中國東北四省及一九三五年意大利之攻略阿比西尼亞。中國於東省事件突發之後，訴諸聯盟，聯盟固嘗根據盟約，遷延處理，或令中日雙方停止戰爭行為，或依調查團實地調查事件經緯，或一致通過大會報告書，或組顧問委員會(Advisory Committee)以監視局勢之發展(註一)。但日本終於退出國聯，聯盟亦未能實行盟約的精神，而加以任何制裁之行動。其

註一　詳見周鯁生著國際公法之新發展第十四章至第十九章。

次，意大利亦如日本調遣大軍進攻盟員國家阿比西尼亞，國聯或研究和協試案，或實施經濟制裁，亦未能遏止意大利之兼併的行動。至於非戰公約在此兩試驗中，更已宣告其效力之微渺。此固因爲國家尊重國際法的觀念甚爲薄弱，而盟約與非戰公約本身之缺陷，由此試驗亦完全暴露無餘矣。

聯盟盟約與非戰公約，充其量也祇在消極方面限制戰爭權之行使，至於以確定侵略國之定義，欲在積極方面限制戰爭權之行使者，則以一九三三年二月六日李特維諾夫在日內瓦國際裁軍會議總委員會提出確定侵略國定義草案爲嚆矢。本草案詳訂國家超越其主權之某種行爲，即認爲侵略國（註一），而共同對之實施仲裁。於是，從前侵略的國家往往目爲自衞之活動的行爲，今已不能有所假藉。學者有謂確定侵略國界說，乃實施制裁之先決條件（註二），我們不僅對此同感，且認爲欲避免戰禍，實質上限制戰爭權之行使，亦以確定侵略者定義爲首要。李氏之草案雖以英國等反對未獲成功，但其後蘇聯與其鄰接國家先後簽訂互不侵略條約及確定侵略國定義條約，從此在局部國家中，已將戰爭權之行使，限制在最小程度之內。

第三節　空戰法規問題

一七九四年法軍在佛羅拉斯(Flurus)之戰，曾用輕汽球偵察敵情而獲勝利；一八一二年俄軍利用輕氣球

註一　參閱本書第十三章第七節。

註二　Cherter of Freedom (Manchester Guordian Feb. 7, 1933).

裝爆炸物，飛到法軍戰線；一八四九年奧軍圍威尼斯（Venice），欲利用二百小輕氣球裝爆炸物，爆炸威城不果；南北戰爭時，美人曾使用輕氣球；普法戰時，法人利用輕氣球脫出重圍；南非戰時之英軍，日俄戰時之日軍，都曾利用過輕氣球。然在此諸戰役中，僅能利用輕氣球偵察，足徵空戰尚爲幼稚時代。

最初以飛機用爲空戰之工具者，乃在意土戰爭。不久巴爾幹戰爭之役，飛機對偵察，通信及散布宣傳品等，已頗具效能。及世界大戰爆發，飛機及飛行船且進而發揮爆炸前線陣地及破壞後方都市之莫大威力（註一）。邇近空戰技術之進步，尤足驚人。九一八事變日軍用飛機轟炸中國東省義勇軍範圍之城市；上海事變，更利用大批空軍，破壞抗日軍陣線及閘北一帶。近年意大利之克服阿比西尼亞，完全取勝於大批空軍之轟擊。而西班牙內亂，亦以空中轟擊爲主要的戰爭手段。於是未來大戰苟一旦爆發，空戰將爲決定軍力勝敗之主要關鍵者，已不難逆睹。

空戰法規乃追隨空戰手段之進步而發展，洵屬自然之理。統觀空戰法規之史的發展，其中實包含空域與空戰手段之二問題。前者爲國際法客體之擴大（亦即國家主權範圍之擴大），後者爲交戰手段之發展。本節擬將二者加以概括論述。

在論述以飛機爲空戰手段之前，必先檢討空域問題。國際法學說中，關於空中領域觀念之變遷，可分空中自由說，空域限制說及空域領有說之三階段（註二）。

註一　參閱本書第十二章第四節空戰問題。

註二　參閱小山精一郎著國際法上的空中問題（見日本國際法外交雜誌第十六卷第九號）。

1. 空中自由說　從國際法方面研究空中問題，以法國國際法學家保羅福熙(Paul Fauchille)為嚆矢。氏謂除建設物、植物所占有之部分外，對於空氣國家僅得行使為保全上之必要的權利。並在一九〇〇年 Neuchatel 召開之國際法學會中，提議下次會議加入飛行船議題。於是一九〇二年國際法學會開於 Bruxelles，福熙提出包含三十二條之原案，主張空中為自由，得該學會採用。福熙嘗謂：'L'atmosphere ne ponvant par sa nature mêreotre occupée d'une facon réelle et continue, nést susceptible ni de propriété ni de souveraintè" 以說明空中性質上之自由(註一)。其次對於空中所有的範圍，以樹木或建築物所達的高度為限度。如保裴爾斯引證之言 "un point est dàbord incontesté la colonne dàir situee au-dessus du sol devient la propriĉte de celui qui plánte on y contruit et dans la measure des plantations et des constructions qui y sont élévees." 可知福熙之空中自由說，以地上三三〇米突為一國主權所及之範圍(註二)。一九〇六年在 Grand 召開的國際法學會，則主張空中自衛權，如間諜的防止，關稅警察，衛生警察及國防上之權利。以從空中得撮影地上防備之最高點(der nier point où l'image photographique des ouvrages de defense est encore âssez nette pour être profitable)為範圍。此外，布倫提利(Blunts hli) 從戰

註一　Bonfils, Droit International, p. 313-314.

註二　當時世界最高之建築物為巴黎的 Eiffel 塔，高三百米突，塔頂無線電桿高三十米突。

爭論類推以大砲之彈着距離爲空中主權之範圍。一九一〇年法國工務部長米勒蘭(Millerand)召集列國代表於巴黎開會討論國家領土主權是否能及於空中，經數次討論，終未獲具體方案。荷爾斯泰因(Staël Holstein)之空中戰之規定論及庫安尼(Henry-Coiiannier)之航空機評論(Reyne de la lsc. aér)均以領空說爲時代落伍之謬論。

2. 空域限制說　其後，學者一般已認空域與海洋具同一的性質，國家在一定的高度，得行使主權。惟高度或以視線所及，或以砲彈距離，或以該國家最高山嶽或以最高建築物之頂，或設立任意之高度，則殊乏定論。一般以國家領土及領水之上空，分爲上層帶(自由部份)與下層帶(領空部分)，以彈着距離作領空帶之標準，高度或謂三四百碼，或謂四五百碼。然近代砲術進步，彈着距離增大，所謂上層帶之自由部分，成爲迂腐之論。

3. 空域領有說　近今飛機發達，成爲新戰爭手段，識者遂認空域自由說與國家自衞權之原則抵觸，學者或政治家，均根據拉丁格言以一定地積之所有者，有其上層無限空域之所有權，在國家領土及領水之上空，行使絕對的主權。一九一一年四月馬里德(Madrid)召開之萬國國際法學會，製成一綱領，『國際航空雖爲自由，各國爲保護其安全及人民財產之必要，得爲一定限制之權利。』關於飛機戰時法案，更在第一條訂定如次：

『交戰國不問空中任何場所，得在其大陸領土上方及公海或其領海之上方開始戰爭行爲；反之，不問高度如何，均禁止在中立國大陸領土之上方，或在彈着距離之中立國沿岸附近，自飛機投擲彈丸或從事一般有加以損害之虞之交戰行爲，交戰國之軍用機或非軍用機，非得中立國之認可，不得在其上空飛行。私有機無必要何等之認可。但禁止兩者同在敵國國境附近一定範圍內之中立國上空停滯。戰時飛機之飛揚，與平時受同一之限制。』

觀此，軍用機雖加限制，對私有機仍認航空自由行之原則。一九一三年召開之同學會，決定在國家確保安全之必要上，空域得設限制，惟基於國際禮讓，對他國飛機，有許可在領空內航行之義務。此決定，與其謂為主張航空自由，勿寧謂仍為確定空域之限制。現今國際法學家，幾乎皆採取領有主義說。如理査德(Eele Richard)著空中主權論，認空域為國家主權之範圍；華爾(Arnaldo de Valle)在航空機評論，主張領土與其上空，有不可分離之密切關係；李克拉瑪(J. Lycklama)謂空域自由之原則，已為迂論；貝羅嘉(Bellenger)著空中戰，謂空域自由論，乃為一種夢想。哈瑟爾琴博士(Dr. Hazeltine)則謂『空中自由論乃忽視過去之進步及調和過程之偏見……國內法之歷史，對各種事項說明私有財產權之限制，國際法之歷史，為國際團體利益而論述國家主權之限制，從而國際法為使國內法進步之科學，在國際條約而表現。此進步在空中法之進步，亦不能不適用之。』要之，邇近對空域限制之學說，以飛機技術之進步，已為一般公認。歐戰飛機飛船之活躍(註一)，已證實空域為國家絕對主權之必要，斯時有德國議員建議，祇能認海陸軍作戰之區域地點，為空中戰場，以加限制。法國國際法學家福熙，則主張將招兵、練兵、運兵、造械、造艦、礮壘及營寨等地方，均列入空中戰場範圍之內(註二)。

註一　參閱本書第十二章第四節空戰問題。

註二　周緯編著新國際公法下頁六二。

國際法學家對於空域之學說，要如前述。其次觀察空中戰爭手段法規之史的發展。

最初的國際空戰法規便是第一次海牙會議的宣言一八九九年經列國簽字。一九〇七年第二次海牙會議仍採用此宣言其內容大要如次：締約國約定禁止從輕氣球或以類似方法，擲下投擲物及爆炸物，直至第三次和平會議爲止。條約國間開戰，有遵守本宣言之義務，若有一非締約國加入交戰國之一方時，前項義務卽行消滅。當時簽字國家爲英、比、奧、美、保、希、挪、荷、葡、瑞士等國，他如德、法、意、日、丹、俄、瑞典、羅、塞、黑等國，均未簽字，故巴爾幹戰爭之時，簽字國土、保、希爲交戰國，非簽字國黑塞加入戰局，宣言逐未能適用。

此時，各國多有制定航空法令（註一），以規定本國對空域之主權。及歐戰爆發，以海牙宣言既有非締約國參加戰局之時，卽告無效之規定，當不能依爲拘束空戰之法規。所能適用的，僅有海牙陸戰條規第二十五條，規定無防禦城市、村落、住宅、房屋、不論用何手段，均不得攻擊或砲擊。此『不論用何手段，』當然也包含飛機之攻擊。該條規第二十九條復有爲通信及聯絡軍隊或地方之各部分而乘輕氣球者，不認爲間諜之規定，亦爲當時所適用。但歐戰之主要的空中戰具爲飛機及飛船，新事實之出現，因無規律此新事實的法規（雖然德國在戰術主義之名目下，海陸戰亦常超越國際法之行爲，聯合國復藉報復之名，而行越法之實，）各種乃備嘗慘痛的經驗。於是華盛頓會議會決定戰時法規委員會，自一九二二年十二月至翌年二月，英、美、法、意、日、荷六國代表集會於海牙，討論一九〇七年海牙會議以來國際法上所應適用新戰爭手段之採用與發展，而發生新攻守方法之種種問題。結果，製

註一　一九一一年至一九一三年，英國制定航空法令，一九一三年法國制定航空條例及規則，同年英德且締訂航空協約。

成包含六十二條的空戰法規草案(註一)，是為歷史上最新近的空戰規章。本規章的主要內容，最初規定公有及公有航空機之性質及標誌(第二條至第八條)，僅以軍用機纔能有交戰權(第十三條)其他何項航空機，不得以任何形式參預戰爭(第十六條)。其次規定空中轟擊之禁止事項(第二十二及二十三條)，合法的轟擊，為專向軍用目標之轟擊(註二)。對作戰地帶內之城市村落，亦可轟擊；反之作戰地帶外軍用關係物之轟擊，不免殃及平民之時，則不得加以殺傷(第二十四條)。此外，有免受轟擊之規定(第二十五及二十六條)。第二十七條至第二十九條，為關於間諜之規定。第三十三條至三十五條規定非軍用機及中立國機得受火器攻擊之危險事情。第三十六條至第三十八條規定戰時俘虜，第三十九條至四十七條規定禁止事項。第四十九條至第五十六條規定捕獲及捕獲後之措置，第五十七條規定臨檢毀壞事項。最後之第六十二條，規定參戰之航空人員除遵照本規章或各國際公約可適用之條項外，應根據國際法習慣及慣例等(註三)。

本草案最重大之特點，第一，空中轟炸限定對於軍事目標，一掃從來有防禦無防禦之區別和爭論；第二，分別作戰地帶之內外，防止對於和平人民之任意轟炸，不能不說是國際空戰法上之一大進步(註四)。

註一　空戰規章譯文見周緯編著新國際公法下頁一四六——一六二。

註二　軍用目標有五：(一)軍隊，(二)軍隊工作物，(三)軍事建築物或軍事儲藏所，(四)製造軍器彈藥軍需品等重大著名工廠，(五)軍用交通線或運輸線(參閱鄭斌著三十年來國際空戰法的發達，載東方雜誌三十週年紀念號)

註三　詳見周緯編著新國際公法下頁八六——一四二。

註四　見鄭斌著三十年來國際空戰法的發達(載東方雜誌三十週年紀念號)

本草案原則上固不無國家採用(註一)，然既非正式法規，而近年飛機技術之發達，又日新月異，行見未來的戰爭慘禍將千百倍第一次大戰。因此，重新檢討空戰法規(註二)，實爲迫切的要求。

第四節　中立及國際制裁問題

一　戰後中立問題之變遷

依著者的觀察，大戰後國際的新發展，可以分作兩個體系；一個是自由派 (Voluntary School)；一個是強制派(Compulsory School)，前者可以主張自由中立的美國爲其代表；後者可以國際聯盟的制裁主張爲其代表。自從大戰以來給世人得到幾點重大的教訓，扼要言之，第一，慣習法及其他既成的制定的制定法均不足以應付暴變以及新的破壞手段；第二，國際法上無正義的判斷，易言之，對侵略者不能行使強有力的制裁以保障國際法的拘束力；第三，國際關係日趨複雜，各國——特別對國際有密切貿易關係的國家——無復嚴正中立之可能，例如以傳統中立政策自守的美國，結果也不能不參戰。由此觀之，則國際法在此重大的轉變期中，自然不能不有所改造。

要想維持國際法的權威與存在，無疑要在積極設法保障國際法上的規則，不受破壞。然如何能使國際法規

註一　上海事變後，日本大批飛機之轟炸閘北一帶，卽據本草案規例。見信夫淳夫著上海戰與國際法頁三〇〇。

註二　參閱泉哲著空戰法規草案批判（載日本國際法外交雜誌第二十二卷第八號。）

不受侵害，推其方法不外有消極的及積極的兩種。前者為利用種種外交手段防止侵略行動的發生；或用中立的方法，使紛爭縮小範圍，其性質為防守的(Punitive, Preventive)；後者為運用國際的制裁力阻止侵略的實施，和剝奪侵略後所得的結果，其性質為懲戒的(Punitive)。

不過自從大戰之後，乃至國際聯盟成立以來，因為國際組織的變異，使各國在國際法立場上失去大戰以前的中立權能，而增大積極參加制裁的義務。易言之，在大戰前國際法中最重要的中立部分，已大部失去意義；而在戰前從來規定的制裁辦法，卻在戰後得部分實現。目下雖不能武斷說戰後各國完全失去中立的權能，但至少多數國家在條約上已受若干之限制。

關於中立法規的發展，本書前述各章已分別論到，在此毋須贅述。實則在十七世紀以來，國際間無所謂眞正的中立法規。當時敵國在境內募集兵隊乃至供給資財，本視為普通之事，並非交惡某國，所以所謂臨時中立或永久中立者，純然是十七世紀的產物。迨至十七世紀中葉，中立始成為國際法上的新制度。斯時，國際學鼻祖格老秀斯在其第三部和戰法規中 De his, qui in Bello medii sunt 題目下，曾創有前所未見的二種法則：(一)第三國對交戰國雙方開戰的原因及理由應加審議，究竟何方正當(just)？(二)如第三國認為交戰國雙方所爭均屬正當，則對雙方應公平待遇，不得偏袒(impartiality)。然在格老秀斯的著書中，尚未見有『中立』一詞(註一)。蓋因中立的理論及實質至十八世紀始臻發達。彼時國際間均一致承認中立國對於交戰國應持局外中立態度，

註一　參見Oppenheim, International Law, Vol. II, p. 385.

不偏不袒；而交戰國對於中立國的領土完整，應予尊重。如當時的國際法學家 Bynkershoek, Vattel, Martens 均對中立之眞諦，有所闡明。十八世紀中，各國多相互締結條約，不許在交戰國內募集軍隊，如一七一三年之英法條約，一七二五年之西奧條約，乃至一七八〇年及一八〇〇年前後兩次的武裝中立同盟，一七八五年之普美通商條約；一八〇一年之英俄條約，均可稱爲近世中立國權利發達之基礎(註一)。

據奧本海之意見，十九世紀中立法規之發達原因，不外下列四項：

(一)自一七九三年至一八一八年，其影響於中立觀念最大者，莫過於當時美國的政策與態度。緣於一七九三年英法戰爭之際，法國駐美公使 Genet 在美國領海內裝置私掠船(privatur)，掠奪海上英國之商船，並在駐美領事館中組織捕獲法廨 (Prize court)，審判被捕之英國商船。美國政府認爲有損主權，遂令國務卿傑佛生(Jefferson)照會法國公使謂『任何國家有權禁止他國在其領土內行使主權，且中立國有特殊義務，禁止對於交戰國任何方面有害之行爲。』復經交涉，美國終告勝利(註二)。越年（一七九四）美國國會通過一項法案，禁止人民武裝船隻，故外國交戰國之私掠船，迨至一八一八年國會又通過外國國籍法案(Foreign Enlist Act)翌年英國亦仿此設律，卽 British Foreign Enlist Act 者是。

(二)瑞士及比利時先後成立爲永久中立國，自是歐洲歷年所發生的戰爭，兩國均拒不參加，保守嚴正中立。

註一 Lawrence, Principles of International Law, p. 561.

註二 Whaeton, A Digest of International Law of the United States, iii, 395-396.

(三)一八五六年之巴黎宣言，成立所謂『自由船，自由貨』之法則，成爲後來國際法上之金科玉律，從此敵國船舶所載中立國之貨物得免除臨檢及沒收。

(四)在十九世紀下半期舉世擴張軍備，戰爭時有大規模爆發之可能，故交戰國方面旣極力避免其行動侵略中立國家，而中立國亦衡量國家利害，處以中立自保之境。此間如南非戰爭，日俄戰爭，均嚴守中立法規；第一、二次海牙會議以至倫敦宣言，對於中立國之權利義務均有詳密之規定，自是中立法規乃臻完璧(註一)。

二　中立與國聯盟約及非戰公約

在大戰爆發之際，彼時國際議會同盟雖然還想用自動的中立化以求世界和平，實則，所謂中立已達於絕頂。當時中立國們熱心於冗長的宣言，以維法例，苦喊道德的熱情主義，以期維持中立的體制，並且有時還諫議聯合行動，以保護他們的權益(註二)。

然而蔓延於全世界的大戰，不僅未因中立而能阻止，且連比利時和盧森堡的中立，均未能保障。威爾遜大總統宣佈美國的中立政策已告末路，前任大總統塔虎脫(Taft)亦主張組織國際聯盟以實現和平，國際議會同盟且放棄倡言中立。自此以來，世人都認爲這種消極的孤立政策，對國際和平沒有多大的貢獻(註三)。

英國名論家威廉氏(Sir John Fisher Williams)嘗謂：『國聯盟約重新寫成國際法中之中立部分』

註一　Oppenheim, ibid., ii, pp. 393-395.

註二　Naval War College, International Law Documents, 1916.

註三　Quincy Wright, The Future of Neutrality International Conciliation, No. 242, Sept. 1928.

(註一)，他以爲依國聯盟約第十一條的規定使中立失去存在。盟約第十一條第一項規定『凡任何戰爭或戰爭之威脅，不論其直接或間接涉及聯合會任何會員皆爲有關聯合會全體之事。』準此，則以後如果發生戰爭，不干涉不偏袒的中立觀念已不能存在。所以說第十一條無異否認戰前的中立觀念(註二)。

『自從國際聯盟成立之後，其結果各國將無復中立之可能因爲將來已無此種需要』(註三)。進而言之，『國際聯盟之成立，爲中立劃一新階段。自此，組織的和平勝於孤立的和平，國際合作優於一國中立』(註四)。

在將來的國際法中，中立將佔有何種地位？要而言之，如過去幾世紀所經驗的一般法律上的中立和國際組織的阻止暴力是完全不兩立的。換言之，在和平破壞者之前，國際之一員便不能中立。所以中立與國際聯盟是不能永遠併存而不悖(註五)。

中立問題雖如上述學者之觀察，但有若干點亦未盡然。例如國聯盟約本身，即有若干缺陷之存在，亦久爲學者所指摘(註六)。他如一九二三年第四次國聯大會加拿大提議解釋國聯盟約第十條，結果以二十九票對一通過

註一 J.F. William, Some Aspects of the Covenent of the League of Nations, (1934)PP. 2;132-133; 164-165

註二 關於戰前的中立觀念請參考 Crichton, V.M.S., The Pre-war Theory of Neutrality (British Year Book of International Law, Vol. IX, 1928, pp. 101-111.

註三 Oppenheim, ibid., I, p. 175

註四 Quincy Wright, ibid.

註五 Quincy Wright, ibid.

註六 見江鴻治著中立的新觀點（載外交論評第四卷第二期。）

一個決議案，其中有一段說：『關於維護會員國領土之完整及獨立，當由各會員國合法當局之決定，以至如何程度，方運用兵力以履行此種義務』（註一），此條的規定，無疑的使制裁變為一個相對的性質，無異承認國際會員國除有制裁之義務外，有時亦可中立。又如一九二〇年俄波戰爭之際，德國宣告中立，三年後國際法庭對德國之中立義務，曾加討論，但法庭未曾表示中立在國聯盟約上是不可能的（註二）。一九二二年英、比、捷、法、德、意、諸國所簽訂之 The Convention on the Eble，第四十九條即規定交戰國與中立國的權利義務（les droit et devoirs des belligérent et des neutras）（註三），他如意希條約第二條：『訂約國之一方被他國無理攻擊時，訂約國之他一方在戰爭期間內，應遵守中立，』類似此種條約，不在少數。另如國聯會員國與非會員國所締結之條約，如一九二六年德蘇條約，一九二一年奧捷條約，一九二四年南意條約，一九二六年立蘇條約，均設有中立條款之規定。由此證明，國聯盟約雖在某種場合下確切的限制中立的權利，但至少在目前的情形下，中立還是部分的存在，此點殆為一不可否認之事實。

其次，非戰公約對於中立法規的影響如何？

註一　Report of the Fourth Assembly (Leaguess Journal)

註二　Publications of the Permanent Court of International Justice, Series A/B No.5 土耳其、德、意、希條約第二條『訂約國之一方被他國或數國無理攻擊時，訂約國之他一國在戰事期內應遵守中立。』

註三　British Foreign State Papers, Vol. 116, pp. 598, 609.

一九二九年英國白皮書上曾對聯盟規約及巴黎公約的效果加以陳述，內謂『綜合二者，實係剝奪各國以戰爭爲國策工具之權利，並且禁止各簽字國對攻擊者予以援助或憑藉……易言之，在國聯會員國之間，卽無所謂中立權；因其將無中立國之故也』（註一）。另據 Wright 教授之意見『在此等工具下之侵略戰爭，不僅對此遭殃者自己加的道德的攻擊，卽凡簽字此項多邊公約之簽字國，亦莫不將受法律的譴責。』……氏繼謂美國既經批准巴黎公約之後，巴黎公約已將中立變成一種非合法的；所以他謂：『美國批准開洛公約之後，既已放棄與破壞此項公約國家之中立貿易；同時爲此等國家之利益計，亦減輕其中立的義務；進而言之，在未來任何戰爭中，一個或多數的交戰國均將爲巴黎公約的破壞者，殆不可免』（註二）。

不過，非戰公約與國聯盟約在法律上的價值，不可等量齊觀，憶某批評家嘗謂非戰公約如謂爲法律的，猶不如稱爲道德的。所以非戰公約對於國際公約的供獻，在政治而不在法律。何況多數國家提出種種保留，益使非戰公約的法律價值減低。平心而論，典型代表世界金融資本家的美國上議院，如果說提倡非戰公約的美國當局有放棄美國之傳統的中立的企圖，上院是否予以批准，當爲明顯之問題（註三）。故謂，在現實資本主義國家的體系

註一 英國外交部刊 Memorandum on the Singnature by his Majesty's Governmant in the United K ngdom on the Optional Clause of the Permanent Court of International Justice, comd, 3452, p. 9-10.

註二 Quincy Wright, "Neutrality and Neutral Rights Following the Pact of Paris for the Renunciation of War", (Proceeding of the American Society of International Law. (1930)p. 79, 81, 84.

註三 Charles Martin, "The Pact of Paris" (Proceeding of the American Society of International Law, 1931. pp. 165-167.

中，乃至專尚利己主義的帝國主義集團之內，欲其根本放棄中立的權利，未免為癡想之論。然而國聯盟約與非戰公約，曾對中立觀念加以一種極大的限制與修正者，是無疑問的。

三　美國新中立法案

中立政策可說是美國一個傳統的外交國策(註一)，自從一七九三年四月二十二日華盛頓致告別辭以來，始終未移。不過自大戰以還，美國的中立政策曾經遭受嚴重的打擊，已如前述。特別是英美兩國關於戰時的海洋自由(freedom of sea)政策(註二)，發生極大的衝突。據大戰的經驗，幾乎一切的商品、原料，無不在戰時禁制品之列，根本戰時通商自由主義已頻危殆。未來的戰爭，海洋自由主義能否貫徹，依前次大戰之例，亦可思過半矣。所以一般美國有識之士，鑒於未來戰爭危機之重大，莫不極思以求改革。因此，美國有種種新案之產生(註三)，其中性質比較重大的，當推一九三五年在羅斯福大總統任內的中立法案。這次中立法案的發佈，當然以意阿戰爭爆發，美國不欲捲入旋渦而產生，故有有效期間(註四)之規定，實為一種臨時的辦法。

其要點有五：

註一　Moore, Principles of American Diplomacy, 1918.

註二　參閱 Anderson, Freedom of the Seas; Schultze-Gaevernitz, Frei Meere; Bertorff, Die Freiheit der Meere.

註三　Wright, The Future of Neutrality, Appendix.

註四　由一九三五年八月三十一日起至一九三六年五月一日停止。(中展期段)

（一）禁止軍械軍火及戰具輸至交戰國；

（二）美國船隻不得運輸軍械軍火及戰具供應交戰國；

（三）美國軍械軍火及戰具的製造出口或入口商人須向政府註册領取執照；

（四）美國人民搭乘交戰國船隻自負危險責任；

（五）禁止交戰國潛水艇駛入美國口港（註一）。

勺特威爾 (James T. Shotwell) 說：『自一九三五年八月中立法案成立以還，美國中立的性質明確的是一種革命的。……因為傳統和歷史上的中立，乃是表示戰時願意和他國繼續保持平時的關係，縱令她們亦參與戰事，稍有不便之處，但是應仍其可能固執主張承認美國平時的權利。反之，自從中立法案成立之後，便預備犧牲大部分的中立權利，以期避免在戰時與其他國家發生衝突，而捲入戰渦之中。……舊的中立觀念是基於不犧牲本國的權益，而新的中立觀念是減少美國貿易上的保障，以易避免可能發生的戰爭』（註二）。此說雖未免有自翔辯解之慊，但美國的新法案，亦確實對中立法規的變革上，有重大的影響。

在美國新中立法案發佈之前，一般最有力的意見要屬美國副檢事長查爾窪倫 (Charles Warren)，他曾

註一　詳見 Buell 論美國中立法案載 Foreign Policy Reports, (Jan. 1936)

註二　Shotwell, A Study of Neutrality Legislation "(Report of a Committee of the National Peace Conference, Inter. Conciliation, No. 316)."

著一中立國之煩惱（註一），力陳一九一四——一九一七年間發布中立法規的種種經驗，說明在大戰中的種種教訓，結論認爲美國非和國聯合作不爲功。設使美國政府因困難而不克擇此途徑時，最低限度也要保守下述的態度。據他的計劃約有十二要項，茲爲便利起見，摘述如次：

一　在未來任何戰爭中，政府須準備管理所有之電臺，以便禁止由無線電傳達一切祕密消息，乃至電報，並禁用在領港水內任何船舶上之無線電工具。

二　在未來戰爭爆發之際，政府須禁止買賣一切軍械及軍火與交戰國。

三　美國船舶禁運軍火與交戰國，並禁止美國人民乘運賣軍械及軍火之船舶旅行（即充水手亦所不許）。

四　在戰爭爆發之際，屬於敵國之商船經武裝之後，無論其爲攻擊的或防守的，均禁止入港，否則即視爲敵國之補助巡洋艦處理之。凡係美國國民，均不得乘此類船舶。

五　美國大總統得禁止插有美國旗幟或以欺詐爲目的之屬於交戰國之船舶入港。

六　不得在美國領港內實行捕獲。

七　無論戰爭用或商業用之潛水艦在戰時一律禁止入港，並對交戰國之飛機在美國之主權內一律禁止停降或經過領空。

八　美國領港內之交戰國商船，在戰爭開始後，即限期勒令退出；如彼滯留即須歸政府監管，一至離港爲止。

註1　Charles Warren "Troubles of a Neutral" (Foreign Affairs, April, 1934).

九　關於禁止在海上對交戰國艦船之供給之法律，須更嚴密的加以規定。並授權大總統對於違反中立法規及美國法令之交戰國的任何船舶均一律禁止入港。凡公司或個人之船舶而有預參違反中立事情者，亦一律停發出港。

十　在任何戰爭爆發之際，政府須公告注意，對於交戰國所租賃或徵發之船隻之處置，均視爲交戰國海軍之屬性，如此項船舶停於領水不得超越一般國際法所許之時間以上。

十一　不准交戰國在國內募集公債。

十二　禁止交戰國在國內募集軍隊，並禁止美國國民入外國軍籍（註一）。

窪倫的意見雖然比較完備詳盡，但其結果仍未出美國派中立思想的範圍。美國所企圖的唯一目的，在不捲入戰爭漩渦，其附帶作用是可以使戰爭範圍不致擴大；但從積極方面言，美國中立法案，並沒有可以制止戰爭方法之因素存在，識者咸認爲莫大之缺憾（註二）。

四　國際制裁之理想與實際

國際制裁（International sanctions）（註三）　原爲國際法的重要問題之一，不過在世界上喚起一般的注

註一　文見 Shotwell, ibid., p. 89.

註二　關於批評美國中立法案的意見，可參閱何炳賢著美國中立法可以防止戰爭麼？一文，載民族雜誌第四卷七期。

註三　sanction 一字來自拉丁文 sanctio, sanctio 又轉自 sancire, 意是「崇聖」，在羅馬法中用作懲罰犯法之人。

意，乃自大戰爆發以後始(註一)。自從受世界大戰的教訓，以為放任各國自守條約，乃為確立國際和平及國際秩序之一種不可能的事情，所以認為非設一種制裁制度不為功。

尼波德嘗謂『國際法的真正保障不僅是一種道德的性質，實際上非「真實的制裁」(Real sanction)不為功。因為國際法的基礎雖在「信」(Confidence)之一字，惜現在正無「信」之可言。既然缺乏「信」，則祇好用「強迫」(compulsion)這就是此次大戰的痛心的結果』(註二)。

關於制裁的方法有種種。回顧制裁方法之歷史的演化，其如宗教的制裁，人格的制裁，道德的制裁，是為大戰以前的方法；經濟的制裁，政治的制裁以及武力的制裁，是為戰後的新趨勢，亦為制裁的中心問題。

國聯盟約上關於制裁的規定，除以第十六條含有制裁條款外，計有第十條，第十一條，第十三條第四款及第十五條第六、七兩款及第十七條，均與制裁程序有關(註三)。

學者或政治家，對於國聯之制裁主張，無不額手贊成，但對國聯規約之有欠完備，多表示懷疑。例如第十條之規定：『……所有盟員國之領土完整及現有之政治獨立……』，顯有指爭端發生時所存在，如然，則所謂『外來侵略』更何所指又由誰決定其是否為侵略？侵略的定義如何？顯然有泛論之憾(註四)。中日間九一八事件，國聯

註一　參閱神川松彥「關於國際制裁」一文(載日本國際法外交雜誌第二十七卷第八號)。

註二　Nippold, Development of International Law After the World War, P. 188.

註三　文見附錄或黃正銘著「國際制裁的性質及其限度」一文(載東方雜誌第三十三卷第十四號)。

註四　Buell, International Relations, p. 590ff.

對制裁之無能，可以得到充分的認識。易言之，如國際紛爭當事國爲弱小國，其如巴拉圭、玻利維亞等國家，未始不可發放效力；但如對強國之如日本者，苟一實行制裁，不異於宣戰，所以在李頓報告書中，極力避免「侵略者」字樣之適用(註一)。英國對意制裁，何以對「汽油」一項，延不實行，足徵不以戰爭爲後盾，制裁實無效果之可言。其次，國聯何以對意實行制裁；對日不實行制裁？雖侵略行動同，而竟有制裁不制裁之別？其故何在？抑非利害關係之所在耶？特別是對於富強自給的國家，如果實行經濟制裁是絲毫沒有效驗的。所以，自從對意制裁失敗以來，識者雖不否認制裁的理論與實際，但均認在資本主義的國際關係之現階段，殊難有效果可言。最近有人亟力提倡集團安全制度，亦可視爲對制裁辦法的一種補強手段。

第五節　蘇聯過渡期國際法問題

一　過渡期國際法之概念方法及法源

大戰以後，產生一以特殊的政治經濟制度爲基礎之國家，便是最足聳動全世界之視聽的蘇維埃社會主義共和國聯邦(Union of Socialist Soviet Republics)。聯邦以十一個共和國構成，中央政權操於標榜世界革命的共產黨，建立無產階級專政之過渡期政治(註二)。自列寧當政之初，則廢棄帝俄時代之國際約定，與德國

註一　Edwin M. Borchard, "International sanction" (The Encyclopaedia of Social Science, Vol. 13, p. 529)

註二　參閱 G. D. H. Cole: The Intelligent Man's Review of Europe To-day(樊仲雲譯述現代歐洲政治經濟)。

單獨媾和；一則取銷外人在條約上或現實上所取得之權益、債務、財產，致被各資本帝國主義國家環攻，實施封鎖。其後，蘇聯政權安定，帝國主義間之矛盾則日益尖銳化。蘇聯乃初則倡民族自決，以聯合被壓迫民族反帝戰線，繼則標榜和平政策，以結好鄰接之弱小國家，終則與國際政治上有利害密切關係之國家親善，加入資本主義為中心的國際政治之範疇，以拱衞其聯邦國家之安全。

蘇聯既為一社會主義過渡期之國家，其政治經濟制度之特質，與歐美及其他任何資本主義國家各異，則由此下層意識所建立的國際法之概念，當亦大相逕庭。本節之任務，即在簡略檢討此社會主義過渡期的蘇聯，對國際法有何新的概念及新的發見。

「在共產主義者對於法的觀念，理論上認為是一種不平等的，國內的法律即是階級的鬭爭；而國際間的法律本是被蹂躪的大衆一種相互的合作，用以共同反抗資本主義。依此解釋，國際法即是同階級的法律，此項法律以資增進有組織的民族勞工階級的利益，共同為無產階級的世界獨制而奮鬭」（註一）。此種立論，可謂為蘇聯過渡期國際法之代表的定義。其次在過渡期國際法之概念上，莫斯科國立大學國際法教授科羅文（Prof. E. Korovine）曾謂：國家間或國際間之法的唯一基礎，乃在自己歸着於二個根本的利益——智的要求（廣義的精神要求）及經濟的利益（狹義的物質要求）；但不能認為是相互排他的——的諸國民社會生活現象之中。國家與其他一切人類之協同體一樣，對其結合體之構成員以一定的共通價值之目的而活動，如甲國以黑人

註一　T. A. Taracouzio, The Soviet Union and International Law, 1935, Chap. II, p. 12.

買賣認爲普及文明於非洲諸民族間之手段，乙國則以此種手段解釋爲人身買賣之犯罪行爲，則兩國勢必使用武力或其他的國際強制手段。結果，兩國關於黑人買賣意見之一致，只有在承認強國立場之時，始有可能。於是，社會主義之蘇聯與資本主義國家之間，法律的道德的政治的領域上之智的統一，不能構成連帶的規範。然對於普遍人類秩序的價值之認識，尚有局部法律上交涉之可能。如傳染病之預防，古代美術品及其他歷史紀念物之保護等(註一)。至於狹義的物質利益之範圍（經濟的必要及通商貿易等）則稍異其趣。屬於此範疇之法的諸現象，分爲(一)技術的形態之國際法諸關係，(二)關於具有社會的內容之物質利益分配的國際法諸關係之二大部門，前者爲郵政、電信、鐵道、航海、貨幣統一，度量衡之米突制度等一切可能的條約及法規；後者屬於通商條約，關稅同盟及關於適用私法法規的營業財產保護之國際協定等。惟必須注意者，此等條約之內容，不能從歷來國際法的原型態中採取，完全基於現在諸重要的政治要求而決定。

此外，蘇聯否認資本主義國家間現行之國際法，不承認習慣法，僅承認條約，以歐美之國際法，不能適用於國情相異之蘇聯(註二)。蘇聯並強調主權，以國際法否定國家之人格，從而政府政體變更之際，亦否定國際人格之繼續——如帝俄時代及克倫斯基政府所負於外國及外國人之義務，概行迴避。再者，一九二二年蘇聯政府在熱那亞會議之時，曾明白表示『從法律上之見地，蘇聯無支付過去債務之義務，亦無歸還或賠償所沒收的外國人

註一　蘇聯於一九二二年與聯盟之傳染病委員會締結協約，及參加紅十字國際協會南遜委員會及其他團體。

註二　Prof. E. Korovine: Le droit international de l'epoque transitoire, 1924; Revue Générale, 1925, p. 316.

之財產之義務，不問此為蘇聯行使主權之立法的結果，或出於革命之結果。』蘇聯既認本身所處之政治形態與資本主義國家之政治形態截然為二個時代之產物資本主義時代以為是者，無產階級時代或以為非；反之資本主義時代以為非者，無產階級時代或以為是。因此，對現行國際法之仲裁裁判制度，認為資產階級德謨克拉西之國際慣例，蘇聯不宜贊同，且應排斥(註一)。

其後，蘇聯標榜之和平政策，已漸受世人歡迎，資本主義國家亦頗多引蘇聯為與國者。一九三四年蘇聯政府加入國聯之時，對歷來所持國際法之概念，已稍為變異。蘇聯外交人民委員長李維特諾夫曾表示：(一)將來紛爭付託仲裁裁判及其他和平方法解決；(二)目下戰爭之危機，國際保障至為急要；(三)希望修正盟約，即盟約應具非戰條約精神，尤反對盟約第一二、一五條在某種場合承認戰爭之合法性，及反對盟約第二二條關於委任統治之規定，暢論人種平等，要求第二三條之修正。社會主義社會制度之（經濟的、倫理的、法律的）基礎，與資本主義國家制度之文化的經濟的基礎，既在本質上不同，從而蘇聯國際法有其過渡期之特殊的概念者，乃理所當然。

其次，蘇聯所謂過渡期國際法之方法論如何？科維文教授在其過渡期國際法中認為此方法中最重要者，厥惟『法除外命令的選擇，修正及對置之諸方法』(註二)。科氏並以所謂『法源』之術語(註三)，在國際法上有二重意味，即廣義上法源與法創成之要素同義；狹義上，與法的規範之認識（識別）形式同義。前者，在國際法史

註一　見 Revue Générale, 1925, p. 322.

註二　見米村正一譯過渡期國際法頁五六——五七。

註三　參閱 T. A. Taracouzio: The Soviet Union and International Law, p. 13-14.

上，有三派理論——自然法學派，歷史學派及理想主義派——最爲有名，然過渡期國際法對自然法學派與理想主義派，均不取爲法源，僅對歷史學派，始能滿足要求。後者（狹義的法源）以條約占首位，習慣僅爲補助的法源。對於現行一般國際法以習慣占首位，條約屢次確認既存之習慣（如外交法或戰時法規）之傳統觀念，實爲國際法上之一種革命。

二　爲國際法主體之國家

一般國際法，僅以包含一定領土及一定人民的政治團體，設備統治組織而行使主權（Sovereignty）之統治主體之國家（State），爲國際法之主體。換言之，除國家形態之外，其他團體不得爲國際法之主體。蘇聯過渡期國際法雖謂權利之主體，權利義務擔當者之本身（an und für sich），並不存在，此因時代經濟的要因之諸關係及其社會的環境而異，如往日認奴隸爲權利之目的者，今則爲平等之權利主體。然仍以國際法上比較最廣汎的法律活動之分野，屬於主權國家。

所謂國家主權者，在過渡期國際法作何種解釋？實爲興趣之問題。科羅文教授在其過渡期國際法上，言明對最近國際法文獻所下主權之定義，與現代國際的現實之事物現狀，不甚適合。因現代國際的現實，是以整個的一切的相互制約爲特徵（註一）。科氏並認以主權之特質爲其『源始性』之定義，更能把握現實。此種主權之解釋，可在『自決』之意味上始得理解，且適應此術語之源始的歷史意義及現代之要求。從此點言，則過渡期國際法

註一　見米村正一譯過渡期國際法頁八二。

之所謂國家主權，在民族國家之歷史的階段上，結果與『民族自決』之概念一致。

然則，民族自決之原則在蘇聯之國家生活，採取如何的法律表現？在國際關係之領域又如何表現？一九一七年十一月二日列寧及史達林署名之下，發表蘇聯民衆之權利宣言，承認『蘇聯民衆之平等與自主權』及『包含分離及獨立之國家形成之自由的自決權。』一九二二年十二月三十日建立社會主義蘇維埃共和國聯邦之條約，明示：『聯邦爲平等的民衆之自由聯合，保障共和國有自由退出聯邦之脫退權（條約第二六條），對現在及將來之一切社會主義蘇維埃共和國，得加入聯邦。』一九三六年六月十二日蘇聯中央執行委員會主席團決議公佈之蘇聯憲法草案，亦有類似之確定。該草案第十五條：『聯邦各共和國權力，僅受蘇聯憲法第十四條規定之限制，除此限制以外，聯邦各共和國得實施其獨立國家權力，蘇聯保障聯邦各共和國主權，』又第十七條『聯邦各共和國保留其自由退出蘇聯權力。』原來蘇聯各共和國之成立，採取民族自決之原則，此以民族自決爲原則而成立之共和國，除若干限制外，均得行使國家獨立主權，並能自由退出蘇聯，而成爲行使最高度主權之獨立國家。

其次，須在國際實踐上觀察蘇聯對國家主權之認識。一九二一年三月十六日之蘇土條約，有謂：『東邦人民國民解放運動與勞動蘇聯爲新社會制度的鬪爭之間，締結堅固之同盟，兩締約當事者承認人民有自由與獨立之權利及賦與自己選擇其政體之權利』（第四條）。對於海峽及黑海之行政區決定，則謂『此決定在不侵害土耳其之完全主權，土耳其及其首都君士坦丁堡之安寧之條件下，』依從沿海諸國會議之決定（第五條）。又一九二一年二月十六日蘇聯波斯條約，聲明帝俄政府與波斯間所締結限制波斯人民權利之一切條約，協約及協定，概行廢棄無效（第一條）。此外取消帝俄時代取得之領事裁判權，兩國留居之國民，依其居住地之法律，與當地人民享有同樣之權利（第十六條）。

於是，蘇聯在國內關係上或國際實踐上，均以國家主權平等爲前提。雖然，此國家之法律平等的原則，爲歷來國際法學所認定之鐵則，然國際現實上，常與此學理違背。所謂四國同盟（一八一五）五強政治（一八一八）歐洲五強協調（一八五六），及公然規定大小國不平等地位之捕獲審檢所規定，與最近大國在國際聯盟理事會所佔有之優越地位，都在事實上確立國際間不平等之原則。蘇聯則認此國際間不平等原則，無異限制國家主權，故對於弱小國應確實恢復國際法上之平等原則，實爲必要之事。

三 國際交涉機關

一九一八年六月四日，蘇聯人民委員會宣布廢棄一八一五年之維爾那條約，廢止外交使節之階級制。此種措置，一在蘇聯政府依從其『大小國完全平等』之國家主權之原則，對駐外使節一律以『全權代表』(Représentants Plénipotentiaires)之同一資格；一在對外國之駐在使節，超越其階級，承認對等之權利。一九二一年五月十六日蘇聯人民委員會之決議，對駐外外交官及駐蘇外交團之地位更有詳密之規定。據此，則蘇聯之全權代表，爲駐劄國之蘇聯國家之唯一代表，以其政府之名與駐劄國政府實行政治交涉（第五條）。該地方之蘇聯一切機關，均受其統制（第六及第七條），並賦與全權代表以統馭排斥其違法行爲或政治上不當行爲之權能（第八條）。依據一九二三年十一月十二日外交人民委員會規程及一九二五年五月二十二日中央執行委員會之決議，則蘇聯之駐外全權代表，由聯邦中央執行委員會或其常務委員會任免之（第十三條）信任狀或召還命令，須聯邦中央執委會主席及書記長之簽名與外交人民委員之承認（第十四條）『全權代表以次』之首席代表，由聯邦人民委員會決定之（第十五條）歸外交人民委員會所決定者，爲（1）全權代表不在期間或召還任命之中，代理其任務之代理公使；（2）代表、參事官、祕書、全權代表附從武官及其他外交使節（第十七條）至於軍事代表及其隨員由外交人民委員與軍事人民委員會商決之（第十八條）。

此等規定，原非新奇之發見，已散見於多數國家外交法規之訓令或特別法規之中，蘇聯將其統一彙集，卽爲主要的特徵。一九二七年一月十四日蘇聯中央執行委員會，從新修正外交法規，以外交使節爲外國代表（第一條），對外交使節及其構成者（代表參事官、祕書、附從武官）賦與『依從國際法之法規，由其身分基於對等原則之一切權利與特權。』卽身體之不可侵權，不受刑事處分之特權，直接稅及個人負擔之免除，私用範圍內印刷品之免稅，以及受信及發信權（第二條）。此種特權，外交官之妻及未成年之子亦得享受（本條附則第二）同時對一時經過或留居蘇聯領土之第三國外交官，亦享有此種特權（本條附則第一）（註一）。外交使節且容許密碼通信與外交郵信（第三條），其使館與住宅有不可侵權（第四條）。

綜觀蘇聯對外交使節之法規，其唯一之特徵，在實踐國家主權平等之原則，一方遣外使節一律爲全權代表，他方對各國駐在使節，亦承認對等之權利。

註一 參閱 American Journal, 1934, I. p. 98-99.

蘇聯在未與其鄰國發生通常外交關係之前，對無正式外交代表機關駐劄於蘇聯領土內之外國人居留地，爲此地方民衆之利益，給與決定代表蘇聯官廳之機關之權限，使行使通常屬於領事之任務。此機關（民族勞動者蘇維埃）依無產階級共同體之原則而構成，有明白的階級性質，使充分滿足民族勞動大衆之各種要求。但此民族的蘇維埃，日後已由彼等國家政府命令停止其法律機能。（註一）

外國領事在蘇聯之地位，由一九二一年六月十三日人民委員會關於蘇聯駐在外國領事代表之布告，加以規定。首先以行使領事事務，必須許可，及接受許可證之方法（第一條），未締結領事條約者，以領事事務內容之決定，爲職權的事項（第二條），同時規定領事權問題，承認領事得享外交官特權之一部（免稅權，身體及領館之不可侵權，及榮譽權）一九二七年一月十四日之規定，更有『領事代表』之定義，即領事代表由對方國政府任命爲總領事、領事、副領事、代理領事，經社會主義蘇維埃共和國聯邦政府及外交人民委員會承認者（第九條）。領事必須其任命國之國民。其次規定領事特許與許可證之概念（第十條），並謂：『外國（駐蘇聯）領事人員，在互惠原則之下，享受國際法原則所與之一切權利與特權』（第十一條）。此種特權，爲不關於經濟的企業或個人企業範圍內租稅及其他負擔之免除，職務犯罪則不受蘇聯法庭裁判，保障密碼及其他之通信，不依法庭判決不能剝奪其自由（重大犯搜查時例外）及公的郵件之不可侵權（註二）。

註一　見末村正一譯：過渡期國際法頁一四〇

註二　參閱馬志鑠著：蘇聯領事公職制度之研究（載外交月報第八卷第五期。）

蘇聯最初規定駐外領事之法規，可謂一九一八年十月十八日人民委員會之命令。此命令經一九二一年五月二十六日之修正，復經一九二六年一月八日之修訂，是爲蘇聯新領事服務規約(註一)。

此規約共計一三八條。首先釐訂領事之任免手續，領事事務施行之服務規則，及關於領事行爲之抗告手續（第一部），同時規定領事對駐外蘇聯僑民之義務與『召還』權（第二部），以及公證人之機能（第三部。）繼則列舉領事對蘇聯軍艦飛機商船之權利義務（第四至第六部）及領事在戰時之義務（第七部。）其中領事對蘇聯航空之義務（第五部）與戰時之義務，可謂蘇聯領事服務規約之新的規定。

領事機關等級，分爲總領事館，全權代表機關之領事部，領事館、副領事館及代理領事館(註二) 無名譽領事之設置。領事或代理領事，須爲蘇聯公民(註三)。蘇聯領事之主要任務，在保護蘇聯及其法人與公民之經濟與法律利益，並爲領事區域中一切政治情況之報告。凡蘇聯之僑外公民，不論私人或公務資格，均應遵從領事之命令，否則領事可呈報外交人民委員會，採取必要之步驟(註四)。且得經由外交人民委員會提出剝奪公民在蘇聯政府之公民權問題。於是蘇聯駐外領事，不但爲本國之商務及政治代表，且事實上在某一特殊區域中具有『全權代表』之同等職能。

此外，蘇聯有駐外通商代表之設。據通商人民委員會規程之定義，則駐外通商代表爲『通商人民委員會之

註一　詳見 T. A. Taracouzio: The Soviet Union and International Law, 1935, Chap. III, P. 207-233

註二　註三　Sobr. zak. i, Rasp. S. S. S. R. 1926, I. pp. 100ff.

註四　Sobr. zak. i, Rasp. S. S. S. R. 1926, I. pp. 100, 104, 105, Respectively.

機關，同時爲駐外蘇聯全權代表之構成部分。』通商代表由聯邦人民委員會任免（第二四條），代理通商代表，則由通商人民委員會或通商代表任命（第二九條）。其任務在(1)觀察駐劄國一般的經濟關係；(2)爲地方市場諸條件之硏究及報告；(3)統制在外共同公司之活動；(4)監視蘇聯與駐劄國間通商條約或協定之履行，及參加締訂新條約或新協定；(5)監視駐劄國之蘇聯機關，設施及國民之通商事務（第二七條）。

外交使節中設置通商代表（商務官），本非新奇之發見，各資本主義國家多已實行。但觀其制度之形態，蘇聯顯具不同之特質。如通商代表機構之系統，乃隸屬外國貿易人民委員會，不屬外交人民委員會，於是既非外交官，亦非領事，與一般大公使館之商務官不同（註一）。然其地位，蘇聯主張享有特權及不可侵權，且其權力超越一般國家之所謂商務官，如英俄間暫定的通商協定，乃由倫敦通商代表部進行簽訂者。至於各國對此蘇聯通商代表得否享有特權之措置，頗不一致。如英國以倫敦通商代表部係由通商代表一人與代理二人而成立者，從構成蘇聯大使館之一部言，當然享有外交特權，同代表事務所亦得享有特權及免除權（註二）。意德各國亦採同樣之態度（註三）。但日本不認此種特權，若通商代表部未附設於大使館內之時，則不能享有不可侵權及治外法權。

註一　見松原一雄著蘇聯加入國聯之展望（載日本國際法外交雜誌第三十三卷第九號頁八七七）。

註二　The British Year Book of International Law, 1934, P. 144-5.

註三　一九二四年五月德國警察入蘇聯駐德之通商代表部內逮捕部員，搜查住宅，引起外交上問題。同年六月二十日雙方協訂議定書，德國承認『通商代表在其本來之意味上，爲享有治外法權者之一部，此特權及於其所統率之各部內及其事務所』。一九二五年十月十二日蘇德通商條約（關於經濟協定之第四條）正式規定蘇聯通商代表享有此特權。

四　國際條約

一九一七年十月二十五日第二次全俄蘇維埃大會採擇列寧起草之決議，實爲蘇聯最初且最有意義的國際關係之文書。此決議謂『（臨時政府及帝俄政府的）祕密條約之全內容，多與俄國資本家地主以利益與特權，具有維持及助長大俄羅斯人之侵略目的，故政府聲明立即無條件廢棄。』

此決議在法律上有三種意義，（一）形式上表示政府劃時代之新精神，闡明廢棄革命前俄國政府（同盟或其他）最重要的條約上之拘束；（二）造成『情勢變遷』得爲廢棄條約之實例；（三）宣言無割地無賠款之媾和，及祕密外交之廢止等（註一）。其中以情勢變遷爲廢棄條約之實例，如外債之廢止與布勒斯特立特威克條約(Brest Litovsk Treaty)之廢棄（註二），均其顯著者焉。

此外，蘇聯在條約用語上，亦多新創。如一九三一年六月二十八日蘇聯匈牙利之俘虜交換條約有『無產階級及士兵』『將校及資產階級分子』等辭句，實爲國際條約中從未所見之用語。至於蘇聯與波羅的沿海諸國締結之媾和條約，除包含通常媾和條約所有之典型的條項以外，尚有其特點如次：（一）適用蘇聯政府所高唱

註一　見米村正一譯過渡期國際法頁一五三——一五四。

註二　一九一八年三月三日蘇德締結布勒斯特立特威克條約，以和同年十一月十三日德國正進行無產階級革命之際，蘇聯中央執委會決定廢棄。

『包含一切民族分離之自由的自決權，』承認沿海諸國之完全獨立；（二）解除帝俄政府時代條約上之義務；（三）分配蘇聯金準備之一定數量（四）規定非干涉之明文。

同年，歐洲蘇聯大部分發生飢饉，蘇聯乃與外國社會事業團體及博愛團體（如美國救濟事業團，南遜委員會，羅馬教皇，亞姆斯特丹國際勞動組合，德、法、意各紅十字會等）先後締結協定，規定保障身體及其輸入財貨之不可侵犯，出入國之自由及免費運送（註一）。此等博愛團體條約之意義，雖不能謂若何重大，但曾解答國際法學說上的三個問題，即（一）主權國家以外國際法之主體問題；（二）外交官特權之現實的性質；（三）領土內活動，以純人道主義的活動爲其活動之條件，事實上迫於不能不一時承認現存之政府。

蘇聯與各國締結之通商條約，尤其蘇聯從戰時共產主義方法轉而採用新經濟政策以還，爲發展其國民經濟，曾廣汎的適用最惠國條款，確認關稅率之減輕，或規定外國駐蘇聯之通商代表之特權，或規定外資投入之優先權，其目的，無非在建立及發展蘇聯之國民經濟。

其次，一九二一年二月二十六日之對波斯條約，二十八日之對阿富汗條約，三月六日之對土耳其條約，一九三四年五月三十一日之對中國條約，均爲最初表現蘇聯國家對殖民地或半殖民地國民之政策的條約。或一般規定基於獨立原則，依兩國人民之願望表明贊同東方民族自由之意思（如俄阿條約第七條）或確定在對帝國主義之鬭爭上，依聯結兩國之連帶性，承認兩國人民友好之原則及自決之權利（如俄土條約前文）或明白

註一　參閱科羅文著外國博愛團體在蘇聯之活動及其法律形態。

表示蘇聯不僅不侵害亞洲諸國之主權，而且對東方民族之生活體，無條件放棄與歐洲盜賊們一夥之犯罪的政策（如俄波條約第二條）；或聲明放棄帝俄時代之特權及利權（中蘇條約第十條），庚子賠款（第十一條）以及領事裁判權（第十二條）。

蘇聯與各國發生外交關係之後，乃倡和平政策，以防衛其社會主義活動之領域，於是與鄰接國家如愛沙尼亞、土耳其、阿富汗、波斯、波蘭、芬蘭、及其他波羅的海諸國，先後締結互不侵略及中立之條約。此等條約在國際條約之發展上，實具有重大的意義。邇近，更與上述國家締結確定侵略國家定義條約，亦為國際條約史上空前之新創（註一）。

綜觀前述，蘇聯對國際條約之貢獻，殊為重大。如（一）以情勢變遷廢棄外債及條約；（二）條約上使用『革命辭句』之用語；（三）承認殖民地及半殖民地國家國民（被壓迫民族）之一律平等，並示援助之義務；（四）廣汎適用最惠國條款，為通商條約之內容；（五）條約以和平友好及平等之精神為締結之原則；（六）確定侵略國定義，限制締約國家間戰爭權之行使等，可謂蘇聯國際條約之特色，亦構成過渡期國際法之重要的淵源。

註一　關於條約之論述，詳見 T.A. Taracouzio: The Soviet Union and International Law, 1935, p. 251-290 關於蘇聯與其他國家締結條約之順序，參見同書 Appendix XXIV, p. 450-480.

附錄一 國際法學之史的發達

世稱格老秀斯的大著 De Jure Belli ac Pacis libri 爲近代國際法第一本有系統的著作，以築成今日國際法學的基礎。在格老秀斯以前亦有許多先覺者，著作許多關係國際法的書籍，其最重要的如（一）蘭格那諾(Jean de Legnano)氏爲 Bologna 大學的教授，曾於一三六〇年著 Bello, de Represaliis, et de Duello，是一本關於戰爭報仇等的論文，惟在一四七七年以前尚未出版（註一）。（二）其後一三八四年前後有僧侶勃奈(Honore Bonet) 者著一標題戰鬪之樹木一書論述戰時法規者。（三）一三八六年維也納大學教授辟福納(Johann Seffner)著一書研究關於德戰爭。（四）白黎 (Belli, 1502-1575) 爲一意大利的法學家及政治家，曾於一五六三年著 De Re militari et de Bello 一書，（五）布朗納斯 (Brunus 1491-1563) 爲德國的法學家，在一五四〇年著 De Legationbus。自此以來，國際法已備具一種體系而漸有趨於通盤研究的傾向。其原因即自十六世紀以來歷次發見許多新的土地，國家之狀態，亦在蟬變之中，所以對於國際法上，已提供許多新的問題。

關於國際法，在格老秀斯以前比較錚錚有名的當局西班牙神學者（六）維克利亞(Victoria 1480-1546)，

註一 現輯於 Holland 所編之 Scott's Classics of International Law, 1919

氏爲 Salamanca 大學之教授，其所著 Relectiones theologicae 之一部分，即爲關於研究戰爭法規的（註一）。此外，在西班牙有（七）阿亞拉（Ayala 1548-1584）著 De Jure et Officiis bellecis et Disciplina Militari 極爲有名。（八）蘇阿萊玆（Suarez 1548-1617）爲 Coimbra 大學的羅馬法教授，曾於一六一二年著 Tractatus de Legibus ac Deo legislatore 主張世界各國，其國民生活雖各自獨立，但無論政治的，道德的均爲一體，以構成人類全體的社會；主要的基於自然的條理或基於人類一部分的習慣以服從行爲的規則。（九）金特里斯（Albericus Gentilis）（見第六章）爲國際法大家，荷蘭德（Holland）嘗說：『建設國際法的並不是格老秀斯，而是金特里斯』，足見金氏在國際法學史上的重要。

金特里斯後的國際法學者，便是稱爲國際法鼻祖的格老秀斯，因已詳述於第六章，茲從略。

格老秀斯以後最有名的學者，當屬蘇世（Zouche），蘇世與格老秀斯間的主要區別，即格老秀斯的主要理論以自然法學爲宗，蘇世雖非完全否認自然法的存在，但卻偏重於習慣法。自此以來，（在十七、八兩世紀）國際法便分成三個學派，（一）自然法學派（The Naturalists）；（二）實在法學派（The Positivists）；（三）格老秀斯學派（The Grotians）。

（一）自然法學派——此派主張國際法單是自然法的一部分，並不是由慣習與條約產生而來的。其主要的首領爲（一）普芬道夫（Pufendorf），他是極端代表格老秀斯所主張的自然法，在自然法以外並不承認國際

註一　此書當其死後一五五七年始出版，見 Scott's Classics, ibid., or Walker, History of the Law of Nations, pp. 215-229.

法的存在，結果便否認條約及慣習爲國際法規的淵源。他有幾本很要緊的著述：Elementa Jurisprudentiae Universalis, 1666; De Jure Naturae et Gentium, 1672; De Officio Hominis et civis juxta Legem naturale 普氏以外的自然法派的學者，當推德國的哲學家佐馬基斯（Thomasius 1655–1728）和巴比拉克（Barbeyrac 1674–1744）。佐氏曾著 Institutiones Jurisprudentiae, 1688; Fundamenta Juris naturae et Gentium 1705 等書。此外如英人盧茲福特（Thomas Rutherford）著 Institutes of Natural Law；胡茲遜(Francis Hutscheson)著 System of Moral Philosophy 1755；瑞人勃拉馬克（Jacques Burlamaqui 1694–1748）所著之 Prinicipes du Droit de la Nature et des Gens，均屬於自然法學派。

（二）實在法學派——與自然法學派適相反對，在十七世紀時並不甚發達，自十八世紀初，實在法學派崛起一方，其首領卽爲蘇世。溯自十七世紀，其可稱爲實在法學派之人物者，有（一）拉克爾(Germans Rackel 1628–1691) 及（二）泰克特(Textor 1637–1701)兩人。拉氏於一六七六年著 De Jure Naturae et Gentium，主張國際法是由自由國家（Free States）同意而存在的；泰克特著 Synoprsis Juris Gentium（註一），其要點在主張國際法是奠於慣習及國際協定基礎之上。

十八世紀中的實在法學派中有名的人物，如賓寇勺克(Bynkershoek)莫奢(Moser)，馬爾丹（Martens）等人，對於國際法都有很大的影響。

註一　上述兩書均新編入 Scott's Classics of International Law.

（三）賓寇勺克 (1673-1743) 爲荷蘭著名之法學者，彼因研究國際法而得名，曾著有三大著作，名爲 De Dominio Maris, 1702; De Foro Legatorum, 1721; Quaestionum Juris publici, libri ii,1737，可謂將國際法各部分，詳爲論列。氏主張國際法的基礎是國民的共同同意 (Common consent)，此項同意即由慣習及國際條約以表現之。

（四）莫番 (1701-1785) 德人，爲一法學教授，其有關國際法之著作，有下列各種：(1) Grundsätze des Ublichen Völkerrechts in Friedenszeiten, 1750;(2) Grundsatze des jetzt Üblichen Völkerrechts in Kriegzeiten, 1752; (3) Versuch des neuesten europäischen Völkerrechts in Freidens-und Kreegszeiten, 1777-1780，莫氏著作等身，無論成書與雜誌上之文章，對於實證的國際法有極大之價值。莫氏嘗向自然法學派作激烈之攻擊，彼主張國際法祇能爲實在法，否則實無價值之可言。

（五）馬爾丹 (1756-1821)——爲十八世紀首屈一指之大國際法學者，在 Gottingen 大學教授法學，其最重要的著作爲 Précis du Droit des Gens moderne de l'Europe，發刊於一七八九年(註一)，馬氏爲編纂近代約章之第一人，輯有 Martens, Recueil de Traities，直至今日，仍未間斷(註二)，實奠國際法實證的研究之基礎。馬氏之主張不僅爲當時法壇上之名論，即其影響於今日後世者，亦非淺鮮。氏之特點，在不否認國家

註一　1795 由 William Cobbett 譯成英文，出版於 Philadelphia，其後 1864 年已經由 Charles Verge 補註，改出新版。

註二　馬爾丹名 Georg Friederich von Martens 氏有姪名 Charles de nephew，亦爲國際法學者，著有 Causes célébres du droit des gens, Guide Diplomatique，切不可混淆。

間之自然法的存在，但彼重在由歷史的方法，實證國際法乃以國際慣習及條約為基礎的。

(三)格老秀斯學派又稱折衷學派，其主張介乎自然法與實在法之間，承認自然法與人意法的並立不背。在十七八世紀間此派學說甚盛，但在歐洲最引人注意的，當惟渥爾夫 (Christain Wolff) 及瓦泰爾 (Emerich de Vattel) 兩人。

(一)渥爾夫 (1679–1754)——為一德國之哲學家，任 Halle, Marburg 大學數理哲學教授；後年回到 Halle，專教自然法及國際法，當其七十歲時（即一七四九年）發刊 Jus Gentium Methods scientifica pertractatum，翌年 Institutiones Juris Naturae 問世。氏之中心主張為 Civitas Gentium maxima，即國家的總合在合成的單個國家之間形成一個世界國，這樣 Family of Nations 纔能存在。他將國際法分作四類，(a)自然的國際法；(b)人意的國際法；(c)慣習的國際法；(d)條約法。所謂自然法與人意法為永久的，不可改變的，順乎宇宙天理以拘束國際間之行為；後二者單係兩國或數國之間的法律而已。

(二)瓦泰爾 (1714–1767)原為瑞士人，後入 Saxony，任駐 Berne 公使，氏本身並無如何的新主張，不過將渥爾夫的學業，完全介紹到歐洲各國的外交界，且將渥爾夫之著作通俗化。他在一七五八年著有 Le Droit-des Gens, ou Principes de la Loi naturelle appliqués à la Conduite et aux Affaires des Nations et des Souverains，此書發版最多，各國多有譯本，英譯本現輯於 Scott's Classics of International Law.

此外關於條約集則以杜蒙特 (Jean Dumont, 1666–1727) 所編之 Le Corps diplomatique（外交文

書彙編）爲最有名。

法國大革命之後，國際法學異常進步，原因固然在十九世紀受了三件大事的影響。第一是自從維也納公會以後，各列強都熱心服從國際法的規則；第二是十九世紀產生了許多立法條約；第三爲自然法在十九世紀的後半，已經沒落。

在十九世紀初葉，本有自然法，實在法和折衷三派，其後實在法學派日漸高漲，至十九世紀末，可謂完全勝利。其間最有名的如克魯勃教授（Kluber）曾著 Droit des Gens moderne de l'Europe, 1819（註一），堪稱爲實證法之驍將，他的主張和馬爾丹大致相同，祇是他並不完全否認自然法，而主張用自然法以補實在法的缺陷。其次則爲美人惠頓（Wheaton）曾於一八三八年著 Elements of International Law, 1826，一書甫出，洛陽紙貴，卽對歐洲亦有極大之影響，第一次介紹於我國之國際法書籍，實卽此書之譯本（由美人丁韙良譯）。惠氏屬於折衷派。其次曼寧（Manning）於一八三九年發表 Commentaries on the Law of Nations 乃以斯寇特卿（Sir William Scott, Lord Stowell）之拿捕制例爲基礎，研究英國在海戰上種種的慣例。赫福特（A. W. Heffter）所著之 Europäisches Völkerrecht der Gegenwart auf den bisherigen Grundlagen，於一八四四年柏林出版，頗儒莫爾評之爲國際法書中之良書，一時各國爭相翻譯，其如西班牙、希臘、匈牙利、波蘭、以及俄羅斯諸國都有譯本，眞可謂名貴一時。他也是一個實在法學者，不過他並不絕對否認自然法，其所用之法學

註一　氏爲德國人，出版後兩年，又以德語出版，大加修補，其後屢出新版。

的方法論，猶爲空前之發見，許多學者無出其右，後世學者亦多受其影響。

比較取材豐富，立論明晰的，當屬英人菲利莫爾（Sir Robert Phillimore, 1810-1885），其主張一如克魯勃及馬爾丹，書名Commentaries upon International Law, 4vols. 1854-1861。巴黎會議以後，卽一八六一年英人退士卿（Sir Travers Twiss,1809-1897）著The Law of Nations Considered as independent Political Communities一書，用實證的研究方法，以申明國際法規。同時代有美國人渥爾塞（Theore Wolsey）著Introduction to the Study of International Law，屬於折衷派。同派人物意大利學者費爾（Fiore）之Trattato di Diritto internazionale publico，於一八六二年問世。瑞士學者布倫其里（J. C. Bluntschli 1808-1881）以德文著Das moderne Völkerrecht der civilisirten Staaten als Rechtsbuch dargetellt，亦爲世界法學界所歡迎。

一八六八年大法學家加爾渥（Carlos Calvo）之大著Le Droit international出版，彼善於旁徵博引，議論繁詳，惟其法學的基礎不甚正確。自此以降，卽一八七〇年以後，自然法學派的思想已完全衰退。

眞正的實在法學派的思想，從十九世紀後半漸有起色。所謂眞正的實在學派者，乃完全否認自然的國際法的。我們知道現在自然法並不存在，正如眞正的自然科學已經將所謂自然哲學（Natural Philosophy）打到九霄雲外一樣，自然法亦從實證法的哲學中逃之夭夭。所以此時祇有實證法纔是眞正的科學方法。

在實證法中最劃時期的著作，首推德人哈特曼（Adolph Hartmann）所著的平時實際國際法原理

(Institutionen des praktischen Völkerrechts in Friedenszeiten, 1874)，惜當日除德國而外，知者甚少，名聲並未顯揚於世界其後人材輩出其如霍爾 (William Edward Hall) 之名著 A Treatise on International Law，於一八八〇年出世體制整齊議論精邃為前所罕見之名著。與霍爾同時之名家有俄國之馬爾丹 (Martens) 著兩部國際法，於一八八三及一八八四年相繼譯成德、法文。氏雖自稱為真正之實證法學派但其學說有若干點類似於自然法論者。一八八三，四年羅里莫 (James Lorimer 1818-1890)，曾著 Institutes of the Law of Nations，亦屬於自然法主義之學者。自一八八五年以後其如普拉德佛德里 (Pradier-Fodéré) 著有 Traite de Droit International Public, 8vols. 1885-1906 為一浩瀚之大著，不過距實證主義論尚遠。一八八六年有華爾頓 (Wharton) 著有 A Digest of the International Law of the United States 為一三部之大著，出版於一八八六年，此書非為國際法之研究，而係美國所行之國際慣例。一八八七年有勃莫端克 (Bulmerincq August vor.) 之 Das Völkerrecht 出版，乃以實證法的觀點來研究國際法，頗有可觀之處。一八九四年法國作家滂菲爾 (Bonfils)，代斯派奈特 (Despagnet)，裴底當 (Piedelievae) 相繼而起，彼等之著作均極浩瀚，惟非絕對之實證法主義論者。在英國作家中以羅倫斯 (Lawrence)，濰爾克 (Walker) 為十足的實證法學者。羅倫斯所著之 The Principles of International Law, 1896，各國大學多採為教本；濰爾克著 A Manual of Public International Law, 1895，亦提綱挈領集國際法的精華。在一九〇〇年更著有國際法進化史 (A History of the Law of Nations) 尤為珍貴。

世人所熟知之 Rivier, 有 Lehrbuch des Völkerrechts, 1894 爲兩卷大著，其影響於後世國際法之理論與慣例，可謂舉世無雙。其後如李斯特(Liszt) 之 Das Völkerrecht, 1898，烏爾曼(E. Ullmann)之 Völkerrecht, 1898 均爲實證法派之佳作。台勒 (Hannis Taylort) 於一九〇一年公刊 A Treatise on International Public Law，可謂集實證學派之大成，特將所有各種問題，均用實證法學派的觀點加以研究。至於(Westlake) 之大著 International Law 三卷，尤爲世界學界所深知。

關於慣例，事例一類特殊的研究，首推一九〇六年莫爾 (J. B. Moore) 之 A Digest of International Law，書共八卷，收羅詳盡，比之華爾頓的著作，更較充實。尼斯(Nys) 著Le Droit International 三卷，彼重於研究歷史文獻方面，屬於折衷派。其後如莫瑞那克(Merignhac) 之 Traité de Droit public international，岱納(Diena) 之 Principi di Diritto internazional, 1908，均各有可取之處。賀雪 (Hershey) 所著之 The Essentials of International Law, 1912，亦爲一眞正實證法主義論者，該書以註釋最詳聞名。復次，奥本海(Oppenheim) 之 International Law 1905-1912, 列論精邃，引證淵博，洵爲近代鉅著。

二十世紀以來，實在法學派，已經到了全盛時代。一切國際法的原則，均脫卻空疎的議論，而重於實證的研究。特別是自大戰以來，國際法的中心題目，大有由戰爭人道化的思想，一轉而爲如何防止戰爭或廢棄戰爭之趨勢。因此，例如國際組織、國際立法、國際行政、國際司法、編彙國際法典等等問題，均構成國際法學中的重大部分。一部改造國際法的思想家，學者的議論，次第佔有勢力。茲舉戰前戰後國際法上之名著，以供參考。

(英國)

William Oke Manning: Commentaries on the Law of Nations, 1839

Archer Polson: Principles of the Law of Nations, 1848

Richard Wildman: Institutes of International Law, 2 vols., 1849-1850

Sir Robert Phillimore: Commentaries upon International Law, 4 vols., 1854-1861

Sir Travers Twiss: The Law of Nations, etc., 2vols., 1861-1863

Sheldon Amos: Lectures on International law, 1874

Sir Edward Shepherd Creasy: First Platform of International Law, 1876

William Edward Hall: A Treatise on International Law, 1880

Sir Henry Sumner Maine: International Law, 1883

James Lorimer: The Institutes of the Law of Nations, 2 vols., 1883-1884

Leone Levi: International Law, 1887

Thomas Joseph Lawrence: The Principles of International Law, 1895

Thomas Alfred Walker: A Manual of Public International Law, 1895

Sir Sherston Baker: First Steps in International Law, 1899

F. E. Smith: International Law, 1900

Johen Westlake: International Law, 1904-1913

L. Oppenheim: International Law, 1905-1912

J. L. Brierly: The Law of Nations, 1928

（美國）

James Kent: Commentary on International Law, 1826

Henry Wheaton: Elements of International Law, 1836

Theodore D. Woolsey: Introduction to the Study of International Law, 1860

Henry W. Halleck: International Law, 2vols., 1861

Francis Wharton: A Digest of International Law of the United States, 3vols., 1886

John N. Pomeroy: Lectures on International Law in Time of Peace, 1886

George B. Davis: The Elements of International Law, 1887

Hannis Taylor: A Treatise on International Public Law, 1901

George Grafton Wilson and George Fox Tucker: International Law, 1901

Edwin Maxey: International Law, with illustrative cases, 1906

John Bassett Moore: A Digest of International Law, 8 vols., 1906

George Grafton Wilson: Handbook of International Law, 1910

Charles H. Stockton, A Manuel of International Law, 1910

Amos S. Hershey, The Essentials of International Law, 1912

(法國)

Funck-Brentano et Albert Sorel:-Précis du Droit des Gens,1877

P. Pradier – Foderé: Traité de Droit international public, 8vols., 1885-1906

Alfred Chrétien: Principes de Droit international public, 1893

Henry Bonfils: Manuel de Droit international public, 1894

George Bry: Précis élémentaire de Droit international public, 1910

Frantz Despagnet: Cours de Droit international public, 1894

Robert Piédelievre: Precis de Droit international public, 2vols., 1883–1895

A. Mérignhac: Traite de Droit public international, Part 1. 1905

P. Fauchille; Traité de Droit international public, 1922

Amedée Bonde: Traité élémentaire de Droit international public. 1926

（德國）

Theodor Schmalz: Europäisches Völkerrecht, 1817

Julius Schmelzing: Systematischer Grundriss des praktischen europäischen Völkerrechts, 1821

Johann Ludwig Klüber: Droit des Gens moderne, 1819

Karl Heinrich Ludwig Poelitiz: Practisches (europäisches), Völkerrechts, 1883

August Wilhelm Heffter: Das europaische Völkerrecht der Gegenwart, 1844

Friedrich Saalfeld: Handbuch des positiven Völkerrechts,1833

Heinrich Bernhard Oppenheim: System des Völkerrechts, 1845

Johann Caspar Bluntschli: Das moderne Völkerrecht der civilisirten Staaten als Rechtbuch dargestelle, 1868

Adolph Hartmann: Institutionen des praktischen Völkerrechts in Friedenzeiten, 1874

Franz von Holtzendorff: Handbuch des Völkerrechts, 1885–1889

August von Bulmerincq: Das Völkerrecht, 1887

Karl Gareis: Institutionen des Völkerrechts, 1888

E. Ullmann: Völkerrecht, 1898

Franz von Liszt: Das Völkerrecht, 1898

Niemeyer, T., Völkerrecht, 1923

Strupp, K., Grundzüge des positiven Völkerrechts.

Éléments de droit international public, 2d 2d. (Paris, 1930)

Waldkrirch, Das Völkerrecht.

（意大利）

Ludovico Casanova: Lezioni del Diritto internazionale, 1853

Pasquale Fiore: Trattato di Diritto internazionale pubblico, 1865

Giuseppe Carnazza-Amari: Trattato sul Diritto internazionale di Pace 2 vols. 1867-1875

Antonio del Bon: Instituzioni del Diritto pubblico internazionale, 1868

Giuseppe Sandona: Trattato di Diritto internazionale moderno,2 vols. 1870

Gian Battista Pertile: Elementi di Dritto internazionale moderno, 2 vols. 1877

Augusto Pierantoni: Trattato di Diritto internazionale, vol. i. 1881

Giovanni Lomonaco: Trattato di Diritto internazionale pubblico, 1905

Giulio Diena: Principi di Diritto internazionale, Parte Preima, Diritto internazionale publico, 1908

G. Cavarretta: Diritto internazionale, vol. i. 1914

(西班牙及其他)

Andres Bello: Principios de Derecho de Gentes, 1832

Jose Maria de Pando: Elementos del Derecho internacional, 1843-1844

Antonio Riquelme: Elementos de Derecho publico internacional, 2vols, 1849

Carlos Calvo: Le Droit internacional, *etc.*, 1868

M. M. Madiedo: Tratado de Derecho de Gentes, 1874

Amancio Alcorta: Curso de Derecho dinternacional publico, 1878

Marquis de Olivart: Tratado y Notas de Derecho internacional 2vols., 1887

Jose Augusto Moreira de Almeida: Elementos de Direito internacional publico, 1892

Luis Gestoso y Acosta: Curso de Derecho internacional publico, 1894

H. Feltner: Manual de Derecho inetrnacional,2 vols. 1894

Miguel Cruchaga: Nociones de Derecho internacional, 1899

Manuel Torres Campos:Elementos de Derecho internacional publico, 1912

Clovis Bevilaqua: Direito publico internacional, 2vols. 1911

S. Planas Suarez: Tratado de Derecho internacional publico, 2vols. 1916

Frederick Kristian Bornemenn: Forelaesninger over den positive Folkeret, 1866

Friederich von Martens: Völkerrecht, 2vols. 1883-1886

Jan Helenus Ferguson: Manual of International Law, *etc.* 2vols. 1884

Alphonse Rivier, Lehrbuch des Völkerrechts, 1894

H. Matzen: Forelaesninger over den positive Folkeret, 1900

Ernest Nys: Le Droit international, 3 vols, 1904-1906

J. De Louter: Het Stellig Volenrecht, 2vols. 1910

M. Papoviliev: Mejdouderjeavuo Pravo (Law of Nations), 1914

附錄二　現行國際重要和平法規

一　第二次保和會條約　一九〇七年十月十八日訂於海牙

第一篇　保持和平大局

和解國際紛爭條約

爲保持和平大局起見，竭力和衷商定和解國際紛爭條約。文明國團，知有同志欲推廣法律範圍，並鞏固國際公道，深信於獨立各國之間，設立無國不可赴訴之常川公斷法院，最足達此目的。又察知組織一公斷訴訟通則之有益，皆與保和會倡議者所見相同。亟應將各國國家所賴以治安並國民所賴以生存之公平正直之原理，以國際協商規定之。並願將國際審查委員及公斷等事件，見諸實行。凡使應用簡便訴訟法各案，向公斷院上訴之事，益形利便。特於和解國際紛爭法中查有各節亟應修改，以竟第一次保和會之功。爲此，締約各國議定訂一新約，遣派全權大臣如左：

各全權大臣，將所帶全權文據校閱合例，議定各條如下：

第一篇　保持和平大局

第一條　爲維持各國邦交起見，締約各國竭力議定國際紛爭平和辦法。

第二篇　和解調處

第二條　遇有邦交衝突成紛爭事件，當於未用兵之前，各國得酌度情形，請友邦一國或數國和解，或從中調處。

第三條　如締約各國，視為有益應辦之事，局外一國或數國，可不待相爭國之請求，自願酌量情勢為之和解調處。卽在開戰期內，局外各國亦有和解調處之權。施行和解調處之權，相爭國不得視為有傷睦誼之舉。

第四條　調處者應辦之事，係將相爭國衝突之意見，設法解釋，融合嫌隙。

第五條　調處者之職任，以相爭國或調處國察明所擬調和諸法不能允從之時為止。

第六條　和解調處，或出於相爭國之所請，或出於局外國之自願，只有商勸性質，不得強令遵照。

第七條　除另有特約外，允受調處之舉，並無停止展緩或阻止徵調及各種備戰舉動之效力。除另有特約外，此舉若在開戰之後，亦不得因此停止用兵。

第八條　締約各國，公同議定於情形相當時，可用特別調處之法如下：如遇重大衝突，有礙和局，相爭國各舉一國，畀以委任，由所舉國彼此逕相接洽，以免邦交之決裂，委任之期限，不得逾三十日。除另有專約外，該期內所舉國彼此逕相接洽，以免邦交之決裂，委任之期限不得逾三十日。除另有專約外，該期內所有紛爭事件，相爭國應停止直接交涉，由調處國竭力將爭端理結。倘和局業已決裂，各該調處國仍應合力伺機挽回和局。

第三篇 國際審查會

第九條 國際紛爭，起於事實中見解之歧異，而無關於國體及重大利益者，倘外交官未克商結，締約各國可審度情形，設國際審查會。委以調查紛爭事件，俾事實得以秉公詳細查明。

第十條 組織國際審查會，應由相爭國訂立專約辦理。所訂審查專約，應詳敍案情，並訂明審查會之程式時期，及審查員之權限。該約中，亦應訂明該會所設之地，並能否遷移；又會中應用之語言，並准其通用之幾種語言；又各造投遞訴詞之期限，及所訂一切相關之件。倘各造以爲應派幫理之員，則約中宜訂明選派之程式及其所有之權限。

第十一條 如審查約中未指明該會所設之地，則應設於海牙會所。已定之後，非經各造允准，該會不得遷移。如審查約中，未將會中應用語言指明，則由該會自定。

第十二條 審查會之組織，除另有專條外，應照本約第四十五第五十七兩條辦理。

第十三條 如審查員或幫理員病故辭差，或因事阻，或因他故，應照選派該員時之章程，派員代理。

第十四條 各造有選派專員到會爲代表之權，以便爲該國與該會之交通機關。並准選派顧問官及辯護士，在會保護其本國利益。

第十五條 海牙常設公斷法院之國際事務處，可作爲審查會立案處之用。其房屋及一切組織，悉聽締約各國審查會使用。

第十六條　如該會不在海牙設立，則派一總書記，卽以書記之事務室爲立案處。立案處歸審查會長節制辦理，會議時應有之布置，編輯議事之文件，並管理審查時之案卷。會畢後，彙交海牙國際事務處。

第十七條　爲便利審查會之成立及辦事起見，恐各造不願用別項規則，故締約各國，議定以下各項爲審查會訴訟法之用。

第十八條　所有訴訟法之一切細節，未經審查專約，或本約訂明者，該會可自行酌定，並可規定各種查究憑證之程式。

第十九條　審查時，應用各造對質。各造所有訴訟字據文件公牘之可用以剖白眞情者，及欲使到案之證人及鑒定人之名單，應於定期內，知照該會及彼造。

第二十條　如各造同意審查會有權暫行遷往合宜之地辦理，或派會員一人或數人前往，惟須先得該地所屬之政府允准。

第二十一條　凡審查物質上之憑證，及到地履勘之事，應在各造所派之專員及顧問官當面辦理，或照例傳其到場。

第二十二條　審查會如有應需各造辯斷或陳述之事，有權令此造或彼造照辦。

第二十三條　各造應承認將所有於審查上有益及一切便利之法，供給該會，俾案中事實易於明顯。各造應承認適用本國法律，使審查會所傳在各該國之證人或鑑定人到案。如證人或鑑定人不能到案，各造即令其本國該管官署就近迅取供狀。

第二十四條　凡審查會欲在第三締約國境內辦理，應行知照各事，可逕行知照該國政府；如欲在該國查究憑證，亦照此辦理。此等請求之事，該國可照其本國法律辦理。如非與其主權或治安有礙者，不得拒絕。審查會亦可請駐在之國，爲其承轉。

第二十五條　證人及鑑定人，或出於各造所請，或出審查會本意，應傳到案者，均須經駐在之國爲之承轉。證人由審查會預定次序，當各專員及顧問官之前，逐一分別審訊。

第二十六條　證人由會長審訊。然會員有以爲宜將供詞申明，或案情中與證人有關之事須詳考明白者，亦可向證人訊問。各造所派專員及顧問官，不得於證人供述之時，從傍插斷，亦不得逕向訊問，倘有以爲宜用補訊之處，可請會長訊問。

第二十七條　證人供述之時，不得口誦書件，倘爲案情中所需用者，會長可准其檢閱記錄或文牘。

第二十八條　證人所口述，立即錄供，將所錄之供，對其宣誦證人可酌行增改，附錄供詞之後。全供宣誦之後，證人應簽押於上。

第二十九條　各造專員，應於審查或審查竣事之時，將其言論及意見或事略，足以顯明案件者，錄會中及彼造。

第三十條　審查會之定議，可祕密不宣。定議取決於會員之多數，會員有不願與決者，應於案內註明。

第三十一條　該會集議，不必公開，所有案中供詞及審查文件，非經各造允由該會公決者，不得宣布。

第三十二條　各造既將辯詞及證據呈遞後，所有證人均經審詢，會長應宣言停止審查，該會即定期會議，辦理報告。

第三十三條　報告須經各會員簽押。如有一員不願簽押者，一經將緣由載入該報告，仍可作准。

第三十四條　該會報告，應當衆宣讀，各造所派之專員及顧問官，均須在場，或照例傳集到案。各造均給報告一份。

第三十五條　報告中以證明事實爲限，絕無公斷判詞之性質，事實證明之後，下文如何，悉聽各造自主。

第三十六條　各造費用，各自承認，該會費用，各造均攤。

第四篇　國際公斷

第一章　公斷規則

第三十七條　國際公斷之義，係由各國選派之公斷員，以尊重法律爲本，理結各國之紛爭。請求公斷，即含有承認信服判斷之意，

第三十八條　凡法律問題中，關於解釋及施行條約之爭端，爲外交官所不能理結者，締約各國共認公斷爲和解最公至善之法。照以上所指問題，締約各國於有事時，如情形相宜，自當極力請求公斷。

第三十九條　公斷條約，可爲已起之爭端而訂；或爲未來之爭端而訂；或包括一切之爭端：或專指一類之爭端。

第四十條　締約各國，除已定公約或專約，言明應歸強迫公斷外，遇有可交強迫公斷之事，亦可另訂公約或專

約，歸諸公斷，以期推廣。

第二章　常設公斷法院

第四十一條　締約各國，因國際紛爭有外交官所不能商結者，爲便於立請公斷起見，允准將第一次保和會所設之常川公斷法院，照舊設立，不論何時，除各國另訂專約外，應照本約所訂訴訟法辦理。

第四十二條　常設公斷法院，除各國另訂設立特別審判所外，可理一切公斷之事。

第四十三條　常設公斷法院，駐於海牙。國際事務處，可作爲法院之立案處，遇有會議之事，從中知照，並管理案卷及經理雜務。締約各國，允准將互訂公斷專條，及特別審判所公斷判詞，各抄稿校正之後，從速咨送該事務處。各該國允准將法律章程文件，有時可與法院判詞相印證者，咨送該事務處。

第四十四條　每締約國，派熟悉公法名望素著者，至多四員，充公斷員，既派之後，即列名爲法院人員，其名單由事務處知照締約各國。公斷員之名單，遇有更改，即由事務處知照締約各國，兩國或數國可商明派一員，或數員同一人員兼膺數國之簡派。派充法院人員，以六年爲一任。其委任書，亦可展期。法院人員遇有病故或告退，按照選派該員時之程式，派員充補其任期，亦以六年爲限。

第四十五條　締約各國，遇有爭端，欲請常設法院處理者，應於法院總名單內，選取公斷員，組織法庭，以便審決爭端。如所選公斷員各造未能允協者，則照以下辦法，每造選派公斷員兩員，其中惟一員可爲其本國人，或由該國所派爲常設法院人員者，此項公斷員中，再公舉一總公斷員。如意見不合，各造可公請一第三國代為選派總公斷員。如仍不能允洽，每造可各請一第三國，即由被請之國，公同選派總公斷員。如兩月之內，兩國仍不能商妥，每國可於法院名單中除各造所選派之員及其國人外，各選二員，再用拈鬮之法，以定孰為總公斷員。

第四十六條　法庭一經組織，各造應將請法院公斷之意，並請斷狀及公斷員名銜，知照事務處。事務處，即將請斷狀及他項員名知會與審各公斷員。法庭聚集，由各造定期，並由事務處布置一切。與審各員，當任事時，而不在其本國境內者，得享外交官之待遇。

第四十七條　國際事務處，應將房屋及一切組織，悉聽締約各國，作為特別審判公斷事件之用。凡未經締約各國，或締約各國與未締約各國遇有爭端，而願請公斷者，常設公斷法院，亦可按照所定章程，推廣施行。

第四十八條　若遇兩國或數國，因有爭端勢將決裂，締約各國，應視同義務，向相爭國提明：常設法院，正為此而設。因此，締約各國聲明：凡向相爭國提明本約各條，而勸其投向常設法院，以保和平之事，祇應視為美意之舉動。如兩國遇有端爭，一國儘可行文國際事務處，聲明所有紛爭，願遵公斷。事務處應即將此聲明之件，知照彼國。

第四十九條　常設辦事公會，以締約各國派駐海牙各代表及和外部大臣組織而成。即以和外部大臣為總理，管理稽核國際事務處。該公會可定辦事章程及一切應用規則。該公會，可定各種辦事問題之關於法院執行事件。該公會，有委派或黜陟事務處員役之全權。該公會，酌定薪工，稽核用款。凡有會議，須召集九員到場。所議之事，方有效力。其決議，以多數爲斷。該公會，應將議定章程，立即知照締約各國。每年將法院案件辦事情形及用項，報告各國，報告中應選照第四十三條第三第四兩款，將各國知會事務處之公文，摘要載入。

第五十條　該公會經費，應按照萬國郵政公會比例分攤之法，由締約各國分任。凡加入本約各國，對於此項經費，以加入之日起算。

第三章　公斷訴訟法

第五十一條　締約各國，爲推行公斷起見，訂定以下各條，以資各造未經訂有專條者訴訟之用。

第五十二條　各國欲請公斷者，應於請斷狀上簽押狀中載明案情，並選公斷員期限。如第六十三條所載，及應行知會之格式，次序，期限及各造預存應用之銀數。狀中並載明選派公斷員之章程，公堂之權限，及其設立之地，所用之語言及當堂准用之語言，並各造互訂之一切規則。

第五十三條　如各造互相商明於訂立請斷狀之事，請其從中調停，常設法院，即可與聞其事。外交官協商不成之後，所請即僅出於一造者，法院亦可與聞以下所開各事。

一　凡爭端之歸於公斷條約，不論其現訂或續訂，在本約實行之後，而約中預定各項爭端所應立之請斷狀，此項請斷狀，並不明指或隱示不歸法院與聞者。但遇有一造聲明，彼之意見，以爲此項爭斷，不屬於應受強迫公斷之一類，除公斷專約內，已將審定此種問題之權，交付法庭外，則不得歸法院與聞。

二 爭端之由於訂有合同之債項，經此一國為其人民向彼一國索討，並提議歸公斷了結，而業已承認者。但若承認公斷，而言明按照他法訂立請斷狀，則此款不得援引。

第五十四條 如遇上條所指之事，其請斷狀按照第四十五條第三至第六等款，設立委員會，以五員組織之。其第五委員，為該會總理。

第五十五條 公斷之職任，可由各造選派公斷員一員或數員，悉聽其便，或各造在本約所設之常川法院公斷員中選派。如各造意見不合，不能構成法庭，可按照第四十五條第三至第六款所指之法辦理。

第五十六條 各君主國主，被選為公斷員，則訴訟法可由其審定。

第五十七條 總公斷員，即為法庭之總理。倘法庭中無總公斷員，則可自舉總理一員。

第五十八條 如按照第五十四條所指之委員會設立。請斷狀除另有專條外，該議會即可自為公斷法庭。

第五十九條 如公斷員中，病故，辭差，或因事阻，或因他故，應照選派該員時之章程，派員代理。

第六十條 法庭未經各造指明，則設立於海牙。法庭非經第三國允准，不得在其境內設立。法庭一經設立，非經各造允准，不得遷移。

第六十一條 如請斷狀中未經言明應用何國語言，則由法庭定奪。

第六十二條 各造有選派專員到法庭之權，以便為各造及法庭之交通機關。並准派顧問官或辯護士到堂，以護持其本國權利。常設公斷員，只能爲其選派之國，充當專員，或顧問官，或辯護士。

第六十三條　公斷訴訟法，大概分爲二種：曰文訴，曰口訴。文訴者，乃將議案駁議或答詞，加以案中各種文件公牘，由各專員咨送法庭，乃彼此兩造，以彼此有關係之文件互存備案。文件可逕直咨送，亦可經國際事務處轉送。次序期限，悉照請斷狀所定。請斷狀中所定期限，如經各造允協，亦可展限，或法庭以爲宜展限，以便詳細定讞者，亦可。口辯者，乃當堂陳說，以發明案情。

第六十四條　所有此造呈案之文件，應將抄稿校正，咨送彼造。

第六十五條　除有特別情形外，法庭須於截收文訴後，始開審判。

第六十六條　口辯之事，由總理主裁。口辯之事，非經各造允准，法庭定奪，可不當衆施行。所有口辯，由總理派書記官錄，此等供詞，由總理及書記官一員簽押，方有正當文件性質。

第六十七條　文訴截收後，如此造未經彼造允准，欲將新文件呈案者，法庭有不准其引用之權。

第六十八條　所有呈案新文件，經各造專員或顧問官聲請法庭注意者，法庭聽從與否，可自行酌奪，照此情形，除應知照彼造外，法庭有索取此等文件之權。

第六十九條　法庭可令各造專員，將各文件呈案，並令其詳細講解，如有不允者，即記載情由備案。

第七十條　各造之專員及顧問官，遇有案中應行辯護之處，准其當堂聲說。

第七十一條　專員及顧問官，有權將反對及指摘之情形陳說，但一經法庭判結之後，不得再行駁詰。

第七十二條　法庭人員，有權訊問各造專員及顧問官，遇有疑難之處，可令其申明，當辯論時，所有法庭人員訊問之語，駁詰之詞，不得視爲法庭全體或該員個人之意見。

第七十三條　法庭依據法律上之原則，有權解釋請斷狀，並案中所發生之各項文據。

第七十四條　法庭有權可訂訴訟各法，以便辦案之用，並爲各造定立結案時之格式，次序，期限，及施行搜集證據諸法。

第七十五條　各造允准，將所有斷案中應用各法，儘數供諸法庭。

第七十六條　法庭欲在第三國境內辦理，應行知照各事，可逕行知照該國政府，如欲在該國查究憑證，亦照此辦理。此等請求之事，該國可照其本國法律辦理，如非與主權或治安有礙者，不得拒絕。法庭亦可請駐在之國，爲其承轉。

第七十七條　各造專員及顧問官，既將案情陳明，並將證據交出，總理可宣言停止審辯。

第七十八條　法庭之定議，可祕密不宣。定議取決於人員之多數。

第七十九條　公斷判詞，應敍明緣由，及公斷員姓名，由總理及立案員或書記官兼管，立案者簽押。

第八十條　判詞應當衆宣讀，各造所派之專員及顧問官，均須在場，或照例傳集到案。

第八十一條　判詞照例宣讀，並知照各造之專員，即成信讞，不得上控。

第八十二條　各造於實行及解釋判詞中，如有爭辯，除訂有專約外，仍歸原斷法庭審判。

第八十三條　各造可於請斷狀中，敍明公斷判詞，可請覆核。照此情形，除另有專約外，應向原斷法庭聲請，惟須有新查出之事實，與定讞大有關係，而於停止審辯時，為法庭及聲請覆核之造所未及知者，方可聲請辦理覆核之事，非經法庭查明確有新出之事實，合有上節而指可以承認之性質，並宣告此等聲請可在收受之例者，不得施行。請斷狀中，應明定聲請覆核之期限。

第八十四條　公斷判詞，只能施行於相爭各造。因解釋條約之故，而起爭端，與此條約尚有他國公同訂立者，則相爭國應即知照各簽押國，各該國均有干涉此案之權。其中一國或數國，若用此權者，則判詞中所載之解釋，亦應一律施行。

第八十五條　各造費用，各自承認，法庭費用，各造均攤。

第四章　公斷簡便訴訟法

第八十六條　為欲便於從事公斷起見，遇有可用簡便訴訟法者，締約各國，訂定以下各條，俾未訂各種專條者，有所率從，而有時亦可援引第三章內不相反背各款。

第八十七條　相爭各造，各派一公斷員，合選一總公斷員，如意見不合，除各造所選派之員及其國人外，可在常設法院人員名單中各選二員，再用拈鬮之法，以定孰為總公斷員。總公斷員，總理法庭，其定議，則取決於多數。

第八十八條　若各造將議案呈案之期限，未經預定者，法庭一經組織，即可由其定立期限。

第八十九條　各造派一專員到法庭，以便爲本國政府與法庭之交通機關。

第九十條　訴訟祇准用筆寫，然各造有可請准證人及鑑定人到案之權，法庭爲有益起見，亦可請兩造之專員證人及鑑定人到案口辯。

第五篇　結論

第九十一條　本約批准後，締約各國卽以本約代一千八百九十九年七月二十九日所訂之和解國際紛爭條約。

第九十二條　本約應從速批准。批准文件，存儲海牙。第一次批准文件存案時，應由締約各國代表及和蘭外部大臣簽押爲據。以後各次之批准文件存案時，須繕一咨文，將此批准文件，送交和蘭政府。第一次批准文件存案之字據，及上節所載送交文件之咨文，應於抄錄校正之後，立卽由和蘭政府送交外交官，轉遞第二次保和會與會各國，及隨後入約各國。前節所載情形，由該政府將收到咨文之日期，同時聲明。

第九十三條　未簽押各國，而曾與第二次保和會者，亦得加入本約之內。願意加入之國，應將其意咨明和蘭政府，並附加入文件，此等文件，由該政府存案。該政府卽將咨文及加入文件，應於抄錄校正之後，轉送第二次保和會與會各國，並聲明收到咨文日期。

第九十四條　未與第二次保和會各國，以後倘經締約各國公允，亦可加入本約。

第九十五條　第二次批准文件存案，各國應從立據存案之日起六十日後，此約方有效力。隨後批准，或加入本約各國，應從和蘭政府收到批准或入約咨文日期起六十日後，方有效力。

第九十六條 如遇締約國中之一，願意出約，應將出約文件，知照和蘭政府，該政府立即將出約文件，俟抄錄校正之後，知照各國，並聲明接到出約文件之日期。出約僅專指咨照出約之國，從咨文到和蘭政府之日起一年之後，方有效力。

第九十七條 和蘭政府立一存案册，載明第九十三條第三第四兩款所指批准文件，及隨後收到加入本約文件（第九十三條第二款），或出約文件（第九十六條第一款）之各日期。

凡締約各國，於存案册均有權調查，並可將校正之本摘抄，爲此各全權大臣簽押於下，以昭信守。

國際聯合會盟約

一九二〇年簽訂 一九二六年修正

締約各國，爲增進國際間協同行事，並保持其和平與安寧起見，特允

承受不事戰爭之義務；

維持各國間光明平允榮譽之邦交；

確守國際公法之規定，以爲各國政府間行爲之軌範；

於有組織之民族間，彼此待遇維持公道，並恪遵條約上之一切義務。

議定國際聯合會盟約如下：

第一條 一 國際聯合會之創始會員，應以本盟約附款內所列之各簽押國，及附款內所列願意無保留加

入本盟約之各國爲度，此項加入，應在本盟約實行後兩個月內，備聲明書交存秘書處，並應通知聯合會中之其他會員。

二　凡完全自治國，及此類屬地或殖民地，爲附款中所未列者，如經大會三分二之同意，得加入爲國際聯合會會員。惟須確切保證，有篤守國際義務之誠意，並須承認聯合會所規定關於其海陸空實力暨軍備之章程。

三　凡聯合會會員，經兩年前豫先通告後，得退出聯合會。但須於退出之時，將其所有國際義務及爲本盟約所負之一切義務，履行完竣。

第二條　聯合會按照本盟約所定之舉動，應經由一大會及一行政院執行之，並以一經常秘書處，佐理其事。

第三條　一　大會由聯合會會員之代表組織之。

二　大會應按照所定時期，或隨時遇事機所需，在聯合會所在地，或其他擇定之地點開會。

三　大會開會時，得處理屬於聯合會舉動範圍以內，或關係世界和平之任何事件。

四　大會開會時，聯合會每一會員，祇有一投票權，且其代表不得逾三人。

第四條　一　行政院由協商及參戰領袖各國之代表，與聯合會其他四會員之代表組織之。此聯合會之四會員，由大會隨時斟酌選定。在大會第一次選定，在大會第一次選定四會員代表以前，比利時，巴西，日斯巴尼亞，希臘之代表，應爲行政院會員。

二甲　行政院經大會多數核准，得指定聯合會之其他會員，其代表應爲行政院常任會員，行政院經同樣之核准，得將大會所欲選舉列席於行政院之聯合會會員數增加之。

乙　大會應以三分之二之多數，決定關於選舉行政院非常任會員之條例，而以決定，關於非常任會員任期，及被選連任條件之各項章程爲尤要。

三　行政院應隨時按事機所需，並至少每年一次在聯合會所在地，或其他擇定之地點開會。

四　行政院開會時，得處理屬於聯合會舉動範圍以內，或關係世界和平之任何事件。

五　凡聯合會會員，未列席於行政院者，遇該院考量事件與之有特別關係時，應請其派一代表，以行政院會員名義列席。

六　行政院開會時，聯合會之每一會員，列席於行政院者，祇有一投票權，並祇有代表一人。

第五條　一　除本盟約或本條約另有明白規定者外，凡大會或行政院開會時之決議，應得聯合會列席於會議之會員全體同意。

二　關於大會或行政院開會手續之各問題，連指派審查特別事件之委員會在內，均由大會或行政院規定之，並由聯合會列席於會議之會員，多數決定。

三　大會第一次會議，及行政院第一次會議，均應由美國大總統召集之。

第六條　一　經常秘書處，設於聯合會所在地。秘書處設秘書長一員，暨應需之秘書及職員。

二　第一任秘書長，以附款所載之員充之。嗣後秘書長，應由行政院得大會多數之核准委任之。

三　秘書處之秘書及職員，由秘書長得行政院之核准委任之。

四　聯合會之秘書長，當然為大會及行政院之秘書長。

五　聯合會經費，應由聯合會會員，依照大會決定之比例分擔之。

第七條　一　以日來弗為聯合會所在地。

二　行政院可隨時決定將聯合會所在地，改移他處。

三　凡屬於聯合會或與該會有關係之一切位置，連秘書處在內，無分男女，均得充任。

四　聯合會會員之代表，及其辦事人員，當服務聯合會時，應享外交上之特權及免除。

五　聯合會或其人員或蒞會代表所佔之房屋及他項產業，均不得侵犯。

第八條　一　聯合會會員，承認為維持和平起見，必須減縮各本國軍備至最少之數，以適足保衛國家之安寧，及共同實行國際義務為度。

二　行政院應審度每一國之地勢，及其特別狀況，應預定此項減縮軍備之計劃，以便各國政府之考慮及施行。

三　此項計劃，至少每十年須重行考核及修正一次。

四　此項計劃經各政府採用後，所定軍備之限制，非得行政院同意，不得超過。

五　因私人製造軍火，及戰事材料，引起重大之異議，聯合會會員，責成行政院籌適當辦法，以免流弊，惟應兼顧聯合會會員有未能製造必需之軍火及戰事材料，以保持安寧。

六　聯合會會員，擔任將其國內關於軍備之程度，陸海空之計劃，以及可供戰爭作用之實業情形，互換最誠實最完備之通知。

第九條　設一經常委員會，俾向行政院條陳關於第一第八兩條各規定之履行，及大概關於陸海空各問題。

第十條　聯合會會員，擔任尊重並保持所有聯合會各會員之領土完全，及現有之政治上獨立，以防禦外來之侵犯，如遇此種侵犯之任何威嚇或危險之虞時，行政院應籌履行此項義務之方法。

第十一條　一　茲特聲明，凡任何戰爭，或戰爭之危險，不論其立即涉及聯合會任何一會員與否，皆爲有關聯合會全體之事，聯合會應用任何辦法，視爲敏妙而有力者，以保持各國間之和平。如遇此等情事，秘書長應依聯合會任何會員之請求，立即召集行政院。

二　又聲明凡牽動國際關係之任何情勢，足以擾亂國際和平，或危及國際和平所恃之良好諒解者，聯合會任何會員，有權以友誼名義，提請大會或行政院注意。

第十二條　一　聯合會會員約定，儻聯合會會員間發生爭議勢將決裂者，當將此事提交公斷，或依法律手續解決，或交行政院審查，並約定無論如何，非俟公斷員裁決，或法庭判決，或行政院報告後三個月屆滿以前，不得從事戰爭。

二　在本條內，無論何案，公斷員之裁決，或法庭之判決，應於相當時間發表，而行政院之報告，應自爭議移付之日起，六個月內成立。

第十三條　一　聯合會員約定，無論何時，聯合會會員間，發生爭議，認為適於公斷或法律解決，而不能在外交上圓滿解決者，將該問題完全提交公斷或法律解決。

二　茲聲明，凡爭議關於一條約之解決，或國際法中之任何問題，或因某項事實之實際，如其成立足以破壞國際成約，並由此種破壞應議補償之範圍及性質者，概應認為在適於提交公斷或法律解決之列。

三　為討論此項爭議起見，受理此項爭議之法庭，應為按照第十四條所設立之經常國際審判法庭，或為各造所同意，或照各造間現行條約所規定之任何裁判所。

四　聯合會會員約定，彼此以完全誠意實行所發表之裁決，或判決，並對於遵行裁決或判決之聯合會任何會員，不得以戰爭從事。設有未能實行此項裁決或判決者，行政院應擬辦法，使生效力。

第十四條　行政院應籌擬設立經常國際審判法庭之計劃，交聯合會各會員採用，凡各造提出屬於國際性質之爭議，該法庭有權審理，並判決之。凡有爭議或問題經行政院或大會有所諮詢，該法庭亦可發抒意見。

第十五條 一 聯合會會員約定，如聯合會會員間，發生足以決裂之爭議，而未照第十三條提交公斷或法律解決者，應將該案提交行政院。職是之由，各造中任何一造，可將爭議通知祕書長，祕書長即籌備一切，以便詳細調查及研究。

二 相爭各造，應以案情之說明書，連同相關之事實及文件，從速送交祕書長。行政院可將此項案卷，立命公布。

三 行政院應盡力使此爭議，得以解決。如其有效，須將關於該爭議之事實與解釋，並此項解決之條文，酌量公布。

四 倘爭議不能如此解決，則行政院經全體或多數之表決，應繕發報告書，說明爭議之事實，及行政院所認為公允適當之建議。

五 聯合會任何會員，列席於行政院者，亦得將爭議之事實，及其自國之決議，以說明書公布之。

六 如行政院報告書，除相爭之一造或一造以上之代表外，該院會員一致贊成，則聯合會會員約定，彼此不得向遵從報告書建議之任何一造，從事戰爭。

七 如行政院除相爭之一造或一造以上之代表外，不能使該院會員一致贊成其報告書，則聯合會會員保留權則施行，認為維持正義與公道所必須之舉動。

八 如相爭各造之一造，對於爭議自行聲明，並為行政院所承認，按諸國際公法，純屬該造本國法權內事件，則行政院應據情報告，而不必爲解決該爭議之建議。

九　按照本條任何案件，行政院得將爭議移送大會，經相爭之一造請求，應即如此辦理。惟此項請求，應於爭議送交行政院後十四日內提出。

十　凡移付大會之任何案件，所有本條及第十二條之規定，關於行政院之行爲及職權，大會亦適用之。大會之報告書，除相爭各造之代表外，如經聯合會列席於行政院會員之代表，並聯合會其他會員多數核准，應與行政院之報告書，除相爭之一造或一造以上之代表外，經該院會員全體核准者，同其效力。

第十六條　一　聯合會會員，如有不顧本約第十二條，第十三條，或第十五條所定之規約，而從事戰爭者，則據此事實，應即視爲對於所有聯合會其他會員有戰爭行爲。其他各會員，擔任立即與之斷絕各種商業上或財政上之關係，禁止其人民與破壞盟約國人民之各種往來，並阻止其他任何一國爲聯合會會員或非聯合會會員之人民，與該國之人民財政上商業上或個人之往來。

二　遇此情形，行政院應負向關係各政府建議之責，俾聯合會各會員，各出陸海空之實力，組成軍隊，以維護聯合會盟約之實行。

三　又聯合會會員約定，當按照本條適用財政上及經濟上應採之辦法時，彼此互相扶助，使因此所致之損失與困難，減至最少之點。如破壞盟約國對於聯合會中之一會員施行任何特殊辦法，亦應互相扶助，以抵制之。其協同維護聯合會盟約之聯合會任何會員之軍隊，應取必要方法，予以假道之便利。

四　聯合會任何會員，違犯聯合盟約內之一項者，經列席行政院之所有聯合會其他會員之代表投票表決，即可宣告令其出會。

第十七條　一　若一聯合會會員與一非聯合會會員之國，或兩國均非聯合會會員，遇有爭議，應邀請非聯合會會員之一國或數國，承受聯合會會員之義務，照行政院認爲正當之條件，以解決爭議。此項邀請，如經承受，則第十二條至第十六條之規定，除行政院認爲有必要之變更外，應適用之。

二　前項邀請發出後，行政院應即調查爭議之情形，並建議其所認爲最適當最有效之辦法。

三　如被邀請之一國，拒絕承受聯合會會員之義務，以解決爭議，而向聯合會一會員，以戰爭從事，則對於取此行動之國，即可適用第十六條之規定。

四　如相爭之兩造，被邀請後，均拒絕承受聯合會會員之義務，以解決爭議，則行政院可籌一切辦法，並提各種建議，以防止戰事，解除紛爭。

第十八條　嗣後聯合會任何會員所訂條約或國際契約，應立送祕書處登記，並由祕書處從速發表，此項條約或國際契約，未經登記以前，不生效力。

第十九條　大會可隨時請聯合會會員，重行考慮已不適用之條約，以及國際情勢繼續不改或致危及世界之和平。

第二十條　一　聯合會會員，各自承認凡彼此間所有與本盟約條文抵觸之義務，或協商，均因本盟約而廢止，並莊嚴擔任此後不得訂立相類之件。

二　如有聯合會任何一會員，於未經加入聯合會以前，負有與本盟約條文抵觸之義務，則應立籌辦法，脫離此項義務。

第二十一條　國際契約，如公斷條約或區域協商，類似孟羅主義者，皆屬維持和平，不得視為與本盟約內任何規定，有所抵觸。

第二十二條　一　凡殖民地及領土，於此次戰事之後，不復屬於從前統治該地之各國，而其居民尚不克自立於今世，特別困難狀況之中，則應適用下列之原則，即以此等人民之福利及發展，成為文明之神聖任務，此項任務之履行，應載入本盟約。

二　實行此項原則之最善方法，莫如以此種人民之保育，委諸資源上經驗上或地理上足以擔此責任而亦樂於接受之各先進國，該國即以受託之資格，為聯合會施行此項保育。

三　委託之性質，應以該地人民發展之程度，領土之地勢，經濟之狀況，及其他類似之情形，而區別之。

四　前屬土耳其帝國之數部族，其發展已達可以暫認為獨立國之程度，惟仍須由受託國予以行政之指導及援助，至其能自立之時爲止。該受託國之選擇，應先儘此數部族之志願。

五　其他民族，尤以在中非洲者爲甚，其發展之程度，不得不由受託國負地方行政之責，惟其條件應擔保其信仰及宗教之自由，而以維持公共安寧及善良風俗所能准許之限制爲衡，禁止各項弊端，如奴隸之販賣，軍械之貿易，烈酒之買賣，並阻止建築礮臺，或設立海陸軍根據地，除警察國防所需外，不得以軍事教育施諸土人，並擔保聯合會之其他會員交易上商業上機會均等。

六　此外土地，如非洲之西南部，及南太平洋之數島，或因居民稀少，或因幅員不廣，或因距文明中心遼遠，或因地理上接近受託國之領土，或因其他情形最宜受治於受託國法律之下，作爲其領土之一部分，但爲土人利益計，受託國應遵行以上所載之保障。

七　每一委託案，受託國須將關於受託土地之情形，逐年報告行政院。

八　倘受託國行使之管轄權監督權或行政權，其程度未經聯合會會員間訂約規定，則每一委託案，應由行政院特別規定之。

九　設一經常委員會，專任接收及審查各受託國之每年報告，並就關於執行委託之各項問題，向行政院陳述意見。

第二十三條　除按照現行及將來訂立之國際公約所規定外，聯合會會員應

甲　勉力設法爲男女及幼稚，在其本國及其工商關係所及之各國，確保公平人道之勞動狀況，而維

持之。並爲此項目的，設立必要之國際機關而維持之。

乙　擔任對於受其統治地內之土人，保持公平之待遇。

丙　關於販賣婦孺，販賣鴉片，及危害藥品等各種協約之實行，概以監督之權，委託聯合會。

丁　軍械軍火之貿易，對於某等國爲公共利益計，有監督之必要者，概以監督之權，委託聯合會。

戊　採用必要辦法，爲聯合會所有會員確保並維持交通及通過之自由，暨商務上之公平待遇，關於此節，應注意一九一四年至一九一八年戰事期內受毀區域之特別需要。

己　勉籌國際有關之辦法，以預防及撲滅各種疾病。

第二十四條　一　凡公約所定，業已成立之國際事務局，如經締約各造之認可，均應列在聯合會管理之下。此後創設各項國際事務局及規定國際利益事件之各項委員會，統歸聯合會管理。

二　凡國際利益事件，爲普通公約所規定，而未置於國際事務局或委員會監督之下者，聯合會祕書處，如經有關係各造之請求，並行政院之許可，應爲徵集各種有用之消息，而分布之，並予以各種必要，或相需之援助。

三　凡歸聯合會管理之任何國際事務局，或委員會，其經費可由行政院決定，列入祕書處經費之內。

第二十五條　聯合會會員，對於得有准許而自願之國家紅十字機關，以世界改良衛生防止疾病減輕痛苦爲宗旨者，其設立及協助，擔任鼓勵並增進之。

第二十六條　一　本盟約之修正，經行政院全體及聯合會大會代表多數之批准，即生效力。

二　聯合會任何會員，可以自由不認盟約之修正案，但因此即不復爲聯合會會員。

國際裁判常設法庭規約

第一條　茲依據國際聯合會盟約第十四條之規定，創設一國際裁判常設法庭。此法庭與一八九九年及一九〇七年海牙條約所設之公斷法院，暨各國自由交付解決紛爭事件之特別公斷法庭，不相牽涉。

第一章　法庭之構制

第二條　國際裁判常設法庭，係以獨立法官若干人組織而成。此項法官，於德望素著並在各本國內具有執行司法最高職務之相當資格，或熟悉國際公法之法學家中選舉之，不問係何國籍。

第三條　法庭由十五人組成之。

正任法官十一人，備補法官四人，此數得由大會依據國際聯合會行政院之建議增加之，以增至正任法官十五人，備補法官六人爲度。

第四條　法庭人員，由大會及行政院依照下列各條款之規定，在公斷法院列國選舉團所提出之名單上選出之。在常設公斷法院中未派代表之聯合會會員國，其候選人名單，應由各該國政府爲此事所指派之選舉團提出，此選舉團之指派，應照一九〇七年海牙和解國際紛爭條約第四十四條所訂指派公斷法院人員條件辦理。

第五條　國際聯合會祕書長，至遲於舉行選舉之三個月以前，用書面邀請列名國際聯合會盟約附款諸國，或在後加入國際聯合會諸國之公斷法院內公斷員，及依照第四條第二款所指定之人員，於確定期限內依每國各自爲團之方式，從事提出能勝法庭任務人員。

無論何團，不得提出四員以上之數，其中屬本國國籍者至多不得過二員，無論如何情形，所提出之候選人數，不得超過應占席數之倍。

第六條　在指定上項人員之前，應請各國就本國最高法庭，法科大學法律學校，研究院以及國際研究院在各國所設專研法律之各分院，加以諮詢。

第七條　國際聯合會祕書長，依字母之先後，編立前項指定各員之名單，除第十二條第二款所舉之例外，祇此項人員有被選舉權。該祕書長，並將此名單遞送大會，及行政院。

第八條　大會與行政院，各自辦理選舉。先舉正任法官，後舉補法官。

第九條　每次選舉時，選舉人對於此項法庭人員之候選人應注意者，不徒在其個人之須具有相當資格，亦應使法庭全部分中實能代表世界各大文化及各主要司法制度。

第十條　得大會與行政院大多數之同意票者，爲當選。

大會及行政院所舉如國際聯合會入會國之同一國籍人員，不止一人，則年長者當選。

第十一條　第一次選舉會告竣之後，如尚有缺額，則照同一方法，開第二次選舉會，有必要時，開第三次選舉會。

第十二條　第三次選舉會告竣之後，如尚有缺額，則不論在何時期，一經大會或行政院之聲請，得組織一聯席會議，人數定為六人，大會及行政院各派三人，為未補各缺，協定名單，提交大會與行政院，各自揀定。

具有相當資格人員，即非列在第四條及第五條所指之提出名單上者，一經全體同意，亦得開入前項名單。

如聯席會議察知不能確保選舉成立，則由行政院規定一期間，在此期間內，令已選出之法庭人員，即就會在大會或行政院得有選舉票之人員中，選舉若干人，補足缺額。

若法官公決時，然否各半，則以年事最高之法官所決占勝。

第十三條　法庭人員，任期九年。

任滿，得再被選。

法庭人員，須至受代時，方能離職。所有經手未決之案，在受代後，仍歸辦理。

第十四條　如遇出缺，則照第一次選舉時所行之法，遴員補替，所有被選以代一任期未滿者之法庭人員，應代至前任任期屆滿時為止。

第十五條　備補法官之被召出庭，應照名單上名次之先後。

名單由法庭編定時，第一注意被選之先後，第二注意年齡之大小。

第十六條　法庭人員，不得行使任何政治或行政職權，此規定，對於備補法官，不在執行法庭職務時，不適用。
有疑義時，由本法庭裁決之。

第十七條　法庭人員，對於無論何種涉及國際之事件，均不得擔任代理人，或輔佐人，或律師之職務。此規定，對於備補法官，僅於其被召執行法庭職務有關係之事件上適用之。
法庭人員，如遇本人曾為兩造之一，充任代理人或輔佐人或律師，或曾充本國法庭，或國際法庭，或審查委員會之一員，或用他種名義預聞之案，則辦理該案時，不得參預。
有疑義時，由本法庭裁決之。

第十八條　法庭人員，祇能於被其他人員一致認為與相應合時，解除職務。
法庭人員之解除，職務由書記官正式通知國際聯合會秘書長。
通知後，該缺即出。

第十九條　法庭人員，於執行職務時，享外交官之特權與特許。

第二十條　法庭人員於就職前，應在公開場中為「行使職權公正無私憑照良心」之誓約。

第二十一條　法庭選舉庭長及副庭長，任期三年，任滿得再被選。
法庭指派一書記官。
法庭書記官之職，與常設公斷法院秘書長之職，得由一人兼任。

第二十二條　法庭設在海牙。

庭長及書記官，駐於法庭所在地。

第二十三條　法庭每年集會一次。

若法庭規程上，不另規定期間，則此集會之期，應以六月十五日起，至職務終了日止。

庭長於情勢必要時，得召集臨時大會。

第二十四條　法庭人員中之一，因特別緣由認爲於某種確定事件之判決，應不與聞時，當告知庭長。

庭長認法庭人員中之一，因特別緣由，應不與聞某種確定之事件，當告知該員。

如在類似之情形，該法庭人員與庭長意見不同，則取決於法庭。

第二十五條　除有特別例外，經明文規定者外，法庭以全體會議，行使其職權。

如正任法官，出席不及十一人，則令備補法官出席辦事，以補其數。

如法官仍不能滿十一員，則九員之成數，亦足以組織法庭。

第二十六條　關於勞工事件，尤以關於凡爾賽條約第十三部（勞工）暨他種和約與此相關各部所指之事件，法庭照下列條件審決之。

法庭以法官五人組織特別專庭，以每三年爲一期，指派此項法官時，須盡力注意第九條之規定。另指派法官二人，以代不能出庭之法官。此專庭經兩造之請求，卽可審決訟案；如無此項請求，則法庭照第二十五條所規定之法官人數，開庭審案。惟無論如何，均設有輔佐法官之專門陪審官四人，位於審判官之旁，以備諮詢，使案內各造利益得有公平代表。

如兩造中，祇此造有本國國籍之人在上款所指之專庭中爲法官，則依照第三十一條條文庭長應請他一法官退去，讓其席於他造所選之法官。

專門陪審官，係爲各種特別事件而設，按照第三十條所定之訴訟規則，在勞工事件陪審官名單上選派。此名單上人員，國際聯合會會員國各提出兩名，另由國際勞工局理事部提出同等名數，該理事部得於凡爾賽條約第四百十二條暨他種和約與此相關各條所指定之名單中，指派工人代表及業主代表各半數。

關於勞工事件，國際勞工局有權將必要情節告知法庭，該局長因此得接收凡用書面提出之文件抄稿。

第二十七條

關於通過及交通事件，尤以關於凡爾賽條約第十二部（海口水道鐵路）暨他種和約與此相關各部所指之事件，法庭照下列條件審決之。

法庭以法官五人，組織特別專庭，以每三年爲一期，指派此項法官時，須盡力注意第九條之規定。另指派法官二人，以代不能出庭之法官。此專庭經兩造之請求，即可審決訟案。如無此項請求，則法庭照第二十五條所規定之法官人數，開庭審案。倘由於兩造請願，或由於法庭決定得設輔佐法官之專門陪審官四人，位於法官之旁，以備諮詢。

如兩造中祇此造有本國國籍之人在上款所指之專庭中爲法官，則依照第三十一條條文，庭長應請他一法官退去，讓其席於他造所選之法官。

專門陪審官，係爲各種特別事件而設，按照第三十條所定之訴訟規則，在「通過及交通事件陪審官」名單上選派，此名單上人員，國際聯合會會員國各提出兩名。

第二十八條　第二十六條及第二十七條所規定之專庭，經相訟各造之同意，得在海牙以外之地方開庭。

第二十九條　爲速理訟案起見，法庭每年以法官三人，組一分庭，若經兩造請求，即令該分庭用簡易訴訟法，審決訟案。

第三十條　法庭以一種規程，確定行使職務之方法，並訂定簡易訴訟法。

第三十一條　相訟各造，國籍之法官，對於法庭受理之訟案，仍得存留其列席之權。

如法庭於裁判席上，祇有此造國籍之法官，則他造於法庭中，如有本國國籍之備補法官，可指派一人出席。

法庭中如無此項備補法官，則可就會照第四條第五條被推人員中選派一法官。如兩造在法庭裁判席上，均無本國國籍之法官，則可各照前款所舉方法，指派或選派一人。

如數國共同起訴，則於適用上項條款之際，祇能作一國論，有疑義時，法庭裁決之。由本條第二第三兩款所指派或選派之法官，應遵從本約第二第十六第十七第二十第二十四各條之規定。其在判案時，與同僚立於平等地位。

第三十二條　正任法官每年受領津貼有數，由國際聯合會大會依據行政院之建議定之。此項津貼，在執行法官職務期內，不得減少。

庭長在執行職務期內，受領特別津貼，其數照上款所指方法定之。

副庭長法官及備補法官於執行職務時，受領津貼，其數亦照同樣方法定之。

正任及備補法官之非駐法庭所在地者，受領爲完盡職務所必需之旅行費。

依照第三十一條所指派或選派之法官，應領之津貼，其數照同樣方法規定之。

書記官之俸薪，由行政院依據法庭之建議定之。

國際聯合會大會，根據行政院之建議，訂一給予法庭人員贍養費條件之規程。

第三十三條　法庭費用，由國際聯合會擔任，方法由大會根據行政院之建議決定之。

第二章　法庭之職權

第三十四條　祇國家或國際聯合會會員，有出席法庭之資格。

第三十五條　法庭，受理國際聯合會會員國及盟約附款所記各國之訴訟。

法庭，受理其他各國訴訟條件，除現行條約特定條款外，由行政院定之。但不論如何，此項條件不得使各造在法庭前處於不平等地位。

未經加入國際聯合會之國，爲爭訟之一造時，法庭爲該國確定法庭費用之分擔額。

第三十六條

法庭之管轄，及於各造，所付與處決之任何事件，並及於現行條約及協約中所特定之任何事件。

國際聯合會會員國，及盟約附款所記之國，或附於本約之議定書簽押或批准時，或在以後，得聲明關於具有左列各性質法律爭執之全部或數部，對於業已承受同樣義務之任何會員國，或其他國家從茲承認法庭之管轄爲當然強迫的，無須另定條約。

一　條約之解釋。

二　國際法上任何問題。

三　凡事之存在，如聽其成立足以構成破壞國際義務者。

四　因破壞國際義務所當賠償之性質及其範圍。

上文所指之聲明，得無條件爲之，或以會員國或其他國家之數國，或某國相互爲條件，或以一定之期間爲條件。

凡因不知法庭是否有權管轄而起爭執時，應取決於法庭。

第三十七條

如現行條約或協約，聲某事件當歸國際聯合會將來擬設立之裁判機關處決者，法庭即爲此判決機關。

第三十八條　法庭得援用左列各端：

一　國際條約，不論普通或特別之規條，經相訟國明白承認者；

二　國際慣例，經普通行用而認受如法律者；

三　文明各國所公認之法律普通原則；

四　除第五十九條規定之保留外，各種司法判決例及最著名公法學家學說之可作爲確定法律上規條時補助之用者。

如兩造同意，則法庭仍可以公允及善良方法，判決訟案，不因本條之規定而爲所礙。

第三章　訴訟手續

第三十九條　法庭官用文字，係法英兩文，如各造願將訟案全部用法文辦理，則判詞即用法文宣告；如各造願將訟案全部用英文辦理，則判詞即用英文宣告。

如無條約規定應用何國文字，則各造於英法兩文中，任擇其一用之。法庭判詞，則用法英兩文宣告，如用法英兩文宣告，則法庭並同時確定兩文中應以何文爲憑。法庭經各造之請願，得准其不用英法文另用他一國文。

第四十條　提出訴訟於法庭，可酌量情形，或將所訂特別協定通報書記官；或用一陳訴書，呈送書記官。惟無論如何，均應列敘案情，並載明所關之國。

書記官立將陳訴書，通知各有關係國。

書記官並將陳訴書通知國際聯合會，各會員國，由秘書長代行轉達。

第四十一條　如認情形有必要時，法庭有權為兩造指定保存彼此權利，暫行辦法。

確定判決未宣告以前，應速將此項指定之辦法，通知各造及行政院。

第四十二條　各造由代理人代表。

各造得派輔佐人或律師，列席法庭。

第四十三條　訴訟之辦法，分為二層：一文訴，一口訴。

文訴者，乃包含聲訴案駁案，及必要時之答辯案，連同各種文件公牘之可資佐證者，通知法官及各造。此項通知，應經由書記官照法庭所定次序及期限辦理。

所有此造提出之文件，均應備校正抄本通知彼造。

口訴者，乃法庭召喚證人，鑒定人，代理人，輔佐人及律師，當庭對簿。

第四十四條　法庭對於代理人，輔佐人，律師以外之知照，應直接送交於該執照足以發生效力之國之政府。

法庭如須就地徵取各項證據，亦照上法辦理。

第四十五條　開庭時，由庭長主裁，庭長不到，由副庭長主裁。二者均缺席，則由出席法官中資格最深者主裁。

第四十六條　除法庭另有決定或兩造聲請不許旁人到庭外，訟庭應當衆公開。

第四十七條　每次公庭開議，應立一記錄，由書記官及庭長簽押。

此記錄有惟一之眞確性質。

第四十八條　法庭須頒布指導訴訟之庭令，並指定各項結案之格式期限及運用，關於搜集證據之方法。

第四十九條　法庭即在開庭辯論以前，亦可令代理人將各種文牘送案，並令其解釋疑問，若不允從，即將此情由記錄備案。

第五十條　無論何時，法庭得自由選擇個人，團體，局所，委員會，或機關，委以調查或鑑定之任。

第五十一條　辯論之際，得依照第三十條所指規程中法庭所定之條件，向證人及鑑定人提出有益之各種質問。

第五十二條　在法庭所定期限內，收集憑證之後，如此造未經彼造允准，欲將新證物或新文牘呈案法庭，得拒絕之。

第五十三條　兩造之一，不到法庭，或不爲主張方法之行爲時，此造得請法庭將已之結論，強彼造承認。

法庭於允諾以前，不特應確信依照第三十六條及第三十七條之規定有權判定，並應確信此結論，是否於事實及法律皆有根據。

第五十四條　若代理人，律師，及補佐人，已經在法庭監督之下，提出其所認爲有益之各種方法，則庭長宣告口斷終止。

法庭人員退至評議室，從事討議。

法庭之討議，秘密不宣。

第五十五條　法庭之定議，取決於出席法官之多數。公決時，兩方然否各半，則以庭長或代理庭長所決占勝。

第五十六條　判詞應敍明緣由。判詞應記載參預本案之法官姓名。

第五十七條　如判詞之全部或一部，未能代表法官全體之意見，則少數之持異議者，可令將所持之個人意見附入。

第五十八條　判詞由庭長及書記官簽押，正式知照代理人，公開宣讀。

第五十九條　法庭之定議，祇對於相爭各造，及於特定之事件中爲強迫的。

第六十條　判詞係確定的，不得上控，判詞意思及其範圍有疑義時，法庭經任何一造之請，有解釋之責。

第六十一條　聲請法庭覆核訴詞，須有查出之事實與定讞大有關係，在判詞宣布以前爲法庭及聲請覆核之一造所未及覺察，而該造之所以未及覺察亦不能謂爲過失者。

覆核訴訟，係由法庭須一決定書證明確有新出之事實，含有可以承認覆核之性質，並聲明此等聲請，可在收受之例。法庭可以先令履行判詞，然後辦理覆核。

聲請覆核，至遲須於查出新事實後六個月以內爲之。

自判詞宣布日起，逾十年之期限後，不得再請覆核。

第六十二條　如一國認於某種爭端中有牽涉屬於該國法律性質之某種利益之處，可向法庭提出請願書，聲請參加，此項請願書由法庭裁決之。

第六十三條　凡解釋條約時，如該條約於相訟國外，尚有他國公同訂立者，則書記官應即知照各該國。

各該國均有參預此案之權，若各該國出而參預，則判決文中所載之解釋，於彼亦為拘束的。

第六十四條　除法庭另有決定外，各造自任訴訟費用。

國際裁判常設法庭規約修正文

第三、第四、第八、第十三、第十四、第十五、第十六、第十七、第二十三、第二十五、第二十六、第二十七、第二十九、第三十一、第三十二及第三十五各條，代以下列條款。

第三條新條文

法庭由十五人組成之。

第四條新條文

法庭人員，由大會及行政院依照下列條款之規定，在公斷法院列國選舉團所提出之名單內選出之。

在公斷法院未派代表之國際聯合會會員國，其候選人名單，應由各該國政府為此事所派之選舉團提出，該選舉團之指派，應照一九〇七年海牙和解國際紛爭條約第四十四條規定，指派公斷法院人員條件辦理。

凡業經承認法庭規約之國，而非國際聯合會會員者，其參加選舉法庭人員之條件，如無特別協定，應由大會經行政院之提議而規定之。

第八條新條文

大會與行政院選舉法庭人員，應各自進行。

第十三條新條文

法庭人員任期九年。

得再被選。

須至受代時，方能離職。所有經手未結之案，在受代後，仍歸辦理。

如欲辭職，其辭職書應送交法庭庭長，轉送國際聯合會秘書長。

經此最後通知，即爲缺出。

第十四條新條文

如遇缺出，應照第一次選舉時所用之法，遴員補充之。但須依照下列條件辦理，即於缺出一個月內，由國際聯合會秘書長接照第五條之規定發出請書，並由行政院於下屆會議時決定選舉日期。

第十五條新條文

被選以代任期未滿者之法庭人員，其任期應以前任期屆滿爲止。

第十六條新文

法庭人員，不得行使政治或行政職務，並不得經營他種職業，關於此點有疑義時，由本法庭決之。

第十七條新條文

法庭人員對一切案件，均不得擔任代理人或輔佐或律師之職務。

法庭人員，不論何種案件，設本人曾經預聞，如曾充兩造之一之代理人或輔佐人或律師，又或曾充本國法庭或國際法庭或審查委員會或他種名義之人員，均不得參預該案之判決。關於此點有疑義時，由本法庭判決之。

關於勞工事件，尤以關於凡爾賽條約第十三部（勞工）暨其他和約同等部分所指之事件，法庭應照下列條件聽斷。

法庭得於每三年，指派法官五人，組織特別分庭。選擇此項法官時，應盡力顧及第九條之規定。另派法官二人，以備代替不能出庭之法官。經兩造之請求，該分庭即可聽斷案件。無此項請求時，法官全體均須出庭，上述兩種情事，均得設專門陪審官四人，助理法官位於其旁，但無表決權，意在使各造利益，得有公平代表。

專門陪審官，係為各種特定事件而設，按照第三十條所述之訴訟規則，在勞工事件陪審官名單上，選派此項名單，由國際聯合會會員國。

第二十三條新條文

法庭除司法假期外，應常川開庭。司法假期之日期及久暫，由法庭自定之。

計算法庭人員除例假或因疾病或因其他重大事故經陳明庭長不能到庭外，須常受法庭支配。

第二十五條新條文

除經明文規定外，法官全體均須出庭。

除準備開庭之法官人數，不得少於十一人之條件外，法庭章程得規定允許法官一人或數人按照情形及輪流缺席，然法官滿九人之法定數時，亦可開庭。

第二十六條新條文

各舉兩名，另由國際勞工局理事部舉出相等之數組成之。該理事部，得於凡爾賽條約第四百十二條暨其他和約同等條款所述之名單中，指派工人代表及業主代表各半數。

關於本條第一節所述之案件，經兩造之請求得由第二十九條規定之簡易訴訟法解決之。

關於勞工事件，國際勞工局得以必要情節告知法庭。該局長因此得收受各種訴訟文書鈔件。

第二十七條新條文

關於通過及交通事件，尤以關於凡爾賽條約第十二部（海口水道鐵路）暨其他和約同等部分所指之事件，法庭應照下列條件聽斷。

法庭得於每三年指派法官五人，組織特別分庭。選擇此項法官時，應盡力顧及第九條之規定。另派法官二人，以備代替。不能出庭之法官經兩造之請求，該分庭卽可聽斷案件。無此項請求時，全體法官均須出庭。倘由兩造請願或出法庭決定得設專門陪審官四人，助理法官，位於其旁，但無表決權。

專門陪審官，係爲各種特定事件而設。按照第三十條所述之訴訟規則，在通過及交通事件，陪審官名單上選派。此項名單，由國際聯合會會員國各舉兩名組成之。

關於本條第一節所述之案件，經兩造之請求，得由第二十九條規定之簡易訴訟法解決之。

第二十九條新條文

爲處理案件迅速起見，法庭每年以法官五人組織一分庭。經兩造之請求，該分庭卽可用簡易訴訟法聽斷案件。另派法官二人，以備代替，不能出庭之法官。

第三十一條新條文

相訟各造國籍之法官，於法庭受理該訟案時，仍得保有其出庭之權。

如法庭裁判席上，有一造國籍之法官一人，則他造亦得選一人爲出庭法官。此項人員，最好從第四條第五條所述之候選人中選充。

如兩造在法庭裁判席上均無本國國籍法官時，則可各照前節所述，選派法官一人。

本條款，准適用於第二十六第二十七及第二十九各條之情形。在此種情形下，庭長應請分庭法官一人或二人退席，讓於兩造國籍之法官。倘無兩造國籍之法官，或該項法官不能出席時，則讓於兩造指派之法官。

如數國同為一事起訴，則於適用上項條款之際，祇能作一國論。有疑義時，由本法庭裁決之。照本條第二、第三、及第四各節規定所選派之法官，須合於本規約第二、第十七（第二節）第二十、及第二十四各條規定之條件。在判案時，與同僚立於完全平等地位。

第三十二條新條文

法庭人員，每年受領俸薪。

庭長，每年受領特別津貼。

副庭長當執行庭長職務時，按日受領特別津貼。

法庭人員以外，其照三十一條規定所指派之法官，於開庭執行職務時，按日受領酬金。

此項俸金，津貼及酬金，由國際聯合會大會依據行政院之建議定之，在任期內，不得減少。

書記官之薪俸，由國際聯合會依據法庭之建議定之。

退職法庭人員及書記官之支給養老金辦法，及補領旅費辦法，由國際聯合會大會制定章程以定之。

上述薪俸，酬金及津貼，免除一切課稅。

第三十五條新條文

法庭受理國際聯合會會員國及盟約附件所載各國之訴訟。

法庭受理其他各國訴訟之條件，除現行條約所定特別條款外，由行政院定之。但無論如何，此項條件，不得使各造在法庭前處於不平等地位。

非國際聯合會會員國為爭訟之一造時，其應擔法庭費用之數，由法庭定之。但如業經分擔法庭費用，即不適用此條。

第三十八條第四節法文本，應代以下列條款：

4. Sous réserve de la disposition de l'article 59, les décisions judiciares et la doctrine des publicistes les plus qualifies des differents nations, comme moyen auxiliaire de determination des regles droit.

（英文本不改）

第三十九條及第四十條，代以下列條款：

第三十九條新條文

法庭以英法兩文為官用文字，如各造同意用法文辦理案件，則判詞即用法文宣告；如各造同意用英文辦理案件，則判詞即用英文宣告；如未經同意用何種文字，則各造於訴訟中，得於英法兩文任便採用，而法庭判詞，則用英法兩文宣告。且同時確定以何文為準。

法庭經各造之請求，得准其不用英法文，另用他一國文。

第四十條新條文

向法庭起訴，應將所訂特別協定通告書記官，或繕一陳訴書呈送。書記官可斟酌情形辦理，惟無論如何，均應列叙案情及訴訟各造。

書記官，應立將陳訴書通知各關係國。

書記官並須經由國際聯合會秘書長，通知國際聯合會會員國及有資格出庭之國。

第四十五條英文本代以下列條款：

The hearing shall be under the control of the President or, if he is unable to preside, of the Vice-President; if neither is able to preside, the senior judge present shall preside

（法文本不改）

法庭規約，新增下列一章。

第四章　諮詢意見

第六十五條新條文

凡須向法庭諮詢意見之問題，應備一請求書送交法庭。簽字於請求書者，或爲國際聯合會大會會長，或爲行政院院長或國際聯合會秘書長奉大會或行政院之命爲之。

該請求書，應於諮詢意見之問題，備有翔實之紀錄，並須檢同足供參考之一切文牘。

第六十六條新條文

一　書記官，應即將諮詢意見之請求，經由國際聯合會秘書長，通知國際聯合會會員國，及有資格出庭之國。書記官，並須由特別及直接傳達方法，將法庭準備於庭長所定期限內，接受關係該問題之書面陳述，或準備於本案公開庭審時，聽受口頭陳述各節，通知各會員國，或准許出庭之國或法庭（不開庭時則由庭長）認為對於該問題可以供給消息之國際團體。如會員國，或第一節所述之國，未接到上述通知，彼等得表示其願望或書面陳述，或面訴，法庭即可決定。

二　凡會員國，非會員國及團體，曾經提出書面陳述或口頭陳述，或兼而有之者，對於其他會員國或非會員國或團體提出之陳述，准其依照法庭（不開庭時則由庭長）所定各案之方式程度期限答辯之故，書記官應按時將此項書面陳述，通知於曾經提出相類陳述之會員國非會員國及團體。

第六十七條新條文

法庭應宣佈其諮詢意見於公開之庭，並當通知國際聯合會秘書長，暨國際聯合會會員國，非會員國，及有直接關係之國際團體代表。

第六十八條新條文

法庭執行諮詢職務時，應以適用於爭執事件之本規約各條款為準繩，惟限於法庭認為可以適用該項條款之際。

非戰公約西歷一九二八年八月二十七日創始國簽訂於巴黎同年十一月二十七日（即民國十七年十一月二十七日）中國加入並簽字於華盛頓．民國十八年二月二十三日立法院通過同年三月國府批准．

第一條　締約各國，用各該人民之名義，鄭重宣告：彼等罪責恃戰爭以解決國際糾紛，並斥責以戰爭為施行國家政策工具。

第二條　締約各國，互允各國間設有爭端，不論如何性質，因何發端，祇可用和平方法解決之。

第三條　本約應由上列締約各國，各依照己國憲法批准。俟各該國咸將批准文件送往華盛頓存案後，本約在締約各國間，即發生效力。

本約照上節之規定發生效力後，應有長時間之公開，以便其他世界各國之加入。加入文件，應在華盛頓存案。於存案後，本約在現加入國與以前締約各國之間，即發生效力。

美國政府，擔任將本約及批准文件或加入文件之證明鈔本各一册，送與締約各國，及以後加入本約各國之政府。美國政府並願擔任於批准文件或加入文件送往存案後，即行電達各該政府。

本約兼用英法文字繕寫，兩種有同等效力，各全權均經簽字蓋印，以昭信守。

一九二八年八月二十七日訂於巴黎

參考書目

坂倉卓造近世國際法史論

Bultler, Sir G., and Maccoby, S., The Development of International Law, 1928.

Garner, J. W., International Law and the World War, 2 vols., 1920.

Recent Development in International Law, 1925.

Nippold, O., The Development of International Law after the World War, 1923.

Oppenheim, L., The Future of International Law.

Phillipson, C., The International Law and Custom of Ancient Greece and Rome, 2 vols., 1911.

International Law and the Great War, 1915.

Politis, M., Les Nouvelles tendences du droit international, 1927.

Redslob, A., Histoire des grands principes du droit des gens, 1923.

Viswanatha, S. V., International Law in Ancient India, 1925.

Walker, T. A., A History of the Law of Nations, Vol. I, 1889.

Wheaton, H., A History of the Law of Nations in Europe and America from the Earliest Times to the Treaty of Washington, 1842.

Lauterpracht, Development of International Law by the Permanent Court of International Justice, 1934.

Simons, International Law Since Grotius.

敬啟

『民國專題史』叢書，乃民國時期出版的著名學者、專家在某一專題領域的學術成果。所收圖書絕大部分著作權已進入公有領域，但仍有極少圖書著作權還在保護期内，需按相關要求支付著作權人或繼承人報酬。因未能全部聯系到相關著作權人，請見到此説明者及時與河南人民出版社聯系。

聯系人 楊光

聯系電話 0371-65788063

2016年3月28日